2판

지식재산의 이론과 실전

지식재산의 기초 · 창출 · 보호 · 활용 · 경영

국립중앙도서관 출판시도서목록(CIP)

지식재산의 이론과 실전 / 저자: 조재신. -- 2판. -- 고양 :
INFINITYBOOKS, 2017
p. ; cm

ISBN 979-11-85578-31-6 13320 : ₩20000

특허[特許]
지적 재산권[知的財産權]

365.92077-KDC6
346.0486-DDC23 CIP2017021345

INTELLECTUAL PROPERTY

IPAT
지식재산능력시험

2판

지식재산의 이론과 실전

지식재산의
기초 · 창출 · 보호 · 활용 · 경영

조재신 지음

부록1 지식재산권 기간 관련 내용 총정리
부록2 IPAT 예상 문제
부록3 IPAT 기출문제 제도별 출제 횟수 분석 및 출제 경향

INFINITY BOOKS

STANDARD PROCEDURE OF

INTELLECTUAL PROPERTY MANAGEMENT

머리말

인간의 발명품에 일정한 기간 동안 독점 배타적인 권리를 부여하여 더 많은 발명을 유도하자는 인식이 기원전 그리스에서부터 있어 왔다. 15세기에 이르러 베니스 공화국에 의해 성문특허법으로 제정되어 새로운 기계에 대하여 10년 동안 타인의 제작을 금지하게 되었다. 이후 영국에서 근대 성문법으로 제정되면서 세계 대부분의 국가들이 특허법을 제정하여 특허에 대한 독점권을 부여하고 20년 동안 보호하고 있다.

1976년 폴라로이드 vs 코닥의 특허전쟁을 시작으로 2011년 애플 vs 삼성의 특허전쟁이 전 세계로 확산되었다. 폴라로이드는 코닥을 상대로 12건의 즉석카메라 관련 특허를 침해했다는 이유로 소송을 제기했다. 매출의 5%를 로열티로 지불하라는 폴라로이드의 제안을 거절하면서 두 기업은 사활을 거는 싸움을 치렀다. 15년 동안의 기나긴 소송 결과 폴라로이드는 승리하였고, 연매출 50억 달러를 넘는 거대기업이었던 코닥은 34억 8천 3백만 달러에 이르는 손실을 입었고, 700여명에 이르는 노동자를 해고하며 결국 사업을 접어야만 했다. 이 소송은 특허가 기업경영의 심장을 쥐어버린 역사적인 사건으로 기록되었다.

최근 기업들이 기술의 혁신과 발전보다 특허를 무기삼아 시장에서 경쟁기업을 압박하고 있다. 이른바 NPE(Non-Practicing Entities) 또는 특허괴물(Patent Troll)들의 등장이 그것이다. 특허괴물은 미국이 프로 특허(Pro-Patent) 정책으로 특허권을 강력하게 보호하기 시작하면서부터 출현이 급증하기 시작하였으며, 현재 수백 개의 특허괴물들이 우후죽순처럼 번지며 활동하고 있다. 2012년 애플이 특허괴물에 의하여 44건의 특허소송을 제기당하여 1위를 차지하였고, 이어 삼성이 37건(2위), LG가 24건(3위)이다. 특허괴물은 중소기업에서 대기업까지 소송상대를 가리지 않으며, 현재 특허괴물로부터 특허침해 경고장을 받았거나 소송을 당한 기업은 10만 개 이상이다. 스마트폰 시장에서 삼성과 애플이 링 위에서 챔피언과 도전자로 다투는 가운데 시장점유에 어려워진 노키아는 스마트폰 제조업에서 손을 떼고 특허괴물(NPE)로 변신하였다. 또한 애플은 노텔의 특허를 인수하여 특허괴물인 '록스타비드코'를 설립하였다. 폴라로이드 vs 코닥의 특허전쟁 이후 애플 vs 삼성의 특허분쟁이 세계특허대전으로 확산되면서 다시 한 번 특허경영의 중요성이 부각되었다. 특허전쟁을 거치면서 기업들은 특허, 브랜드, 디자인이라는 지식재산권 핵심 분야는 비즈니스와 기업경영에서 없어서는 안 될 요소임을 뼈저리게 느끼게 되었다.

최근 들어 대학, 관련기관, 기업의 입사 및 내부승진 등에서 지식재산능력의 평가기준으로 IPAT를 활용하고 있다. 또한 대학(원)에서의 학점연계, 기업에서의 지식재산분야 직무교육 등 IPAT의 수요가 폭넓게 확산되는 가운데 IPAT 응시열기도 갈수록 뜨거워지고 있다.

이 책에서는 지식경영과 지식재산권의 중요성과 이에 대한 폭넓은 개념 및 권리취득을 위한 방법을 구체적으로 설명한다. 지식재산권의 개념과 내용, 활용영역 등에 대한 지식과 정보를 이해하고 응용할 수 있는 능력을 키울 수 있도록 대학(원)생, 벤처기업, 대기업의 실무자, 개인사업의 영역에서 꼭 필요한 지식재산권을 다루고 있다.

본서가 나오기까지 집필에 몰두할 수 있도록 자상하고 따뜻한 지원을 해준 아내와 원고를 집필할 수 있도록 물심양면으로 지원해주신 전남대학교 연구처, 지식재산선도사업단 송요순 단장님, 김대익 교수님, 김영철 교수님, 그리고 IPAT 시험을 주관하는 한국발명진흥회와 꼼꼼한 원고 수정으로 수고해주신 인피니티북스 관계자분들께 깊은 감사의 마음을 전합니다.

"너는 마음을 다하여 여호와를 신뢰하고 네 명철을 의지하지 말라. 너는 범사에 그를 인정하라. 그리하면 네 길을 지도하시리라."(잠언 3:5–8)

시험일정 및 특징

1 지식재산능력시험(IPAT, Intellectual Property Ability Test) 이란?[1]

1) IPAT는 발명가, 연구원, 기업체 지식재산권 관리자 등이 기본적으로 알아야 할 지식재산 실무능력을 검증하는 국내 유일한 지식재산 능력시험이다.

2) 주관기관

한국발명진흥회(특허청의 산하기관, 발명진흥법에 의한 법인, http://www.kipa.org/)

3) 응시 자격

대학(원)생, 연구원, 발명가, 특허업무담당자, 지식재산업계 종사자, 일반인, IP에 관심이 있는 자 누구나

4) IPAT 자격증이 필요한 곳

- 공공기관 및 기업체 취직
- 기업체 · 연구소 등에서 지식재산권 실무능력 측정

1 출처: 한국발명진흥회, IPAT 지식재산능력시험 안내, http://www.ipat.or.kr/page/ipat_greeting.

5) 자격 부여

- 합격과 불합격이 없는 지식재산능력 검증
- 점수에 따른 등급 및 검정내용

등급	검정내용
1급 (900점 이상)	전문가 수준 지식재산에 대한 이해력 및 활용능력이 최고급 단계
2급 (800~899점)	준전문가 수준 지식재산에 대한 이해력 및 활용능력이 고급 단계
3급 (700~799점)	우수한 수준 지식재산 관련 지식과 활용능력을 다양한 범위의 지식재산 업무에 적용 가능
4급 (600~699점)	보통 수준 지식재산 전문가와 협력을 바탕으로 한정된 범위 내에서 지식재산 업무 수행 능력 보유
5급 (500~599점)	기본 수준 기본적인 지식재산 업무 수행 능력 보유
6급 (400~499점)	지식재산 분야에 입문하는 단계 단순한 지식재산 업무 수행 가능
7급 (300~399점)	일반 상식 수준의 지식재산능력 기초적인 지식재산과 관련한 용어와 개념을 알고 있는 수준
무급 (299점 이하)	지식재산 관련 지식의 이해 및 활용을 위한 노력이 필요

6) 시험장소

전국 9개 지역(서울, 경기, 강원, 대전, 경북 구미, 대구, 광주, 부산, 경남)

7) 시험형태 및 시험 평가 내용

- 60문항, 5지 선다형(객관식)
- 지식재산의 기초, 창출, 보호, 활용 전 분야

8) 시험 일정

연 2회(5월, 11월 셋째 주 토요일)

9) 시험 접수방법

지식재산능력시험 공식사이트(www.ipat.co.kr / www.ipat.or.kr)에서 온라인으로만 접수 가능

지식재산능력시험 대비 교육안내

▌ 오프라인 교육

- 이메일로 신청 (symbol@kipa.org)
- 문의처: 02−3459−2777

▌ 온라인 교육

IPAT 오프라인 교육을 동영상으로 촬영하여 온라인으로 서비스하는 유료과정이며, 수강신청 후 바로 수강가능

- 교육수강방법: 교육안내 → 온라인 교육 → (로그인 후) 수강신청 → “My IPAT” 에서 수강
- 온라인교육관련 문의: 02)3459-2777, symbol@kipa.org
- 온라인 교육 취소 안내: 온라인 교육은 신청하시면 취소가 불가능

▌ 찾아가는 교육

시험대비 교육을 원하시는 단체에 직접 찾아가서 교육을 해드리는 유료과정으로 시간 및 금액은 협의하여 조정 가능

▌ 세부 내용: http://www.ipat.or.kr/page/edu_info

---

2 문제유형 및 출제 경향

※ 이하 지식재산능력시험(IPAT) 기출문제의 저작권은 한국발명진흥회에 있습니다.

제8회 다음 중 산업상 이용가능성이 낮은 발명은?

❶ 수술용 기구나 장비　❷ 인간으로부터 채취한 것을 처리하는 방법
❸ 의약품　❹ 의료기기 그 자체
❺ 인간을 수술, 치료하거나 또는 진단하는 방법

제8회 과학기술의 발달과 함께 그 보호의 필요성이 대두된 컴퓨터 프로그램, 반도체 집적회로의 배치설계, 영업비밀 등에 대한 권리를 무엇이라 하는가?

❶ 특허권　❷ 첨단지식재산권
❸ 신지식재산권　❹ 기술보호권　❺ 상표권

제7회 다음 중 산업재산권법 모두에서 공통으로 채택하고 있는 제도는?

❶ 선원주의　❷ 출원공개제도　❸ 심사청구제도
❹ 일부 무심사등록제도　❺ 강제실시권제도

제7회 다음의 창의적 사고기법 중 확산적 사고기법이 아닌 것은?

❶ 히트 기법　❷ 체크리스트법　❸ 브레인스토밍
❹ 속성열거법　❺ 스캠퍼

제7회 다음의 보기에서 디자인권의 대상이 되는 디자인으로 성립될 수 있는 것의 개수는?

a. 학 모양으로 접은 손수건	b. 찹쌀로 만든 떡
c. 아파트	d. 이동식 간이 화장실

❶ 1개　❷ 2개　❸ 3개
❹ 4개　❺ 없다

제6회 기술가치평가기법의 유형 중, 지식재산의 취득에 필요한 비용이 얼마인가를 계산하여 지식재산의 가치를 구하는 방법은?

❶ 비용접근법　❷ 시장접근법　❸ 수익접근법
❹ 회계처리접근법　❺ 현금흐름할인법

제6회 다음 중 특허정보조사의 목적으로 가장 거리가 먼 것은?

❶ 특허권 존재여부 확인

❷ 특허등록 가능성 조사

❸ 신기술 개발을 위한 자료조사

❹ 특허분쟁 대응 자료조사

❺ 특허기술분야의 시장성 조사

제5회 다음 중 상표법 제6조제1항 각호의 식별력이 인정되는 것만으로 묶은 것은? (단, 사용에 의한 식별력 취득 등의 특별한 사정은 없는 것으로 하고, "표장"–'지정상품'으로 표기한다.)

a. "애플" – 지정상품 '쥬스'	b. "애플" – 지정상품 '스마트폰'
c. "대구" – 지정상품 '사과'	d. "서울" – 지정상품 '사과'
e. "300 mL" – 지정상품 '쥬스'	f. "300 mL" – 지정상품 '책'

❶ a, c ❷ b, d ❸ a, e

❹ b, f ❺ c, e

제5회 발명자 甲은 2012. 1. 20에 와인 보관용 냉장고에 관한 발명을 완성하였고, 출원서류를 작성한 후 2012. 2. 10에 이를 등기우편으로 특허청에 발송을 하였다. 甲의 출원서는 2012. 2. 13에 특허청에 도착하였고 이를 2012. 2. 14에 확인한 甲은 2012. 2. 20 위 출원에 대한 우선심사청구를 신청하였다. 발명자 甲의 발명에 대한 특허출원일은 언제인가?

❶ 2012. 1. 20 ❷ 2012. 2. 10 ❸ 2012. 2. 13

❹ 2012. 2. 14 ❺ 2012. 2. 20

제4회 甲은 2012년 3월 5일자로 청구항 제3항은 발명의 설명에 의하여 뒷받침되지 않는다는 이유로 거절결정의 등본을 송달받았다. 甲이 취할 수 있는 조치로 틀린 것은?

❶ 甲은 거절결정불복심판을 청구할 수 있다.

❷ 심사가 완료되었으므로 甲은 원 심사관에게 다시 심사를 받을 수 없다.

❸ 거절결정불복심판에서 패소하는 경우 특허법원에 심결취소소송을 제기할 수 있다.

❹ 심결취소소송에서 패소하는 경우 대법원에 상고할 수 있다.

❺ 거절결정 등본을 송달 받은 후에도 명세서를 보정할 수 있는 기회가 있다.

제4회 甲은 자전거에 관한 발명에 대해 본인을 출원인으로 하여 2008년 2월 3일에 특허출원(A출원)을 하였다. 이에 대한 설명으로 옳은 것끼리 묶인 것은?

> ㄱ. A출원에 대해서 甲만이 심사청구를 할 수 있다.
> ㄴ. A출원에 대하여 거절이유를 발견할 수 없는 때에 심사관은 특허결정을 하여야 한다.
> ㄷ. A출원은 2009년 2월 3일이 경과한 때 출원공개된다.
> ㄹ. 甲은 출원공개가 있은 후 A출원을 업으로서 실시한 자에게 특허출원된 발명임을 서면으로 경고할 수 있다.

❶ ㄱ, ㄴ ❷ ㄱ, ㄷ ❸ ㄴ, ㄷ

❹ ㄴ, ㄹ ❺ ㄷ, ㄹ

제3회 대학원생인 철수는 2년 전 연구실에서 개발한 저전력 통신기술을 A업체로 기술 이전하였고, A업체는 이 기술을 활용하여 통신모듈을 개발하여 판매 중이었다. A업체는 1년 후 경쟁업체인 B업체로부터 해당 통신모듈이 B업체의 등록특허를 침해한다는 경고장을 받아 철수와 대응책을 강구하고 있다. 이에 대하여 철수와 A업체의 가장 올바른 특허정보조사 방법은?

❶ 신기술 개발을 위한 조사 ❷ 문헌번호 조사

❸ 특허등록 가능성 조사 ❹ 무효자료 조사 ❺ 선행기술 조사

제3회 다음 중 실용신안법상 보호의 대상이 아닌 것은?

❶ 신발 ❷ 냉장고

❸ 안마기구 ❹ 세탁기 ❺ 줄기세포

제2회 다음 중 그 기간이 가장 긴 것은?

❶ 상표의 출원공고일로부터 이의신청 가능기간

❷ 공지예외 규정의 적용을 주장하여 특허를 출원한 후, 그 증빙서류를 특허청에 제출하여야 하는 기간

❸ 특허료 납부기간이 경과한 후 특허료의 추가납부가 가능한 기간

❹ 한국의 특허출원을 기초로 하여 외국에 우선권 주장 특허출원이 가능한 기간

❺ PCT 국제출원서를 제출한 때부터 각 지정국의 국내단계 진입이 가능한 기간

제1회 다음에서 설명하는 용어는 무엇인가?

> 다수의 특허권 소유자들에 의한 특허권의 집합체이다. 집합체 구성원 상호간에는 자신들의 특허권에 대한 배타적 권리행사를 유보하고, 라이센스 관리기관으로 하여금 자신들의 특허를 공동으로 관리하도록 위탁한다. 이러한 내용의 협정 또는 협정으로 인해 발생한 특허권의 집합체를 말한다.
>
> 집합체에 포함된 특허권자는 다른 구성원과 개별적인 라이센스 계약을 하지 않아도 한 번의 계약으로 집합체 내의 모든 특허를 사용할 수 있다.

❶ 특허괴물 ❷ 특허은행
❸ 특허풀 ❹ 특허보험 ❺ 특허펀드

STANDARD PROCEDURE OF

INTELLECTUAL PROPERTY MANAGEMENT

차례

CHAPTER 01

(기초편) 지식재산권 개요

1. 지식재산권의 종류

종류	권리	정의
산업 재산권법	특허	자연법칙을 이용한 기술적 사상의 창작으로서 고도한 발명에 부여
	실용신안	물품의 형상 · 구조 · 조합에 관한 고안에 부여
	상표	자타 상품이나 서비스의 출처를 표시하는 상표에 부여
	디자인	물품(물품의 부분 및 글자체를 포함)의 형상 · 모양 · 색채 또는 이들을 결합한 것으로서 시각을 통하여 미감(美感)을 일으키게 하는 것에 부여
부정경쟁방지 및 영업비밀보호에 관한 법률	부정경쟁 방지	국내에 널리 알려진 타인의 상표 · 상호(商號) 등을 부정하게 사용하는 등의 부정경쟁행위와 타인의 영업비밀을 침해하는 행위를 방지하여 건전한 거래질서를 유지하기 위함
	영업비밀	공공연히 알려져 있지 않고 독립된 경제적 가치를 가지는 것으로서, 상당한 노력에 의하여 비밀로 유지된 생산방법, 판매방법, 그 밖에 영업활동에 유용한 기술상 또는 경영상의 정보를 보호
저작권법	저작권	인간의 지적능력을 통해 창작한 미술, 음악, 영화, 만화, 캐릭터, 건축설계, 시, 소설, 소프트웨어, 게임 등과 같은 창작물에 부여
산업 디자인 진흥법	산업 디자인	제품 등의 미적 · 기능적 · 경제적 가치를 최적화함으로써 생산자 및 소비자의 물질적 · 심리적 욕구를 충족시키기 위한 창작으로, 제품디자인 · 포장디자인 · 환경디자인 · 시각디자인 등 산업디자인에 대한 사업의 지원
신지식재산	신지식 재산권	신품종, 생물자원, 전통지식, 전통문화표현물 등의 지식재산에 부여

2. 지식재산기본법

2011년 제정된 지식재산기본법은 지식재산의 '창출', '보호' 및 '활용'을 촉진하여 국가의 경제 · 사회 및 문화 등의 발전과 국민의 삶의 질 향상에 이바지하는 것을 목적으로 하고 있다. 이 법에 따라 과거 "지적재산권"이라고 하던 용어는 모두 "지식재산권"으로 사용하게 되었다.

3. 산업재산권

특허법, 실용신안법, 상표법, 디자인보호법 4법을 총괄하여 산업재산권법이라 한다. 기술적 사상은 특허(또는 실용신안), 외관 형태에 대하여는 디자인, 제품명에 대하여는 상표로 보호를 받을 수 있다.

산업재산권 개념도

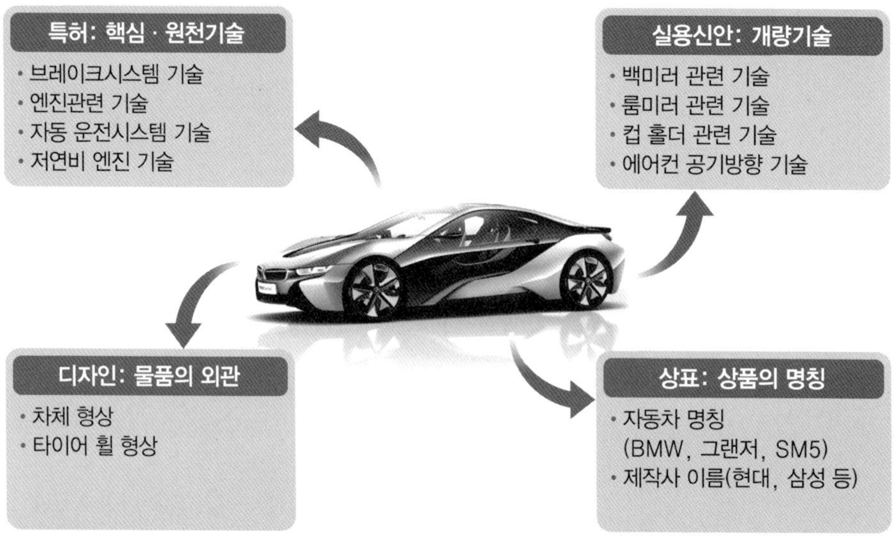

1) 특허권 및 실용신안권

특허법은 '발명'을 보호 · 장려하고 그 이용을 도모함으로써 기술의 발전을 촉진하여 산업발전에 이바지함을 목적으로 하며, '발명'이란 자연법칙을 이용한 기술적 사상의 창작으로서 고도(高度)한 것을 말한다.

실용신안법은 실용적인 '고안'을 보호 · 장려하고 그 이용을 도모함으로써 기술의 발전을 촉진하여 산업발전에 이바지함을 목적으로 하며, '고안'이란 자연법칙을 이용한 기술적 사상의 창작을 말한다. '발명'과 '고안'은 모두 자연법칙을 이용한 기술적 사상을 보호한다.

2) 디자인권

디자인보호법에서, '디자인'이란 물품의 "형상 · 모양 · 색채" 또는 이들을 결합한 것으로서 시각을 통하여 미감을 일으키게 하는 것을 말한다. 디자인의 대상은 물품, 물품의 부분(한 벌의 물품의 부분은 제외) 및 글자체이다. "글자체"란 기록이나 표시 또는 인쇄 등에 사용하기 위하여 공통적인 특징을 가진 형태로 만들어진 한 벌의 글자꼴(숫자, 문장부호 및 기호 등의 형태를 포함)을 말한다.

3) 상표권

상표법은 상표를 보호함으로써 상표사용자의 업무상의 신용유지를 도모하여 산업발전에 이바지함과 아울러 수요자의 이익을 보호함을 목적으로 한다. '상표'란 상품을 생산 · 가공 또는 판매하는 것을 업으로 영위하는 자가 자기의 업무에 관련된 상품을 타인의 상품과 식별되도록 하기 위하여 사용한다. 상표는 일반적으로 알고 있는 제품의 이름, 서비스업종의 이름뿐만 아니라 소리, 냄새, 입체적 형상, 색채, 동작 등도 모두 상표로서 보호받을 수 있다. 제품명을 상표등록하여 상표권으로 보호를 받고, 제품의 외형형태는 디자인권으로 보호를 받지만, 중복적으로 보호를 받을 수 있는 경우도 있다.

예를 들어, 기호 · 문자 · 도형, 입체적 형상 또는 이들을 결합하거나 이들에 색채를 결합한 것, 동작상표와 동적디자인과 같은 경우 상표권과 디자인권으로 중복하여 보호를 받을 수 있다.

4) 산업재산권의 비교

(1) 특허법, 실용신안법: 기술적 사상을 보호

(2) 디자인보호법: 물품의 디자인을 보호

(3) 상표: 물품 · 서비스 업종 등의 명칭을 보호

(4) 산업재산권의 권리보호기간: 권리보호기간이 만료되지 않더라도 등록유지료(연차료)를 납부하지 않으면 아무나 자유롭게 사용할 수 있다.

❶ 특허: 등록일 이후 출원일로부터 20년(권리의 행사는 등록 이후부터 발생하고, 출원일로부터 최대 20년을 넘지 못한다는 의미이다.)

❷ 실용신안: 등록일 이후 출원일로부터 10년

❸ 디자인(특허와 동일): 등록일 이후 출원일로부터 20년
❹ 상표: 등록일로부터 10년이며, 10년마다 갱신할 수 있으므로 반영구적

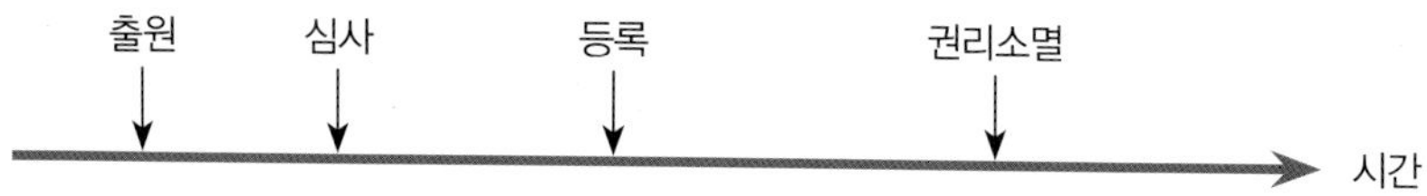

(5) 권리 침해시 벌칙

특허, 실용신안, 디자인은 권리자가 직접 고소해야 죄가 성립하는 친고죄이고, 상표만 비친고죄[1]이다. 상표만 비친고죄인 이유는 소비자에게 피해가 가는 등 공익적 성격이 강하기 때문이다.

TIP

동일물품에 대하여 특허(또는 실용신안)와 디자인으로 모두 출원하여 등록받을 수 있다. 디자인권만으로 보호를 받는 경우 외관형태의 모양을 약간만 변화시키더라도 디자인권 침해에 해당하지 않게 된다. 따라서 기술적 사상을 특허권으로 보호 받고, 외관형태에 대하여 디자인권으로 보호 받아 권리를 행사하는 것이 바람직하다. 그러나 동일한 기술사상을 특허와 실용신안으로 동시에 받을 수는 없고 둘 중 하나만 받을 수 있다.

예 아래 선풍기는 디자인으로 등록받은 것이지만, 날개가 보이지 않는 기술적인 사상을 특허(또는 실용신안)로 받을 수 있다.

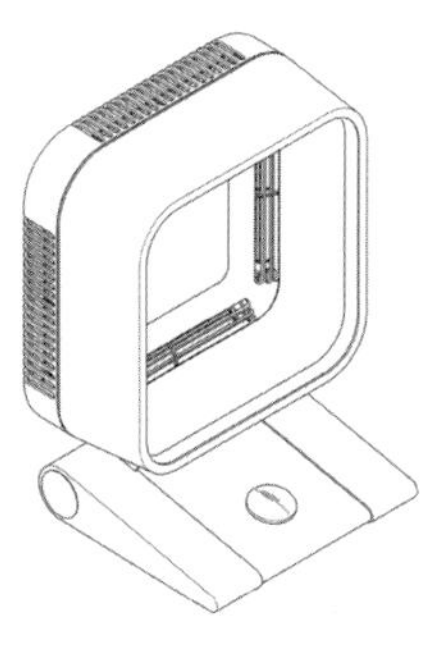

(디자인등록번호 30-0733122, 선풍기)

1 피해자의 고소 없이도 범죄가 성립하며 피해자가 아닌 제3자가 수사기관에 신고할 수 있다.

4. 저작권법

1) 저작권의 보호대상

저작권법은 저작자의 권리와 이에 인접하는 권리를 보호하고 저작물의 공정한 이용을 도모함으로써 문화 및 관련 산업의 향상발전에 이바지함을 목적으로 한다. 저작권법에서 "저작물"은 인간의 사상 또는 감정을 표현한 '창작물'을 말한다.

2) 저작권과 산업재산권의 비교

(1) 저작권과 디자인권의 같은 점

"응용미술저작물"은 양자 모두 시각을 매개로 하여 미적 감각을 대상으로 하는 작품으로서 디자인권과 저작권으로 모두 보호를 받을 수 있다.

(2) 다른 점

저작권법에서 말하는 창작성은 먼저 창작된 창작물과 동일하더라도 별개의 창작물이라면 저작권으로 인정을 받을 수 있지만, 산업재산권에서는 선행 산업재산권과 다를 뿐 아니라 용이하게 발명(또는 창작)할 수 없는 정도의 것(진보성 또는 창작성)이라야 권리로 보호 받을 수 있다. 산업재산권은 저작권보다 권리보호기간이 짧은 대신 독점배타적인 권리를 행사할 수 있는 등 권리행사에 편의성이 있다.

(3) 저작권의 특징

❶ 등록절차를 밟을 필요 없이 권리 성립

❷ 저작자의 생존 중 및 사후 70년 동안 권리 존속

❸ 구체적인 물품의 동일 또는 유사성, 복제에도 권리가 미치며 인격권까지 보호

5. 산업디자인진흥법

1) 산업디자인진흥법에서 산업디자인에 대한 정의

제품 등의 미적 · 기능적 · 경제적 가치를 최적화함으로써 생산자 및 소비자의 물질적 · 심리적 욕구를 충족시키기 위한 창작 및 개선행위를 말하며, 제품디자인 · 포장디자인 · 환경디자인 · 시각디자인 등이 있다.

2) 디자인보호법과의 비교

디자인보호법은 디자인을 특허청에 출원하여 디자인에 대한 권리(디자인권)를 등록받아 자신의 권리를 독점 배타적으로 행사함에 있어서, '법적인 보호'를 받을 수 있도록 규정하는 법이고, 산업디자인진흥법은 디자인 산업을 육성하고 사업화를 지원하기 위하여 정부에서 예산을 편성하여 지원하는 것을 규정하는 법이다.

3) 산업디자인진흥법의 사업내용

산업디자인 진흥종합계획 수립, 연구 및 진흥사업, 산업디자인 육성 · 개발사업, 산업디자인전문회사에 대한 지원 등이 있다.

6. 부정경쟁방지 및 영업비밀보호에 관한 법률

부정경쟁방지 및 영업비밀보호에 관한 법률(이하 '부정경쟁방지법')은 국내에 널리 알려진 타인의 상표 · 상호(商號) 등을 부정하게 사용하는 등의 부정경쟁행위와 타인의 영업비밀을 침해하는 행위를 방지하여 건전한 거래질서를 유지함을 목적으로 한다.

'부정경쟁행위'란 타인이 제작한 상품의 형태(형상 · 모양 · 색채 · 광택 또는 이들을 결합한 것, 시제품 등)를 모방한 상품을 양도 · 대여 또는 이를 위한 전시를 하거나 수입 · 수출하는 행위를 하는 경우에 해당한다. 부정경쟁방지법은 모든 지식재산권관련 법에서 가장 광범위하게 적용 가능한 법이라고도 할 수 있다.

7. 독점규제 및 공정거래에 관한 법률

이 법은 사업자의 시장 지배적 지위의 남용과 과도한 경제력의 집중을 방지하고, 부당한 공동행위 및 불공정거래행위를 규제하여, 공정하고 자유로운 경쟁을 촉진함으로써, 창의적인 기업활동을 조장하고 소비자를 보호함과 아울러 국민경제의 균형있는 발전을 도모함을 목적으로 한다. 다만, 무체재산권(특허권, 실용신안권, 디자인보호권, 상표권, 저작권)에 의한 권리의 정당한 행사라고 인정되는 행위에 대하여는 적용하지 않는다.

8. 민법

민법에서는 고의 또는 과실로 인한 위법행위로 타인에게 손해를 가한 자는 그 손해를 배상할 책임이 있다고 규정하고 있으므로 지식재산권자는 지식재산에 대한 권리를 침해한 자에 대하여 손해배상을 청구할 수 있다. 가처분, 침해금지, 손해배상, 신용회복, 부당이득반환청구권 등에 대한 지식재산권 침해소송은 지방법원이나 고등법원에서 다룬다.

9. 신지식재산권[2]

1) 신지식재산의 보호 영역

- 저작권법: 컴퓨터프로그램, 데이터베이스, 기술적 보호조치, 권리관리정보
- 특허법: 컴퓨터프로그램, 비즈니스모델(BM: Business Model)
- 디자인보호법: 글자체
- 상표법: 색채 상표, 입체 상표, 홀로그램상표, 지리적 표시, 도메인이름
- 부정경쟁방지법: 영업비밀, 도메인이름

TIP

지식재산은 형태에 따라 이중적으로 보호를 받을 수 있다. 예를 들어, 컴퓨터프로그램과 관련하여 프로그램 그 자체는 저작권법으로, 프로그램의 기술적 사상은 특허법으로 보호가 가능하다.

2) 신지식재산의 종류

영업비밀, 동식물신품종, 유전자조작기술, 반도체집적회로 배치설계, 컴퓨터프로그램, 데이터베이스, 캐릭터, 트레이드 드레스, 프랜차이징, 퍼블리시티권, 지리적 표시, 인터넷 도메인 네임, 새로운 상표(색채상표, 입체상표, 소리상표, 냄새상표)

3) 컴퓨터프로그램 관련 저작권과 특허권의 비교

	저작권	특허권
보호 대상	컴퓨터프로그램 자체	기술적 사상, 아이디어
보호 기간	• 사후 70년까지 • 프로그램은 대부분 업무상저작물인 경우가 많으며, 업무상저작물인 경우 창작일로부터 70년	특허등록일 이후~ 특허출원일로부터 20년
권리발생요건	• 창작성 • 창작시 발생(등록여부와 무관)	• 신규성, 진보성 등 등록요건 • 등록주의(등록해야 권리발생)
내용적 권리범위	보호범위 좁음	보호범위 넓음
지역적 권리범위	외국	• 국내 • 해외 특허출원 시 해외

2 신지식재산권이라는 명칭으로 법률적으로 규정된 것은 없다. 일반적으로 학술상 분류한 것뿐이다.

4) 반도체배치설계

(1) 목적

반도체집적회로의 배치설계에 관한 법률(약칭: 반도체설계법)은 반도체집적회로의 배치설계에 관한 창작자의 권리를 보호하고 배치설계를 공정하게 이용하도록 하여 반도체 관련 산업과 기술을 진흥함으로써 국민경제의 건전한 발전에 이바지하는 것을 목적으로 한다.

(2) 반도체집적회로 배치설계란?

반도체에 회로소자들과 그들을 연결하는 도선이 형성되어 전자회로의 기능을 가지도록 제조된 제품에, 여러 가지 회로소자들을 연결하는 도선을 평면적 또는 입체적으로 배치한 설계이다.

(3) 보호기간

설정등록일로부터 10년

5) 식물신품종관련 품종보호권과 특허권의 비교

식물의 신품종에 대한 육성자의 권리 보호에 관한 사항을 규정함으로써 농림수산업의 발전에 이바지하는 것을 목적으로 한다.

	품종보호권	특허권
보호 대상	신품종	신품종, 변종식물 등 모든 식물
보호 기간	• 등록 후 20년 • 과수, 임목: 25년	특허등록일 이후~ 특허출원일로부터 20년
권리발생요건	• 신규성, 구별성, 균일성, 안정성, 품종명칭	• 신규성, 진보성 등 등록요건 • 등록주의(등록해야 권리발생)

6) 콘텐츠산업 진흥법

"콘텐츠"란 부호 · 문자 · 도형 · 색채 · 음성 · 음향 · 이미지 및 영상 등(이들의 복합체를 포함)의 자료 또는 정보를 말하며, 콘텐츠산업이란 경제적 부가가치를 창출하는 콘텐츠 또는 이를 제공하는 서비스(이들의 복합체를 포함한다)의 제작 · 유통 · 이용 등과 관련한 산업을 말한다. 저작권법에 의하여도 콘텐츠를 보호받을 수 있다.

7) 캐릭터의 보호

캐릭터 자체를 보호하는 별도의 규정은 없으나, 캐릭터가 물품에 반영되어 물품성이 있는 경우에는 디자인권으로 보호를 받을 수 있다. 또한 창작성이 있는 경우 저작권으로도 보호가 가능하며, 부정경쟁방지 및 영업비밀보호에 관한 법률에 의해서도 보호가 가능하다.

8) 트레이드 드레스(Trade Dress)

- 상품이나 포장의 외관을 나타내는 색채 · 크기 · 모양 등을 뜻한다. 미국 연방대법원에서는 상품전체의 시각적인 이미지(visual image)와 그것이 만들어 내는 종합적인 인상이라고 한다.[3]
- 트레이드 드레스의 보호: 우리나라에서는 아직 트레이드 드레스에 대한 명확한 보호규정은 없으나, 사안에 따라 상표법, 디자인보호법, 부정경쟁방지 및 영업비밀보호에 관한 법률에 의하여 보호받을 수 있다.

예 KFC의 전체적인 외관 이미지, 애플의 아이폰 제품과 제품 케이스 등

9) 퍼블리시티권

사람은 누구나 자기의 성명이나 초상, 음성, 연기 등을 스스로 경제적으로 이용하거나 제3자에게 대가를 받고 일정한 기간 동안 전속적 또는 1회적으로 이용[4]하게 할 수 있는 권리, 즉 이른바 초상권을 가지고 있다. 따라서 본인의 동의 없이 이를 함부로 사용하는 경우 불법행위를 구성한다. 다만 공익을 위하여 필요한 경우에 예외적으로 본인의 동의를 필요로 하지 않는 경우는 있으나, 상업적인 사용의 경우에는 반드시 본인의

3 Two pesos, Inc,v. Taco cabana, inc., 505 U.S. 764,764 n.1(1992).

4 서울고등법원 1998. 3. 27. 선고 97나29686 판결.

동의를 필요로 한다.

본인 허락 없이 촬영, 방송하는 것은 초상권 침해로 인정되어 그에 대한 침해정지 및 손해배상을 할 수 있다.

10) 전통지식과 유전자원

(1) 전통지식

- 의미: 각 나라에서 전통적으로 구두, 문서, 관습 등으로 전해져 내려온 모든 지식
- 전통지식과 유전자원에 대한 선진국과 개도국의 대립: 최근 전통지식과 생물 유전자원(遺傳資源)으로 인하여 선진국과 개도국이 지식재산권분야에서 이해관계가 첨예하게 대립되어 있다. 선진국은 이들 전통지식과 유전자원을 개발하여 특허로 지식재산권화 하여 이익을 얻는 데 비하여 개도국은 아무런 이익을 받지 못한 데서 비롯된다. 우리나라는 전통지식에 대하여 DB화를 구축해 두고 있다.
- 종류: 전통의약, 전통치료행위, 식품, 농업, 환경, 문학, 음악, 무용, 미술, 예술 활동, 전통문화표현물 등

예 동의보감에 기록된 쑥뜸에 대한 '전통지식'으로 쑥뜸기에 대하여 특허를 받는다면, 쑥뜸에 사용되는 인진쑥은 '유전자원'에 속하게 되는 것이다.

---

(2) 유전자원(遺傳資源, Genetic Resources)

유전자원이란 전통적으로 내려져 오는 한 나라의 자원을 말한다. 최근 다국적 기업들이 식물신품종과 신약개발 등에 유전자원을 활용하고 있다.

유전자원 활용 예,

- 중국의 토종 식물 '팔각회향' 추출물로 타미플루를 개발하였다.
- 선인장과 닮은 아프리카의 '후디아' 추출물로 영국제약회사가 다이어트 약품을 개발하여 아프리카 원주민은 영국의 제약회사로부터 이익금의 6%를 로열티로 받는다.

요약

- 산업재산권법: 특허법, 실용신안법, 상표법, 디자인보호법
- **지식재산권의 종류**: 산업재산권법, 저작권법, 부정경쟁방지 및 영업비밀보호에 관한 법률, 산업디자인진흥법, 신지식재산권 등
- **지식재산기본법**: 지식재산의 '창출', '보호' 및 '활용'을 촉진화하는 우리나라 지식재산의 기본적인 법
- 발명: 자연법칙을 이용한 기술적 사상의 창작으로서 고도(高度)한 것
- 고안: 자연법칙을 이용한 기술적 사상의 창작
- 디자인: 물품의 "형상 · 모양 · 색채" 또는 이들을 결합한 것으로서 시각을 통하여 미감을 일으키게 하는 것
- 상표: 상품을 생산 · 가공 또는 판매하는 것을 업으로 영위하는 자가 자기의 업무에 관련된 상품을 타인의 상품과 식별되도록 하기 위하여 사용
- 산업재산권의 권리보호 기간

  ❶ 특허: 등록일 이후 출원일로부터 20년

  ❷ 실용신안: 등록일 이후 출원일로부터 10년

  ❸ 디자인(특허와 동일): 등록일 이후 출원일로부터 20년

  ❹ 상표: 등록일로부터 10년이며, 10년마다 갱신할 수 있으므로 반영구적

- 저작물: '**인간**'의 '**사상** 또는 **감정**'을 표현한 '**창작물**'
- 저작권의 특징

  ❶ 등록절차를 밟을 필요 없이 권리 성립

  ❷ 저작자의 생존 중 및 사후 70년 동안 권리 존속

  ❸ 저작인격권까지 보호

- **신지식재산의 종류**: 영업비밀, 동식물신품종, 유전자조작기술, 반도체집적회로 배치설계, 컴퓨터 프로그램, 데이터베이스, 캐릭터, 트레이드 드레스, 프랜차이징, 퍼블리시티권, 지리적 표시, 인터넷 도메인 네임, 새로운 상표(색채상표, 입체상표, 소리상표, 냄새상표) 등
- **반도체 배치설계**: 반도체집적회로의 배치설계에 관한 법률에 의하여 보호
- **식물신품종**: **품종보호권과 특허권으로 모두 보호받을 수 있음**.

- 캐릭터 자체를 보호하는 별도의 규정은 아직 없으나, 캐릭터가 물품에 반영된 경우에는 디자인권으로 보호를 받을 수 있고, 또한 창작성이 있는 경우 저작권으로도 보호 가능
- **트레이드 드레스**: 상품이나 포장의 외관을 나타내는 색채 · 크기 · 모양 등을 의미
- **퍼블리시티권**: 본인 허락 없이 촬영, 방송하는 것은 초상권 침해에 해당
- 전통지식: 그 나라에서 전통적으로 내려오는 전통의약, 전통치료행위, 식품, 농업, 환경, 문학, 음악, 무용, 미술, 예술 활동, 전통문화표현물 등
- 유전자원(Genetic Resources): 전통적으로 내려져 오는 한 나라의 고유자원

제1장 연습문제

1. 지식재산권에 대한 설명 중 틀린 것은?

❶ 특허법과 실용신안법은 기술적 사상을 보호하는 것이다.

❷ 디자인보호법은 시각을 통하여 미감(美感)을 일으키게 하는 물품에 대하여 부여할 뿐 아니라 '글자체'도 보호한다.

❸ 부정경쟁방지법은 국내에 널리 알려진 타인의 상표 · 상호(商號) 등을 부정하게 사용하는 등의 부정경쟁행위를 방지하는 것이다.

❹ 저작권법은 물품의 형상 · 모양 · 색채 또는 이들을 결합한 것을 보호하는 것이다.

❺ 신지식재산권은 신품종, 생물자원, 전통지식, 전통문화표현물 등의 지식재산에 대해 부여하는 것이다.

정답: ❹.

설명: 저작권법은 인간의 지적능력을 통해 창작한 미술, 음악, 영화, 만화, 캐릭터, 건축설계, 시, 소설, 소프트웨어, 게임 등과 같은 창작물에 부여하는 것이며, 지문에서 설명하고 있는 내용은 디자인권에 대한 설명이다.

2. 다음 내용이 설명하고 있는 법은?

> 이 법은 2011년 제정되어 지식재산의 '창출', '보호' 및 '활용'을 촉진하여 국가의 경제 · 사회 및 문화 등의 발전과 국민의 삶의 질 향상에 이바지하는 것을 목적으로 하여 지식재산과 관련되는 다른 법률을 제정하거나 개정하는 경우에는 이 법의 목적과 기본이념에 맞도록 하여야 한다. 이 법에 따라 과거 "지적재산권"이라고 하던 용어는 모두 "지식재산권"으로 사용하게 되었다.

❶ 특허법

❷ 지식재산기본법

❸ 부정경쟁방지 및 영업비밀보호에 관한 법률

❹ 저작권법

❺ 신지식재산보호법

정답: ❷.

3. 다음 중 산업재산권법만으로 묶여진 것은?

a. 특허법, 실용신안법	b. 저작권법, 디자인보호법
c. 부정경쟁방지법, 저작권법	d. 디자인보호법, 상표법
e. 산업디자인진흥법, 신지식재산권법	

❶ a, d ❷ b, d ❸ a, c
❹ c, d ❺ c, e

정답: ❶.

설명: 산업재산권은 특허권, 실용신안권, 디자인권, 상표권 4가지를 말한다.

4. 다음 중 상표로 등록 받을 수 없는 것은?

❶ 입체적 형상, 홀로그램
❷ 색채, 냄새
❸ 소리, 냄새
❹ 소리, 동작
❺ 시, 소설

정답: ❺.

설명: 제품의 이름뿐만 아니라 소리, 냄새, 입체적 형상, 색채, 동작 등도 모두 상표로서 보호받을 수 있다. 기호 · 문자 · 도형, 입체적 형상 또는 이들을 결합하거나 이들에 색채를 결합한 것, 동작상표와 동적디자인과 같은 경우 상표와 디자인으로 중복하여 보호를 받을 수도 있다.

5. 다음 중 지식재산권에 대한 권리보호기간이 틀린 것은?

❶ 특허권: 등록일 이후 출원일로부터 20년
❷ 실용신안권: 등록일 이후 출원일로부터 15년
❸ 디자인권: 등록일 이후 출원일로부터 20년
❹ 상표권: 등록일로부터 10년, 10년마다 갱신 가능
❺ 저작재산권: 저작자가 생존하는 동안과 사망한 후 70년

정답: ❷.

설명: 실용신안권은 등록일 이후 출원일로부터 10년이다. 디자인권은 등록일로부터 15년이었으나 2014년 7월 법이 개정되어 등록일 이후 출원일로부터 20년이다. '등록일 이후 출원일로부터'라는 의미는 권리를 행사할 수 있는 기간은 '등록'일 이후부터 권리를 행사할 수 있고, 존속기간은 출원일로부터 최대한 20년을 넘지 못한다는 의미이다(예외사항 있음. 예외사항은 제5장 특허편에서 상세히 설명함).

6. 다음 중 산업재산권에 대한 설명으로 틀린 것은?

❶ 특허권은 발명을 보호하는 것이다.

❷ 실용신안권은 고안을 보호하는 것이다.

❸ 디자인권은 물품의 형상 · 모양 · 색채 또는 이들을 결합한 것을 보호하는 것이다.

❹ 상표권은 자기의 업무에 관련된 상품을 타인의 상품과 식별하기 위하여 사용하는 표장을 보호하는 것이다.

❺ 저작권은 저작물을 보호하고, 저작인격권은 보호하지 않는다.

정답: ❺.

설명: 저작권은 저작물을 보호할 뿐 아니라, 저작자는 그의 저작물을 공표하거나 공표하지 않을 것을 결정할 권리인 저작인격권을 가진다.

7. 다음 중 지식재산권에 대한 설명으로 틀린 것은?

❶ 하나의 제품에 대하여 특허권과 디자인권으로 모두 권리를 받는 것이 가능하다.

❷ 하나의 기술에 대하여 특허권과 실용신안권으로 모두 받을 수 있다.

❸ 하나의 디자인에 대하여 디자인권과 저작재산권으로 모두 보호가 가능하다.

❹ 하나의 동적으로 움직이는 표현에 대하여 디자인권과 상표권으로 모두 보호가 가능하다.

❺ 특허권과 실용신안권, 디자인권의 권리기간은 존속기간만료 이전에 권리기간이 끝나는 경우가 많다.

정답: ❷.

설명: ❷ 하나의 기술을 특허와 실용신안으로 모두 받을 수는 없다. ❹ 동적으로 움직이는 표현에 대하여 디자인권은 동적디자인, 상표권은 동작상표로 보호받을 수 있다. ❺ 산업재산권의 보호기간은 특허권 · 디자인권 20년, 실용신안권 10년, 상표권 10년이지만, 권리를 유지하기 위한 연차료를 납부하지 않으면 권리기간이 종료되고, 그 이후에는 누구나 자유롭게 사용할 수 있게 된다.

8. 상품이나 포장의 외관을 나타내는 색채 · 크기 · 모양 등을 뜻하는 것으로서, 상품 전체의 시각적인 이미지(visual image)와 그것이 만들어 내는 종합적인 인상을 무엇이라고 하는가?

❶ 퍼블리시티권 ❷ 트레이드 드레스 ❸ 서비스권
❹ 증명표장 ❺ 단체표장

정답: ❷.

설명: ❷ 트레이드 드레스(Trade Dress)를 설명한 것이다.

9. 신지식재산권에 대한 설명 중 틀린 것은?

❶ 신지식재산권은 어느 하나의 법률에서 보호를 받으면 다른 법률로는 보호받을 수 없으므로 본인이 어떤 법률로 보호를 받을 것인지 선택을 잘 해야 한다.
❷ 한미 FTA로 인하여 색채상표, 입체상표, 소리상표, 냄새상표와 같은 신지식재산권이 상표제도에 도입되었다.
❸ 트레이드 드레스는 우리나라에는 없는 제도이지만, 부정경쟁방지법으로 보호를 받을 수 있다.
❹ 캐릭터 자체는 디자인권으로 보호받을 수 없다.
❺ 식물신품종은 품종보호권과 특허권으로 모두 보호가능하다.

정답: ❶.

설명: ❶ 지식재산권 또는 신지식재산권은 이중적으로 또는 다중으로 보호를 받을 수도 있다. ❹ 캐릭터 자체는 디자인권으로 보호받을 수 없지만, 캐릭터가 물품으로 제조되었을 때는 디자인권으로 보호가 가능하다. 디자인 등록요건에서 반드시 물품성을 만족하여야 하기 때문이다.

10. 전통지식과 유전자원에 대한 설명 중 틀린 것은?

❶ 전통지식과 유전자원의 보호입장에 대하여 선진국과 개도국이 첨예하게 대립하고 있다.

❷ 우리나라는 전통지식에 대하여 DB를 구축해 두고 있다.

❸ 전통지식은 전통문화표현물을 말하는 것으로 의약이나 치료행위는 포함하지 않는다.

❹ 우리나라의 은행나무나 인삼은 유전자원에 속한다.

❺ 전통지식에 대한 소극적 보호 방법은 전통지식을 지식재산권화 하는 것을 막는 방법이다.

정답: ❸.

설명: ❸ 전통지식이란 의약, 치료행위 등 모든 전통지식을 포함한다. ❺ 전통지식에 대한 소극적 보호 방법으로 우리나라에서는 전통지식과 유전자원에 대하여 국가(특허청)에서 홈페이지를 구축하여 DB화 하고 있다. 적극적 보호 방법은 전통지식과 유전자원을 지식재산권화 하는 것이다. 지식재산권화 하는 데는 많은 기술과 노하우를 가진 다국적 기업들이 유리하기 때문에 전통지식의 보호에 대하여 선진국과 개도국 간에 의견 차이가 있다.

11. 다음 중 신지식재산권이라고 볼 수 있는 것은 몇 개인가?

a. 십전대보탕과 같은 전통지식	b. 연예인의 사진과 같은 퍼블리시티권
c. 물건이나 서비스의 형태와 같은 트레이드 드레스	d. 디지털 콘텐츠
e. 호박고구마와 같은 식물신품종	f. 반도체집적회로 배치설계
g. 컴퓨터프로그램	h. 새로운 형태의 디자인

❶ 4개 ❷ 5개 ❸ 6개

❹ 7개 ❺ 8개

정답: ❹.

설명: h. 새로운 형태의 디자인은 전통적인 디자인권으로서 신지식재산권이라 볼 수 없다.

12. 부당하게 경쟁사업자를 배제하기 위하여 거래하거나 소비자의 이익을 현저히 저해할 우려가 있는 행위, 거래지역 또는 거래상대방을 제한하는 행위 등은 법에 의하여 제한을 받게 된다. 이 법에 대한 설명 중 틀린 것은?

❶ 이 법은 독점규제 및 공정거래에 관한 법률이다.

❷ 무체재산권에 대하여는 이 법의 제한을 받지 않는다.

❸ 특허권의 전용실시권을 설정하여 다른 사업자를 시장에 들어올 수 없도록 제한하는 것은 이 법에 저촉된다.

❹ 특허권에 다수의 통상실시권을 설정하는 것은 다른 사업자도 시장진입이 가능하므로 이 법에 저촉되지 않는다.

❺ 이 법은 시장 지배적 지위의 남용을 금지하고, 창의적인 기업활동을 조장하며, 소비자를 보호하기 위한 것이다.

정답: ❸.

설명: ❸ 특허권의 전용실시권은 무체재산권에 속하므로 이 법에 저촉을 받지 않는다. 전용실시권을 설정하면 전용실시권자가 독점해서 실시하며, 특허권자도 실시할 수 없다. 반면, 통상실시권은 특허권자 및 다른 통상실시권자도 실시할 수 있다.

CHAPTER 02

(창출편) 발명창출기법

1. 일반적 발명창출기법

1) 더하기 발명

예 같은 물건 더하기: +자 드라이버, 4날 면도기

예 서로 다른 물건 더하기: 연필+지우개(지우개 달린 연필), 드릴+램프(램프 달린 드릴)

2) 빼기 발명

예 공기 없는 타이어, 무선 이어폰, 씨 없는 수박

3) 모양 바꾸기 발명

예 휘어질 수 있는 빨대, 칫솔의 손잡이, 엠보싱 화장지, 엠보싱 프라이팬(가열면적이 많아져서 빨리 가열됨), 구부러진 물파스

4) 반대로 해보기 발명

예 거꾸로 보이는 시계(미용실 등에서 사용), 벙어리장갑은 양말에서 착안한 발명, 다섯 발가락이 분리된 양말

5) 용도나 재료 바꾸기 발명

예 용도 바꾸기: DDT(살충제를 제초제로 용도 발명)

예 재료 바꾸기: 알루미늄 젓가락 대신 대나무 젓가락, 기름연료 보일러에서 가스연료 보일러 발명, 휘발유 자동차에서 가스 자동차 발명, 천장갑에서 고무장갑 발명, 천막 천으로 만든 청바지 발명

6) 남의 아이디어 차용 발명(모방 발명)

예 파리 잡는 끈끈이에서 바퀴벌레 잡는 끈끈이와 쥐 잡는 끈끈이 발명, 날개 없는 선풍기에서 날개 없는 손 건조기 발명, 스티커 우표에서 스티커 봉투 발명, 인라인 스케이트에서 롤러스케이트 발명

7) 불편한 점 개선하기 발명

예 리모컨, 과자봉지 뜯기(끝부분 V자 홈, 가는 비닐 넣어 뜯기), 창문 잠금장치(기계적 잠금에서 자석으로 대체하여 닫으면 저절로 잠김), 둥근 문손잡이에서 막대기형 문손잡이(양손에 물건을 들고 있을 때 둥근 문손잡이는 문을 열 수 없음)

8) 폐품 활용 발명

예 접착제를 사용하여 톱밥을 판재 재료로 활용, 게 껍질에서 키토산 추출, 조개껍질을 동물사료로 이용

9) 사이즈 변경 발명

예 휴대용 냉장고, 화장품용 냉장고, 자바라 물통, 접는 우산

10) 분리하기 발명

예 물리적 분리: 도깨비 방망이(믹서에서 칼날만을 분리해 낸 발명)

예 시간적 분리: 이륙하고 난 이후 비행기 날개 접기, 끝이 뾰쪽한 말뚝을 박은 후에 끝을 파괴하여 말뚝이 견고하게 지지되도록 한 발명, 무개차 스포츠 자동차, 접는 자전거

2. 창의적 발명창출기법

1) 트리즈(TRIZ)[5]

TRIZ는 200만 건 이상의 전 세계 지식문헌(특허)들을 분석하여 공통점을 도출하고, 기술 발전의 규칙성과 문제해결의 규칙성을 규명하여 기술적 문제해결 원리를 추출하여 체계화한 창조적 문제해결 이론으로서 러시아의 Genrich Altshuler가 창시하였다. 트리즈는 일반인도 얼마든지 혁신적 아이디어를 착안할 수 있게 해 주는 창의적 사고기법이다.

Genrich Altshuler는 ❶ 문제 해결이 어려운 이유는 무엇인가? ❷ 왜 어떤 사람은 창조적이고 다른 사람은 그렇지 못한가? ❸ 전 세계의 특허정보를 이용할 수 없을까? ❹ 인류의 모든 지식을 이용할 수 없을까?라는 4가지 의문에서 출발하여 트리즈를 창안하였다.

(1) TRIZ의 4가지 기본 개념

❶ 이상성(Ideality)

TRIZ에서 가장 근간이 되는 개념으로, 모든 존재나 시스템들은 결국은 이상을 향해 발전해 나아감으로써 발명을 창출한다.

❷ 모순(Contradiction)

기술적 모순, 물리적 모순을 해결하여 발명을 창출한다.

❸ 자원(Resource)

문제를 해결하기 위해 사용 가능한 모든 것, 기계장, 음향장, 열장, 화학장, 전기장, 자기장, 물리학의 장(중력장, 전자장)을 고려하여 발명을 창출한다.

❹ 시스템 접근(System Approach)

대상의 한 단계 높은 레벨, 한 단계 낮은 레벨을 모두 고려하여 발명을 창출한다.
단계의 과거, 현재, 미래를 고찰하는 것(예 면도기: 두날 → 세날 → 다중날 면도기로 발전)

(2) TRIZ의 특성 및 원리

❶ 39가지 특성(Parameter)

길이, 부피, 힘, 속도, 압력, 온도, 강도, 안정성, 밝기, 모양, 내구력 등 기초적인 공학적

5 러시아어: Teoriya Resheniya Izobretatelskikh Zadatch(창의적인 문제해결기법)

변수 등을 고려하여 발명을 창출한다.

❷ 40가지 원리(40 Principles)

분할, 추출, 국부적 품질, 비대칭, 통합, 다용도, 포개기, 거꾸로 함(반전) 등 40가지 원리를 고려하여 발명을 창출한다.

❸ 표준 해결책(Standard Solutions)

발명문제를 해결하는 데 사용되는 표준해법은 기술발전법칙을 바탕으로 개발되었기 때문에 체계적이며, 쉽고 강한 창조적인 문제해결방법이다. 표준해법을 사용하려면 반드시 먼저 기술시스템 발전법칙과 물질-장 분석을 따라야 한다.

2) 아리즈(ARIZ: Algorithm for Inventive Problem Solving)

- 아리즈(러시아어)란 창조적 문제해결 방법으로서 문제 해결을 위한 일련의 연속적 과정(알고리즘)을 의미한다. 아리즈는 문제의 초기 상황의 분석에서부터 해결까지 일련의 논리적인 문제 해결 절차로서, 트리즈의 40가지 발명원리, 모순극복, 표준해결책, 물질장 등 다양한 툴들을 '프로세스화'한 것이다. 트리즈가 표준 문제해결기법이라면, 아리즈는 비표준 문제해결기법이다.
- 아리즈는 여러 가지 연구 방법론을 종합적으로 사용하기 때문에 트리즈의 방법론 중에서 가장 수준 높은 문제해결 방법론이다. 따라서 아리즈의 실용성은 높지 않지만 고도의 창의성을 필요로 하는 문제 해결에는 유용한 수단이다.

3. 확산적 발명창출기법

1) 개념

아이디어나 해결 방법을 최대한 다양하게 많이 생성해 내는 과정으로서, 더 이상의 문제해결 대안이나 아이디어가 나오지 않을 때까지 판단을 하지 않고 제안하도록 한다.
확산적 발명창출기법에서 유의해야 할 사항

- 자유로운 분위기 조성
- 아이디어의 다량 발상
- 엉뚱한 발상이라도 비판금지
- 다른 사람의 아이디어에 편승하기 등

2) 종류

브레인스토밍, 브레인 라이팅, 스캠퍼, 체크리스트법, 형태학적 분석법, 속성열거법 등

3) 브레인스토밍(BS: Brainstorming) 기법

(1) 개념

4~7명 정도의 팀 아이디어 발상 기법으로서, 팀원의 판단과 비판을 금지하고 상상력을 충분히 발휘하여 최대한 많은 아이디어가 도출될 수 있도록 하는 발명기법이다.

(2) 원리

- 자유로운 분위기: 새로운 아이디어가 착상되면 바로 말하고 기록한다.
- 다량 발상: 가능한 다량의 아이디어를 제시한다.
- 비판금지: 실현 불가능한 아이디어라도 비판과 평가는 절대 하지 않는다.
- 아이디어 편승: 동료들의 아이디어에 편승하여 또 다른 아이디어를 착상한다.

(3) 브레인스토밍 기법의 확장 기법(NM 기법: Nakayama Masakazu 창안)

- 업무개선, 새로운 서비스 개발, 가벼운 기획발상에 효과적이다.
- 문제를 푼다기보다 자연스럽게 연상을 통해 아이디어를 얻는다.
- NM 기법 순서: 과제 선정 → 과제 표현 키워드 선정 → 키워드로부터 유추 · 연상 → 유추 · 연상의 배경(요소, 구조, 작용) 찾기 → 과제와 연결하여 아이디어 발상

4) 브레인 라이팅(BW: Brain writing) 기법

종래의 아이디어들을 약간 개량하여 문제해결을 하고자 할 때 주로 사용하는 기법이다.

- Worksheet를 작성한다.
- 첫 번째 줄에 자신의 아이디어를 최소 1개 이상 기재하고, 옆 사람에게 전달한다.
- 계속해서 자신의 아이디어를 모든 사람이 기재할 때까지 전달한다.
- 창안된 아이디어에 별표 등으로 표시하여 평가를 한다.

이름	아이디어1	아이디어2	아이디어3	…
홍길동				
김특허				
나발명				

5) 스캠퍼(SCAMPER) 기법

- SCAMPER 기법은 대치하기, 결합하기, 적용하기, 수정-확대-축소하기, 다른 용도로 사용하기, 제거하기, 재배치하기 단계에 따라 기존의 것을 개선하여 새로운 것을 만들어 내는 발명 촉진 질문법이다.
- 고정된 사고의 틀에서 벗어나 다각적인 측면에서 혁신적으로 사고할 수 있는 기회와 경험을 제공하는 발명기법이다.

기법 내용	사례, 설명
대치하기(**S**ubstitute)	재료 대치, 다른 기능을 갖는 구성 대치
결합하기(**C**ombine)	블루투스 + USB 메모리=블루투스 USB
적용하기(**A**dapt)	컨베이어벨트를 러닝머신 기구에 적용
수정-확대-축소하기 (**M**odify-magnify-minify)	자바라 물통
다른 용도로 사용하기(**P**ut to other use)	DDT(살충제를 제초제로 사용)
제거하기(**E**liminate)	공기없는 타이어
재배치하기(**R**earrange-reverse)	수직형 김치냉장고에서 수평형(서랍형) 김치냉장고

6) 체크리스트 기법

(1) 개념

개선점을 찾기 위한 모든 체크 항목을 만들고 이것을 하나씩 체크하면서 힌트로 하여 아이디어를 발상하는 기법이다.

(2) 원리

개선점을 발견하기가 용이하고, 중요한 사항을 누락하지 않고 검토할 수 있으며, 반복 작업의 경우 편리하게 적용할 수 있다.

체크 리스트 예시

- 새로운 용도 또는 전용이 가능한가?
- 형태의 변형(크기, 재질, 좌우상하 등)은 가능한가?
- 결합, 분리 등은 가능한가?

7) 속성 열거법

해결하려는 과제의 속성, 물건의 속성 등을 목록에 작성하고, 그 속성들에 대한 체크리스트를 만들어서 문제를 해결하는 기법으로서 체크리스트 기법의 일종이다.

예 **쉽게 따는 페트병 뚜껑 열기 문제 해결에서 페트병 뚜껑의 속성**

둥글다, 플라스틱, 미세한 홈이 파져 있다, 회전력 등

→ 둥근 모양을 변형한다, 플라스틱 재질을 고무와 결합한다, 미세한 홈을 더 크게 확장한다, 회전력을 더 가할 수 있는 구조로 변경한다.

---

8) 형태학적 분석법

대상과제의 특성을 형태적 측면에서 분석하여 신제품 개발에 활용하는 것으로서 큰 변화가 없이 개선하려는 물건이나 구조를 분석하는 기법이다.

예 **사탕 신제품 개발: 사탕의 맛과 모양을 조합**

대상과제 선정[새로운 사탕 개발] → 형태적 측면 분석 대상[사탕의 맛(단맛, 신맛, 매운맛, 오미자 맛), 사탕의 모양(과일-사과, 배, 딸기, 오렌지, 바나나)] → 각 변수를 조합하여 평가, 검토, 개선

---

4. 수렴적 발명창출기법

1) 개념

여러 가지 아이디어나 해결 방법들 중에서 최선의 아이디어를 수렴하여 선택하는 것으로서, 최상의 아이디어를 찾고 만들기 위해 여러 가지 대안들을 분석하고 다듬는 사고과정이다. 주로 확산적 발명창출기법에서 제안된 많은 아이디어들 중에서 우선순위를 정하고 최선의 발명을 만들어가는 기법이다.

2) 종류

역브레인스토밍, 계열화기법, 히트 기법, 핫스팟(Hot spots), 하이라이팅, 평가행렬표, 쌍비교분석법, ALU, PMI, PPC 법 등

3) 역브레인스토밍(RBS: Reverse Brainstorming)

역브레인스토밍법은 브레인스토밍 등에서 다량의 대안으로 제시된 아이디어 등에 대해 문제점을 발견하고 해결하는 기법이다. 제안된 해결책들을 현실적으로 실현 가능한 것들만 추출하는 기법이다. 따라서 대안으로 제시된 아이디어들에 비판을 하는 기법이다.

4) 히트(Hits) 기법

생성된 대안의 수가 많을 때 이 기법을 사용하여 최선의 대안을 채택한다. 목적에 합당한 대안에 체크하면서 평가하여 채택하는 기법이다. 히트를 한 이후에도 대안 수가 많을 때는 다시 대안 리스트에 체크하여 대안의 수를 좁혀나간다. 이때 좁혀가는 과정에서 공통점이나 유사한 분류로 묶는데 이를 핫스팟(Hotspot)이라 한다.

5) 하이라이팅(Highlighting) 기법

이 기법은 히트 기법으로 선정된 몇 개의 대안들을 유사한 범주끼리 분류하여 묶는다. 먼저 히트한 대안에 부호로 표기하고 공통점이나 유사한 대안끼리 동일한 부호로 표기하여 분류한다. 아이디어를 평가하고 선택하는 간단하고 효과적인 기법이다. 평가된 대안들을 보다 구체적으로 분석할 때는 역브레인스토밍, ALU, PMI, PPC 대화기법 등을 활용한다.

6) 평가행렬(Evaluation Matrix) 기법

하이라이팅 기법에 의해 분류된 대안들을 평가해 보는 기법으로 대안의 수가 비교적 많을 때 사용한다. 이 기법은 제안된 대안들을 평가표를 작성하여 평가하는 방법이다. 아래와 같은 평가표 점수를 부여하는 방식이다.

평가	아이디어1	아이디어2	...
평가요소1			
평가요소2			
...			

7) 쌍비교분석(Paired Comparison Analysis) 기법

몇 개의 대안들을 우선순위를 부여할 때 공통된 영역으로 분류된 것에 가점을 부여하는 기법이다. 의견들을 표에 기재하고 의견들의 각 쌍을 비교하여, 점수를 부여함으로써 우선순위를 결정하는 방식이다.

8) PMI(Plus, Minus, Interesting) 기법

제안된 아이디어들의 장점(Plus), 단점(Minus), 흥미로운 점(Interesting)을 분석하여 그 아이디어를 평가하는 기법으로서, 하나의 아이디어를 집중적으로 분석할 때 간단하고 효과적으로 활용할 수 있는 기법이다. 장점(P)을 고려할 때에는 장점(P)만을 생각하고 나머지 요소(M, I)는 고려해서는 안 된다.

9) ALU(Advantage, Limitation, Unique qualities) 기법

ALU 기법은 강점(Advantage), 약점(Limitation), 독특한 특성(Unique qualities)을 기본요소로 하는 아이디어 평가 기법이다. 소수의 아이디어가 있을 때 좀 더 깊이 있게 분석하고 개량할 때 활용한다.

10) PPC(Positive-Possibilities-Concerns) 기법

이 기법은 제안된 아이디어를 다른 동료가 받아들이지 않을 때 이해를 시키는 방법으로서 아이디어의 긍정적인 면(Positve)을 설명하고, 이어서 가능성(Possibilities)을 설명한 후 상대방의 관심(Concerns)이나 염려스러운 점을 듣고 아이디어를 채택하거나 수정해 나가는 방식이다.

요약

- 일반적 발명창출기법: 더하기, 빼기, 모양 바꾸기, 반대로 해보기, 용도 · 재료 바꾸기, 아이디어 차용, 불편한 점 개선, 폐품 활용, 사이즈 변경, 분리하기
- 창의적 발명창출기법: 트리즈, 아리즈
- 트리즈(TRIZ): 39가지 특성, 40가지 원리, 표준 해결책
- TRIZ의 4가지 기본 개념

  ❶ 이상성(Ideality)

  ❷ 모순(Contradiction)

  ❸ 자원(Resource)

  ❹ 시스템 접근

- 확산적 발명창출기법: 브레인스토밍, 브레인 라이팅, 스캠퍼, 체크리스트법, 형태학적 분석법, 속성열거법
- 수렴적 발명창출기법: 역브레인스토밍, 계열화기법, 히트 기법, 핫스팟(Hot spots), 하이라이팅, 평가행렬표, 쌍비교분석법, ALU, PMI, PPC 법

제2장 연습문제

1. 발명창출기법 중 자동차 주차 시 백미러 접기, 비행기 이륙 후 바퀴 접기와 같은 발명 기법에 해당하는 것은?

❶ 시간적 분리 ❷ 물리적 분리 ❸ 더해보기
❹ 사이즈 변경해보기 ❺ 빼보기

정답: ❶.

설명: ❶ 시간적 분리는 시간적으로 구조를 달리해 보는 발명기법이다.

2. 트리즈(TRIZ)에 대한 설명 중 틀린 것은?

❶ 브레인스토밍 기법 중의 하나로 다수의 아이디어를 창출할 때 사용하는 창의적 기법이다.
❷ 일반인도 얼마든지 혁신적 아이디어를 착안할 수 있게 해 주는 창의적 사고 기법이다.
❸ TRIZ의 4가지 기본 개념은 이상성, 모순, 자원, 시스템적 접근이다.
❹ 39가지 특성과 40가지 원리로 이루어져 있다.
❺ 전 세계의 특허를 분석하여 기술 발전 규칙성을 규명하여 문제해결 원리를 추출한 창조적 문제해결기법이다.

정답: ❶.

설명: ❶ 브레인스토밍 기법은 트리즈와는 별개의 발명기법이다.

3. 다음 중 확산적 발명창출기법이 아닌 것은?

❶ 브레인스토밍 ❷ 브레인 라이팅 ❸ 역브레인스토밍
❹ 스캠퍼 ❺ 체크리스트법

정답: ❸.

설명: ❸ 역브레인스토밍법은 브레인스토밍 등에서 다량의 대안으로 제시된 아이디어 등에 대해 문제점을 발견하고 해결하는 기법으로 수렴적 발명창출기법 중의 하나이다.

4. 다음 중 수렴적 발명창출기법은 몇 개인가?

> 역브레인스토밍, 계열화 기법, 히트 기법, 스캠퍼(SCAMPER), 핫스팟(Hot spots), 하이라이팅, PMI, 체크리스트법

❶ 3개 ❷ 4개 ❸ 5개
❹ 6개 ❺ 7개

정답: ❹.

설명: ❹ 스캠퍼(SCAMPER)와 체크리스트법은 확산적 발명창출기법이다.

5. 브레인스토밍(BS: Brainstorming) 기법에 대한 설명 중 틀린 것은?

❶ 제안된 아이디어가 현실성이 떨어질 때는 판단과 비판을 금지하라는 원칙을 적용하지 않을 수도 있다.
❷ 상상력을 충분히 발휘하여 최대한 많은 아이디어가 도출될 수 있도록 하는 발명기법이다.
❸ 자유로운 발명 분위기를 조성한다.
❹ 동료들의 아이디어에 편승하여 또 다른 아이디어를 착상한다.
❺ 확산적 발명창출기법 중의 하나이다.

정답: ❶.

설명: ❶ 어떠한 경우에도 판단과 비판을 금지하라는 원칙을 지켜야 다량의 아이디어가 창출될 수 있다.

6. 다음 중 스캠퍼(SCAMPER) 기법에 대한 항목은 몇 개인가?

> 대치하기, 결합하기, 적용하기, 수정-확대-축소하기, 더하기, 빼기, 분리하기, 제거하기, 재배치하기

❶ 4개 ❷ 5개 ❸ 6개
❹ 7개 ❺ 8개

정답: ❸.

설명: 스캠퍼(SCAMPER) 기법: 대치하기(Substitute), 결합하기(Combine), 적용하기(Adapt), 수정-확대-축소하기(Modify-magnify-minify), 다른 용도로 사용하기(Put to other use), 제거하기(Eliminate), 재배치하기(Rearrange-reverse)

STANDARD PROCEDURE OF
INTELLECTUAL PROPERTY MANAGEMENT

CHAPTER 03

(창출편) 선행기술검색

1. 특허분류

1) 개요

특허분류는 선행 특허문헌을 검색할 때 효과적인 조사 도구로서 특허문헌의 체계적 정리로 기술분야별 특허 동향 분석, 통계 산출 등 특허정보 활용을 위한 기초자료로 활용하기 위하여 특허로 출원된 발명을 기술 내용에 따라 분류한 것이다.

- 전 세계 공통 사용 분류: IPC(International Patent Classification), 약 7만 개로 분류
- 미국만 사용하는 분류: UPC
- 유럽만 사용하는 분류: ECLA
- 일본만 사용하는 분류: FI, F−Term

2) 국제특허분류(IPC: International Patent Classification)

- 모두 A~H 섹션까지 8개의 섹션으로 구분되어 있으며 A는 생활필수품 … H는 전기전자통신기술에 관한 분류이다. IPC는 전 세계 공통으로 사용하는 국제표준 분류체계이며, 일부 국가에서는 자국의 기술발달에 따른 고유의 분류기호를 동시에 사용하고 있다.

㉄ 키높이 신발에서 밑창을 공기로 하는 발명에 관한 분류기호

구분	표기방식	섹션	클래스	서브클래스	메인그룹	서브그룹
예시	A43B 13/20	A	43	B	13	20
내용	공기 밑창에 특징이 있는 신발	생활필수품	신발류	신발류의 부분	밑창에 특징이 있는 것	공기 밑창

3) CPC(Cooperative Patent Classification)

- 약 26만 6천 개의 분류코드로 되어 있는 CPC는 신기술을 반영하는 속도가 빠르고 IPC보다 3배 이상의 분류기호를 가지는 매우 세분화된 분류체계로서 미국과 유럽이 주축으로 한 · 중 · 일이 공동으로 개발하여 14개국이 사용 중인 우수한 분류이다.
- 한국, 미국, 유럽, 중국, 일본 등 14개국 공통사용(현재는 IPC와 CPC를 동시사용)

※ CPC는 IPC를 대체할 새로운 분류체계로 2015년부터 사용중

- CPC 표기방법: IPC + 숫자

2. 특허정보의 종류 및 특징

1) 특허정보의 종류

- 특허공개공보: 특허출원 후 1년 6개월 경과 후 공개되는 공보(특허가 부여되기 이전의 공보)
- 특허공고공보(특허공보): 특허출원 후 심사하여 특허된 발명의 공보를 말한다.
  ※ 패밀리 특허: 파리조약에 의한 해외 우선권 주장출원 또는 PCT 국제출원으로 여러 국가에 특허를 출원하는 경우 여러 국가에 출원된 특허들을 패밀리 특허라고 한다.

2) 특허정보의 특징

(1) 신속한 정보 공개

특허를 출원하면 심사 후에 특허공고공보가 발행되는데, 특허공보가 발행되기 이전에 특허출원 후 1년 6개월이 지나 공개공보를 통하여 신속하게 새로운 기술을 공개하여 이중투자 방지 등을 할 수 있다. 전 세계 대부분이 공개제도(출원 후 1년 6개월에 특허출원 내용을 공개)를 채택하고 있으며, 우리나라는 공개되기 이전에 심사를 진행하여 공개공보가 발행되지 않는 경우가 상당히 많다.

(2) 상세한 기술 정보의 공개

특허출원된 발명의 설명에 발명의 목적, 구성, 효과 등이 기재되어 있다.

(3) 식별코드의 사용

특허공보에 식별코드를 전 세계적으로 공통 사용하므로 출원국가, 출원인, 발명자 등의 정보를 쉽게 파악할 수 있다.

3. 특허정보의 활용

1) 기술동향 조사

특허정보를 조사하여 기술분야별, 출원인별, 발명자별, 국가별, 연도별 등으로 기술 동향을 조사할 수 있다.

2) 연구개발

경쟁사의 연구동향 및 기술수준의 파악이 가능하여, 경쟁사 특허의 회피설계, 중복투자 방지 등 특허로 출원된 기술을 분석함으로써 연구개발에 활용이 가능하다.

3) 특허권 취득

선행기술을 조사하고 분석하여 특허로 출원함으로써 특허권의 획득이 용이하다.

4) 무효심판 자료로 활용

경쟁사의 특허를 무효화함에 있어 특허정보 조사는 필수적으로 활용된다.

4. 특허맵(PM : Patent Map)

1) 개요

특허맵은 특허정보를 검색하여 기술별, 출원인별, 국가별, 연도별로 분석하고, 인용 · 피인용 관계 등을 알 수 있도록 도표화 한 것이다. 특허맵을 보면 과거에서 현재까지 기술의 동향을 파악할 수 있다.

- **특허맵의 종류**: 기술개발동향 특허맵, 신제품 개발 동향 특허맵, 라이벌 기업 동향 특허맵, 공백기술을 찾기 위한 기술분야 특허맵, 용도개발 상황 특허맵, 문제해결 정보의 분석 결과 특허맵

2) 필요성 및 활용

특허맵은 기술의 동향, 기술개발의 방향, 향후 기술의 흐름, 기술개발자의 동향 등을 파악할 수 있게 된다. 많은 인력과 시간, 비용 등을 투자하여 기술개발 후 특허를 출원하였으나, 선행기술의 존재로 특허를 받을 수 없게 되면 쓸데없는 투자를 하게 되는 것이다. 따라서 새로운 기술개발을 착수하기 전에 반드시 선행기술을 조사하여야 한다.

- 기술개발전략 수립 및 신사업 방향결정의 기초자료에 활용
- 시장동향, 상품의 변화와 흐름 파악, 경쟁회사의 기술개발 동향 파악 가능
- 등록된 특허권에 대한 침해 예방 및 특허분쟁 사전 예방 가능
- 공백기술 탐색 및 개발 가능
- 기술이전, 기술제휴 등 교섭 자료로 활용
- 정보제공이나 무효심판 청구의 자료로 활용
- 중복 연구 방지 및 효율적인 연구개발에 활용
- 기술 발전의 흐름 파악 및 예측 가능
- 신규 아이디어 창출 가능(특허맵을 통하여 종래기술의 문제점을 분석함으로써 발명 창출가능)

3) 조사 순서

❶ 기술주제에 대한 범위 및 작성 목적의 명확화
❷ 데이터베이스 및 검색 사이트 등 검색방법 선정
❸ 기술의 분류(통상 IPC 분류표에 따라 분류)
❹ 키워드(검색어) 선정
❺ 검색 실행
❻ 노이즈 제거
❼ 주요 특허 선별
❽ 정량분석(기술 동향 분석)
❾ 정성분석(핵심 특허 선별 및 권리 분석 등)
❿ 문제 특허 선별 및 침해 분석
⓫ 문제 특허에 대한 대응 전략수립
⓬ 특허 전략 및 연구 개발 방향 제시

5. 특허정보 검색 방법

1) 주제어(키워드) 검색 방법

- 찾고자 하는 선행기술의 핵심 키워드를 선정하고 키워드를 조합하여 and 조건(기호: *), or 조건(기호: +) 등으로 결합하여 검색하는 방법이다.
- 검색어에는 동의어, 유사어 등을 or(기호: +)로 하여 조합한 후 괄호로 묶어서 다른 검색어와 함께 and 조건(기호: *)으로 검색한다.

예 LTE 기술을 사용하는 휴대폰 선행기술 검색식

(스마트폰+휴대폰+휴대전화+휴대단말기+이동전화+핸드폰+셀룰러폰+모바일폰)*(LTE+엘티이)

※ 스마트폰과 동일하거나 유사한 의미를 갖는 단어는 모두 or(기호: +)로 하여 괄호로 묶고, 유사어가 아닌 키워드는 and(기호: *)로 조합하여 검색식을 작성한다.

예 액정을 사용하는 TV 선행기술 검색식

(텔레비전+텔레비젼+티브이+티비+TV)*(액정+LCD)

TIP

검색어를 지나치게 많이 and 조건으로 하여 검색하면 필요한 선행기술이 누락될 수 있으므로 주의한다. or 조건은 많이 할수록 좋다.

2) 국제특허분류(IPC) 검색 방법

- IPC의 기술분류별로 검색하는 것으로서 키워드와 함께 and 조건으로 하여 검색하면 효율적으로 검색이 가능하며, 키워드 검색에서 원하지 않은 특허정보가 검색결과에 포함되는 노이즈를 제거할 수 있다.

예 **LTE 기술을 사용하는 휴대폰 선행기술 검색식:**

(스마트폰+휴대폰+휴대전화+휴대단말기+이동전화+핸드폰+셀룰러폰+모바일폰)*(LTE+엘티이)*(H04B+H04J+H04W)

※설명: LTE 통신기술관련 IPC는 H04B, H04J, H04W이므로 유사한 IPC 코드를 or 조건으로 하여 괄호로 묶어서 검색한다. 이와 같이 IPC를 함께 사용하여 검색함으로써 LTE 통신기술이 아닌 다른 선행기술에 키워드가 포함되어 있다는 이유만으로 선행기술 검색건수에 포함되는 노이즈를 제거할 수 있다. IPC는 총 8자리(예 H04W 88/10) 중 4자릿수(예 H04W)만 이용하여 키워드와 조합하는 것이 유리하다. 지나치게 많은 자릿수를 넣으면 필요 선행기술이 누락될 수 있기 때문이다.

3) 기타 검색 항목

- 출원인별 검색: 특정회사의 기술동향, 기술개발, 관심기술 등 파악 가능
- 발명자별 검색: 특정 발명자의 연구력, 핵심기술자, 연구조직력의 규모, 타회사와의 공동개발 등 파악 가능
- 연도별 검색: 연도별 시계열적 검색으로 기술의 출현기 → 성장기 → 쇠퇴기 등 확인 가능
- 국가별 검색: 수출하려는 국가 등 특정국가의 기술동향, 특허권의 존재여부 확인 가능
- 출원 후 경과 조사 검색: 특허무효심판 청구시 상대방의 특허권에 대한 경과를 조사하여 대응이 가능하고, 권리의 이전 등의 상황 파악 가능
- 대응 특허(Patent Family)조사: 특허제도는 속지주의(파리조약: 특허독립의 원칙)에 따라 전 세계를 커버하는 특허(일명 국제특허)는 없으므로 각 국가별로 특허를 출원해야 하는데, 이때 우선권주장으로 각국에 출원된 대응 특허 파악 가능

6. 특허정보 검색 사이트

1) 무료 검색 사이트

- KIPRIS(kipris.or.kr): 한국특허정보원이 제공하는 무료 DB로서 미국, 일본, 유럽, PCT특허까지 검색 가능
- 각국의 특허청 홈페이지: 미국(USPTO), 유럽(EPO), 일본(JPO, J-PlatPat), 중국(SIPO) 홈페이지에서 검색 가능

2) 유료검색 사이트

- WIPSON, WISEDOMAIN(한국의 전 세계 검색 사이트)
- 포커스트(Focust http://plus.kipris.co.kr)(국내 위즈도메인에서 개발한 사이트)
- 톰슨이노베이션(Derwent 특허 제공, 아시아 특허문헌 번역 제공)
- Delphion(세계적으로 널리 알려짐)
- SciFinder web(화학 구조식 등을 제공하는 화학 관련 특허분류 검색 전문 사이트)

요약

- 특허분류는 선행 특허문헌을 검색할 때 효과적인 조사 도구임.
- 전 세계적 공통 사용 분류: IPC
- 2015년부터 한국, 미국, 유럽, 중국, 일본 등 주요국가에서는 CPC 사용
- 국가별 별도사용분류(미국: UPC, 유럽: ECLA, 일본: FI, F-Term)
- 특허정보의 종류: 특허공개공보(특허출원 후 1년 6개월 경과 후 공개), 특허공고공보(특허받은 공보)
- 특허정보의 활용: 기술동향 조사, 연구개발, 특허권 취득, 무효심판 자료로 활용
- 특허맵(PM): 특허정보를 검색하여 기술별, 출원인별, 국가별, 연도별로 분석하고, 인용 · 피인용 관계 등을 알 수 있도록 도표화 한 것
- 특허맵의 종류: 기술개발동향 특허맵, 신제품 개발 동향 특허맵, 라이벌 기업 동향 특허맵, 공백기술을 찾기 위한 기술분야 특허맵, 용도개발 상황 특허맵, 문제해결 정보의 분석 결과 특허맵
- 특허정보 무료 검색 사이트: KIPRIS, 각국 특허청 홈페이지
- 특허정보 유료검색 사이트: WIPSON(한국), Delphion(세계적으로 널리 알려짐), SciFinder web(화학 관련 특허분류 검색 전문 사이트)

제3장 연습문제

1. 국제특허분류(IPC)에 대한 설명 중 틀린 것은?

❶ 국제적으로 사용하는 표준분류체계이다.

❷ 기술분야별 특허 동향 분석을 할 때 매우 유용하다.

❸ 특허로 출원된 발명을 기술 내용에 따라 분류한 것이다.

❹ IP5 국가에서만 공통적으로 사용하는 특허분류체계이다.

❺ IPC와 함께 자국의 분류를 사용하는 국가도 있다.

정답: ❹.

설명: ❹ IP5는 한, 중, 일, 미, 유럽이며, IPC는 전 세계 공통적으로 사용하는 분류체계이다.

2. 현재 약 7만 개의 분류체계로 되어 있는 국제특허분류보다 훨씬 세분화된 26만 6천 개의 특허분류체계로서 미국과 유럽이 공동 개발하여 우리나라는 2015년부터 사용하고 있는 분류체계는?

❶ CPC(Cooperative Patent Classification)

❷ IPC(International Patent Classification)

❸ USPC(United States Patent Classification)

❹ F-Term

❺ ECLA

정답: ❶.

설명: ❸은 미국의 별도 분류체계, ❹는 FI와 함께 일본의 별도 분류체계, ❺는 유럽의 별도 분류체계

3. 특허정보에 대한 설명 중 틀린 것은?

❶ 특허정보에는 특허공개공보와 특허공고공보가 있다.

❷ 특허공개공보는 특허출원 후 1년 경과 후 공개되는 공보이다.

❸ 특허공개공보는 특허심사결과 특허공고공보를 발행하기 이전에 기술을 신속하게 공개하려는 취지에서 발행되는 공보이다.

❹ 전 세계의 모든 특허공보는 동일한 식별코드를 사용하여 쉽게 정보를 파악할 수 있다.

❺ 특허정보에는 종래의 기술뿐 아니라 발명의 목적, 구성, 효과 등 발명의 내용이 기재되어 있다.

정답: ❷.

설명: ❷ 특허공개공보는 특허출원 후 1년 6개월이 경과하면 공개되는 공보이다.

4. 특허정보 활용에 대한 설명 중 가장 거리가 먼 것은?

❶ 특정 회사의 특허출원을 분석함으로써 회사의 재무구조 파악에 활용할 수 있다.

❷ 기술분야별, 출원인별, 발명자별, 국가별, 연도별 등으로 조사하여 기술동향 파악에 활용할 수 있다.

❸ 특허의 회피설계, 중복투자 방지 등 특허로 출원된 기술을 분석함으로써 연구개발에 활용할 수 있다.

❹ 선행기술을 조사하고 분석하여 특허로 출원함으로써 특허권의 획득이 용이하다.

❺ 경쟁사의 특허를 무효화함에 있어 특허정보 조사는 필수적으로 활용된다.

정답: ❶.

설명: ❶ 특정회사의 재무구조는 파악할 수 없다.

5. 특허정보를 검색하여 기술별, 출원인별, 국가별, 연도별로 분석하고, 인용 · 피인용 관계 등을 알 수 있도록 도표화 한 것으로써 과거에서 현재까지 기술의 동향을 파악할 수 있는 것은?

❶ EM ❷ PM ❸ BM

❹ IPC ❺ NPE

정답: ❷.

설명: ❷ PM(Patent Map) 특허맵, ❸ BM(Business Model or Methode) 영업방법 특허를 지칭하는 용어, ❹ IPC(International Patent Classification) 국제특허분류, ❺ NPE(Non-Practicing Entity) 발명을 실시하지 않고 특허권의 판매, 기술매매, 특허소송 등을 하는 특허전문회사

6. 특허맵을 활용한 목적으로 가장 적절하지 않은 것은?

❶ 기술 발전의 흐름 파악 및 예측에 활용
❷ 기술이전, 기술제휴 등 교섭 자료로 활용
❸ 정보제공이나 무효심판 청구의 자료로 활용
❹ 중복 연구 방지 및 효율적인 연구개발에 활용
❺ 직무발명의 분쟁 파악에 활용

정답: ❺.

설명: ❺ 직무발명의 분쟁 파악에는 회사 내부의 사정이므로 노출되지 않아 특허맵으로 파악하기 어렵다.

7. 특허맵 작성순서를 가장 바르게 나열한 것은?

a. 정량분석	b. 키워드 검색	c. 검색 실행
d. 기술주제에 대한 범위 선정	e. 정성분석	

❶ a → b → d → c → e
❷ a → d → b → c → e
❸ a → d → b → e → c
❹ d → a → b → c → e
❺ d → b → c → a → e

정답: ❺.

설명: ❺ 정량적으로 분석을 한 후에 내용적으로 분석하는 정성분석을 하는 것이 바람직하다.

8. 전화기에서 발신자를 나타내는 기술에 대한 특허를 검색하려고 한다. 다음 검색식 중에서 가장 바른 것은? (부호 설명; *는 and, +는 or를 의미함)

❶ (전화기+휴대폰+스마트폰+핸드폰)*(발신+송신)*(발신자표기+송신자표기)

❷ (전화기+휴대폰+스마트폰+핸드폰)+(발신+송신)+(발신자표기+송신자표기)

❸ (전화기*휴대폰*스마트폰*핸드폰)+(발신*송신*수신)+(발신자표기*수신자표기)

❹ (전화기+발신+발신자표기)*(휴대폰+송신+수신자표기)*(스마트폰+수신)*핸드폰

❺ (전화기*발신*발신자표기)+(휴대폰*송신*수신자표기)+(스마트폰*수신)+핸드폰

정답: ❶.

설명: ❶ 키워드를 and(+)로 조합하되, 유사어 또는 동의어끼리 or(*)로 괄호로 묶는다.

9. 특허정보 검색에 대한 설명 중 틀린 것은?

❶ 출원기간별로 검색이 가능하다.

❷ 출원경과 조사 검색이 가능하다.

❸ 국가별로는 검색이 불가능하다.

❹ 출원인, 발명자 별로 검색이 가능하다.

❺ 대응 특허조사란 동일 출원인이 동일 특허출원을 여러 국가에 출원한 특허를 조사하는 것을 말한다.

정답: ❸.

설명: ❸ 국가별로도 검색이 가능하다. ❺ 대응 특허는 Patent Family라고도 한다.

10. 특허정보 검색 사이트에 대한 설명 중 틀린 것은?

❶ KIPRIS는 한국특허정보원이 제공하는 무료 검색 사이트이다.

❷ WIPSON은 한국의 전 세계 유료 검색 사이트이다.

❸ Delphion은 세계적으로 널리 알려진 유료 검색 사이트이다.

❹ 각국 특허청 홈페이지에서 무료로 특허정보를 검색할 수 있다.

❺ SciFinder web은 생물 관련 특허분류 검색 전문 사이트이다.

정답: ❺.

설명: ❺ SciFinder web은 화학 관련 특허분류 검색 전문 사이트이다.

STANDARD PROCEDURE OF

INTELLECTUAL PROPERTY MANAGEMENT

CHAPTER 04

(기초, 창출편) 산업재산권 출원

1. 권리능력

1) 자연인의 권리능력

자연인(모든 일반 사람)은 산업재산권에 대하여 권리 및 의무의 주체가 될 수 있으며, 그 승계인은 권리를 받을 수 있는 권리를 가진다. 특허청 직원은 상속 등의 경우를 제외하고는 산업재산권을 받을 수 없다. 2명 이상이 공동으로 발명을 하거나, 고안을 하거나, 디자인을 창작한 경우에는 공동으로 출원하여야 한다.

2) 법인의 권리능력

법인(회사 등)은 권리 및 의무의 주체가 될 수 있다. 법인이 출원인이 될 수는 있지만 발명자, 창작자가 될 수는 없다.

TIP

출원인과 발명자(또는 고안자, 디자인창작자)는 법적권한이 전혀 다르다. 출원시에는 출원인이지만 등록을 받으면 출원인은 권리자가 되며 모든 권리의 행사는 권리자가 하고, 발명자는 명예권만 갖는다. 직무발명인 경우 발명자는 직무발명에 대한 댓가를 받는다.

3) 국가의 권리능력

국가(대한민국)는 권리 및 의무의 주체가 될 수 있다. 입법부, 사법부 및 행정부에 속하는 국가기관이나 국립대학교 등은 원칙적으로 법인격이 없기 때문에 권리의 주체가 되지 못한다. 다만, 국립대학교의 산학협력단은 별도의 법인으로 국립대학교의 직원에 의한 출원은 '국립대학의 산학협력단'으로 출원할 수 있다. 특별시 · 광역시 · 도 · 시 · 군 및 자치구로 구분되는 지방자치단체도 법인격이 인정되지만, 특별시와 광역시 이외의 일반 시에 있는 구는 법인격이 인정되지 않는다. 예) 수원시 영통구

※자치구(自治區)란? 특별시와 광역시에 있는 구(區)를 말한다.

예 **행정부 농림수산식품부의 소속기관인 국립종자원이 출원하는 경우**

발명의 명칭: 수박 F1 종자 순도 검정 방법

출원인: 대한민국(국립종자원장)

(19) 대한민국특허청(KR)
(12) 공개특허공보(A)

(11) 공개번호 10-2009-0110223
(43) 공개일자 2009년10월26일

(51) Int. Cl.
C12N 15/29 (2006.01) *C12N 15/11* (2006.01)
C12N 15/10 (2006.01)
(21) 출원번호 10-2008-0036873
(22) 출원일자 2008년04월21일
심사청구일자 2008년04월21일

(71) 출원인
대한민국(국립종자원장)
경기 안양시 만안구 안양동 433
(72) 발명자
○○○
경기 수원시
○○○
강원 평창군
○○○
경기 수원시
(74) 대리인
리앤목특허법인

전체 청구항 수 : 총 5항

(54) 수박 F1 종자 순도 검정 방법

예 **국립대학교가 출원하는 경우**

발명의 명칭: 무시멘트 알카리 활성 결합재

출원인: 전남대학교산학협력단

4) 외국인의 권리능력

외국인은 우리나라 국민에 대하여 산업재산권에 관한 권리를 인정하는 국가의 국민이거나 조약에 의하여 특허에 관한 권리가 인정되는 경우에만 우리나라에서 특허에 관한 권리능력을 가진다. 외국인 가운데 우리나라에 주소나 영업소를 가진 자는 '재내자'로서 특허에 관한 권리능력이 인정된다.

2. 행위능력

1) 미성년자 등의 행위능력

미성년자 및 피성년후견인은 법정대리인을 통해서만 산업재산권에 관한 절차를 밟을 수 있다. 20세에 달하지 않았으나 혼인하여 성년으로 의제된 경우 등은 법정대리인 없이 스스로 절차를 밟을 수 있다.

2) 법인이 아닌 사단 등의 행위능력

종친회, 학회 등의 단체가 실질적으로는 법인의 모습을 띠고 있을지라도 법인설립 등기를 하지 않으면 권리 및 의무의 주체가 되지 못한다.

3) 재외자의 행위능력

재외자란 국내에 주소 또는 영업소가 없는 자연인이나 법인을 말하며, 대한민국 국민일지라도 국내에 주소나 영업소가 없으면 '재외자'에 해당한다. 재외자는 국내에 주소 또는 영업소가 있는 자('재내자')를 대리인(특허관리인)으로 선임하여야 출원에 관한 절차를 밟을 수 있다.

3. 대리인

1) 법정대리인

법정대리인은 친권자 등과 같이 본인에 대하여 일정한 지위에 있는 자가 당연히 대리인이 되는 경우와 법원의 선임에 의한 경우 등이 있다.

2) 임의대리인

임의대리인은 국내에 주소나 영업소가 있는 자로부터 특허에 관한 절차를 밟을 수 있는 권한을 위임받은 대리인을 말한다. 일반적으로는 '변리사'로서 등록한 자가 임의대리인으로 선임되지만, 누구라도 대리행위를 '업'으로서 하지 않는다면 대리인이 될 수 있다. 임의대리인은 특별히 별도의 권한을 위임 받은 경우에만 출원의 포기 · 취하, 권리의 포기 등 의뢰인에게 불리한 행위를 할 수 있다.

3) 재외자의 특허관리인

'재외자'란 국내에 주소나 영업소가 없는 자를 말하며, 내국인인지 외국인인지는 불문한다. 특허관리인은 재외자가 특허에 관한 절차를 밟기 위하여 대리인으로 선임한 자로서 국내에 주소 또는 영업소를 가지고 있어야 한다. 특허관리인은 특별히 별도의 권한을 위임 받은 경우에만 출원의 포기 · 취하, 권리의 포기 등 의뢰인에게 불리한 행위를 할 수 있다.

4. 기간

1) 법정기간

법정기간이란 법률로 정해져 있는 기간을 말하여, 법정기간에는 '심사청구기간', '심판청구기간' 등이 있다.

2) 지정기간

지정기간이란 특허에 관한 절차를 밟는 자에 대하여 심판장 또는 심사관이 법에 근거하여 지정하거나 법에 의한 명령에 근거하여 지정한 기간을 말한다. 통상 2개월 이내로 지정한다. 예를 들어, 거절이유 통지에 대하여 출원인이 '의견서를 제출할 수 있는 기간' 등이 있다.

3) 기간의 계산방법

기간의 계산에는 아래의 계산방법을 우선적으로 적용한다.

❶ 기간의 초일은 산입하지 않는다. 다만 기간이 오전 영시부터 시작하는 때에는 초일도 산입한다.

❷ 기간을 월 또는 연으로 정한 때에는 역법적으로 계산한다.

❸ 기간을 월 또는 연의 처음부터 기산하지 않는 때에는 최후의 월 또는 연에서 그 기산일에 해당하는 날의 전일에 기간이 끝난다. 다만, 최종의 월에 해당일이 없는 때에는 그 월의 말일에 기간이 끝난다.

❹ 특허에 관한 절차에 있어서 기간의 말일이 공휴일(근로자의 날 포함)인 경우

에는 그 다음날에 끝난다. 그러나 기간의 기산일이 공휴일인 경우에는 그 기간은 공휴일부터 시작한다.

❺ 절차에 관한 기간이 아닌 특허권의 존속기간 등은 기간의 말일이 공휴일(근로자의 날 포함)이라 하더라도 그 다음날까지 연장되지 않는다.

예 거절이유통지에 따른 지정기간 만료일이 1월 27일인 경우, 1월 27일이 설날 연휴이고 그 다음날인 1월 28일이 일요일이었다면, 보정기간은 1월 29일에 만료된다. 따라서 1월 29일자로 보정서를 제출하였다면 적법한 기간 내에 제출한 것이다.

예 **최종 월에 해당일이 없는 경우**

12.30 ▼—— 통지서 송달일

12.31(지정기간 2개월) ▼- - - 기산일

2.28(29) ▼ 지정기간 만료일

예 **지정기간 만료일이 공휴일인 경우 기간연장**

7.22 ▼ 통지서 송달일

7.23 ▼ 지정기간 기산일 (2개월지정)

9.22 ▼ (추석)

9.23(토) ▼ 1회연장 기산일

9.24(일) ▼

9.25 ▼ 지정기간 만료일 (기간연장1개월)

10.22 ▼ 연장기간 만료일

---

4) 기간의 연장 및 단축

(1) 기간의 연장

거절결정 불복 심판 청구기간에 한하여 30일 이내에 한 차례만 연장할 수 있다. 다만, 교통이 불편한 지역에 있는 자에게는 1회에 한하여 30일 이내에서 추가로 연장할 수 있다.

(2) 기간의 단축

출원인은 지정기간이 경과하기 전에라도 등록 여부에 관한 결정을 빨리 받기 원하는 경우에 지정기간 단축을 신청할 수 있다. 출원인이 지정기간 단축신청서를 제출하거나 보정서에 기간단축을 원한다는 취지를 적어 제출한 경우에는 그 신청서나 보정서를 제출한 날에 지정기간이 만료된 것으로 본다.

TIP

신속하게 권리를 등록 받기 원하면 기간 단축을 활용하는 것이 바람직하다. 당초 의견서 제출기간 만료일이 되기 전까지는 출원인이 언제든지 의견서·보정서를 제출할 수 있으므로 심사관은 만료일까지 심사를 재기하면 안 되는데, 기간단축신청이 있으면 심사를 진행할 수 있기 때문이다.

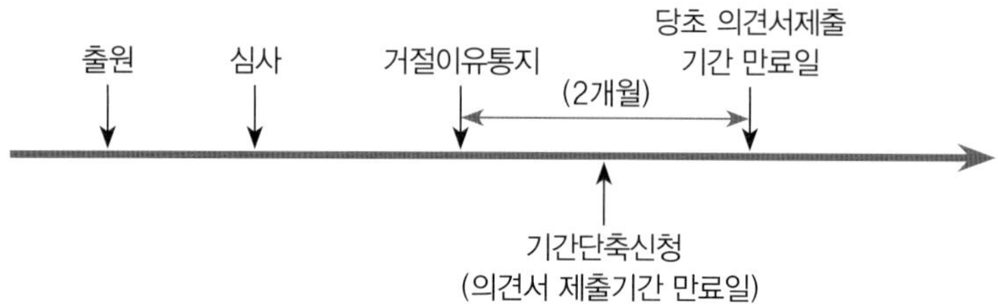

5. 서류제출의 효력발생시기

1) 직접 제출한 경우

서류를 직접 제출하는 경우에는 특허청장 또는 특허심판원장에게 도달한 날부터 그 효력이 발생한다.

2) 우편으로 제출한 경우

서류를 우편으로 제출하는 경우에는 우편물의 통신일부인(通信日附印)에 표시된 날에 도달한 것으로 본다. 통신일부인에 표시된 날이 불분명하면 우편물의 수령증에 의하여 증명한 날(접수일)에 도달한 것으로 본다.

3) 정보통신망으로 제출한 경우

정보통신망을 이용하여 제출된 전자문서는 제출인이 정보통신망을 통하여 접수번호를 확인할 수 있는 때에 도달된 것으로 본다.

4) 재외자에 대한 송달

재외자에게 송달할 서류는 특허관리인에게 송달한다. 특허관리인이 없으면 재외자에게 항공등기우편으로 발송되고, 항공등기우편으로 발송한 서류는 '발송한 날'에 송달된 것으로 본다.

5) 공시송달

주소나 영업소가 불분명하여 송달할 수 없는 때에는 어느 때라도 교부한다는 뜻을 특허공보에 게재하는 방법으로 공시송달을 하고, 공시송달은 특허공보에 게재한 날부터 2주일이 지나면 효력이 발생한다.

6) 서류의 반려

출원서 또는 서류의 종류가 불명확한 경우, 절차를 밟은 자의 성명 또는 출원인코드가 없는 경우, 한글로 기재하지 않은 경우, 재외자가 특허관리인에 의하지 않은 경우, 제출기간을 경과하여 제출된 서류인 경우 등 부적법한 서류는 반려된다.

6. 절차의 중단 및 중지

절차의 중단은 당사자의 사망 등과 같은 법률에 규정된 사유에 의하여 발생한다. 절차를 밟을 것을 위임받은 대리인이 존재하는 경우에는 중단사유가 있더라도 절차가 중단되지 않는다.

절차의 중지는 특허청장이나 심판관이 천재지변이나 그 밖의 불가피한 사유로 인하여 직무를 수행할 수 없는 경우 발생한다. 절차의 중단 및 중지는 그 사유가 없어질 때까지 절차가 정지된다.

7. 수수료

1) 출원료, 심사청구료, 등록료

산업재산권에 관한 절차를 밟는 자는 출원시 출원료 · 심사청구료 등 수수료를 납부하여야 하고, 권리를 받은 경우 등록료를 납부하여야 한다. 특허 · 실용신안과 같은 경우 심사청구료가 청구항 수에 따라 달라진다. 청구항 수가 많으면 심사청구료도 비싸지고, 매년 납부해야 하는 연차등록료도 비싸지므로 불필요한 청구항을 굳이 많이 만들 필요가 없다.

2) 수수료의 면제 및 감면

수수료를 감면받기 위해서는 추후에 감면 신청하는 것은 인정되지 않으므로 반드시 출원 또는 심사청구할 때에 감면신청을 하여야 한다. 출원료, 심사청구료, 최초 3년분의 특허(등록)료에 대하여 전액 면제되는 대상은 다음과 같다. 개인의 경우는 발명(고안 · 창작)자와 출원인이 동일하여야 한다. 대리인(변리사) 비용은 면제 또는 감면대상이 아니다.

- 수수료 100% 면제 대상: 국민기초생활보장법상수급자, 국가유공자와 유족 및 가족 등, 장애인, 학생[초 · 중 · 고의 재학생에 한함, 대학생은 제외], 만 6세 이상~만 19세 미만인 자, 군인(직업군인은 제외)
- 수수료 85% 감면 대상: 만 19세 이상~만 30세 미만인 자, 만 65세 이상인 자
- 수수료 70% 감면 대상: 개인 및 중소기업
- 50% 감면대상: 대기업과 중소기업 공동연구출원, 공공연구기관, 기술이전전담조직, 지방자치단체

3) 수수료 반환

납부된 특허료 및 수수료는 원칙적으로 반환되지 않는다. 그러나 잘못 납부된 수수료 또는 특허출원 후 1개월 이내에 해당특허출원을 취하하거나 포기한 경우 이미 납부된 수수료는 반환 받을 수 있다.

8. 온라인 특허 출원신청 절차

1) 출원신청 사전절차

❶ 출원인코드 신청

출원신청을 위해서는 특허출원시스템인 [특허로]를 이용할 수 있는 사용자 고유번호를 우선 발급받아야 한다.

❷ 인증서 등록/발급/재발급

온라인 출원 및 전자문서 교환을 위하여 인증서 등록 또는 발급을 받아야 한다.

2) 문서작성 SW 설치

출원서 작성 전에 출원관련문서(출원서, 명세서 등)와 첨부문서(위임장, 증명서 등) 작성과 변환을 위하여 필요한 문서작성 SW를 다운로드 받아 내 PC에 설치한다.

3) 출원서, 명세서 서식 작성

문서작성 SW를 이용하여 출원관련문서와 첨부문서를 작성한다.

4) 온라인제출

출원서를 비롯하여 제출서류가 모두 준비가 되면 관련서류를 모두 첨부하여 제출한다.

요약

- 미성년자, 피성년후견인: 법정대리인을 통해서만 산업재산권에 관한 절차를 진행할 수 있음.
- 재외자: 국내에 주소 또는 영업소가 있는 자를 특허관리인으로 선임해야 함.
- 대리인의 종류: 법정대리인, 임의대리인, 특허관리인
- 법정기간: 법률로 정해져 있는 기간
- 지정기간: 심판장 또는 심사관이 법에 근거하여 지정하거나 법에 의한 명령에 근거하여 지정한 기간
- 절차의 중단: 당사자의 사망 등과 같은 경우
- 절차의 중지: 천재지변으로 행정청이 업무를 처리할 수 없는 경우
- 수수료의 면제 및 감면

❶ 수수료 100% 면제 대상: 국민기초생활보장법상수급자, 국가유공자, 장애인, 초 · 중 · 고 재학생(대학생은 제외)

❷ 수수료 85% 감면 대상: 만 19세 이상~만 30세 미만인 자, 만 65세 이상인 자

❸ 수수료 70% 감면 대상: 개인 및 중소기업

❹ 50% 감면대상: 대기업과 중소기업 공동연구출원, 공공연구기관, 기술이전전담조직, 지방자치단체

제4장 연습문제

1. 다음 중 특허 출원인이 될 수 없는 자는?

❶ (자연인) 홍길동

❷ (법인) 생명 삶 주식회사

❸ 대한민국(법무부장관)

❹ 수원시 팔달구

❺ 충남대학교산학협력단

정답: ❹ 특별시 · 광역시 · 도 · 시 · 군 및 자치구(自治區)로 구분되는 지방자치단체는 법인격이 인정되지만, 특별시와 광역시 이외의 일반 시에 있는 구는 자치구가 아니다. 예로, 서울특별시 종로구는 법인격이 있으나, 일반 시의 구인 수원시의 팔달구는 법인격이 없다.

설명: ❶, ❷ 자연인, 법인은 법인격이 있다. ❸ 행정부, 사법부, 입법부는 법인격이 없으므로 "대한민국"으로 표기하고 ( ) 속에 주체를 기재한다. ❺ 국립대학은 법인격이 없으나 산학협력단은 별도의 법인으로 인정한다.

2. 다음 ( ) 속에 들어갈 단어로 적절한 것은?

> ( )(이)란 국내에 주소 또는 영업소가 없는 자연인이나 법인을 말하며, 대한민국 국민일지라도 국내에 주소나 영업소가 없으면 ( )에 해당한다. ( )(은)는 국내에 주소 또는 영업소가 있는 자를 대리인(특허관리인)으로 선임하여야 출원에 관한 절차를 밟을 수 있다.

❶ 외국인 ❷ 재외자 ❸ 재외 법인

❹ 재외 사단 ❺ 해외 거주자

정답: ❷.

설명: 재외자에 대하여 설명하고 있다.

3. 대리인에 대한 설명 중 틀린 것은?

❶ 친권자 등과 같이 본인에 대하여 일정한 지위에 있는 자는 당연히 법정대리인이 된다.

❷ 외국인이 국내에 거주하면 특허관리인을 선임하지 않더라도 특허에 관한 절차를 밟을 수 있다.

❸ 재외자는 반드시 특허관리인을 선임하여야 특허에 관한 절차를 밟을 수 있다.

❹ 일반적으로 변리사가 임의대리인이 되지만, 특허에 관한 지식을 충분히 알고 있다면 변리사가 아닌 자도 업으로서 대리인을 할 수 있다.

❺ 임의대리인은 국내에 주소나 영업소가 있는 자로부터 특허에 관한 절차를 밟을 수 있는 권한을 위임받은 대리인을 말한다.

정답: ❹.

설명: ❷ 외국인이 국내에 거주할 경우 특허관리인을 선임하지 않아도 괜찮다. ❸ 국내에 주소나 영업소가 없는 재외자는 반드시 특허관리인을 선임하여야 한다. ❹ 업으로서 특허에 관한 절차의 대리행위를 할 수 있는 자는 변리사와 변호사뿐이다.

4. 나발명 씨는 특허를 출원하였으나, 특허청 심사관으로부터 거절이유를 통지받았다. 의견서 · 보정서를 제출할 수 있는 기간은 2018.5.1.까지라고 명시되어 있다. 나발명 씨가 취할 수 있는 행동에 대한 설명 중 가장 타당한 것은?

❶ 2018.5.1.까지 의견서 · 보정서를 제출하여야 한다.

❷ 5월 1일은 노동자의 날이므로 의견서 · 보정서를 제출할 수 있는 기간은 2018.5.2.까지이다.

❸ 기간연장신청의 경우 1회의 기간 연장은 3개월이다.

❹ 1회 기간연장 신청시 다음 기간 만료일은 2018.6.2.이다.

❺ 심사관이 지정한 기간은 법정기간이므로 기간연장을 할 수 없다.

정답: ❷.

설명: ❸ 1회의 기간연장은 1개월이다. ❹ 1회의 기간연장 신청시 당초 연장을 시작했던 기간이 5월 1일이므로 만료일은 2015.6.1.이다. ❺ 심사관이 지정한 기간은 법정기간이 아니라 지정기간이다.

5. 법정기간과 지정기간에 대한 설명 중 틀린 것은?

❶ 법정기간 중 거절결정불복 심판 청구기간에 한해 1회에 한하여 30일 이내에서 연장할 수 있다.

❷ 법정기간이라 하더라도 교통이 불편한 지역에 있는 자에게는 1회에 한하여 30일 이내에서 추가로 연장할 수 있다.

❸ 기간연장신청의 마지막 날이 공휴일인 경우 기간 만료일은 공휴일이 끝난 다음 날이다.

❹ 출원인은 기간의 단축을 신청한 후에 또 다른 의견이 있을 경우 의견서 또는 보정서를 제출할 수 있다.

❺ 지정기간은 교통이 불편한 경우 이외의 사유에 의하여도 기간연장 신청이 가능하다.

정답: ❹.

설명: ❹ 기간단축 신청 이후에는 의견서나 보정서를 제출할 수 없다.

6. 수수료 감면에 대한 설명 중 틀린 것은?

❶ 출원 또는 심사청구할 때에 감면신청을 하지 않으면 감면을 받을 수 없다.

❷ 개인의 경우는 발명자와 출원인은 반드시 동일해야 한다.

❸ 출원료, 심사청구료, 최초 3년분의 특허료에 대하여 감면되거나 면제된다.

❹ 대학생의 경우 수수료 100% 면제된다.

❺ 개인 및 중소기업은 수수료 70% 감면 대상이다.

정답: ❹.

설명: ❹ 초 · 중 · 고 학생의 경우 100% 면제이다. 대학생 항목으로 감면은 없고, 만 19세 이상~만 30세 미만인 자, 만 65세 이상인 자의 경우 수수료 85% 감면된다.

7. 온라인 특허출원 절차에 대한 설명 중 틀린 것은?

❶ 출원신청을 위해서는 사용자 고유번호를 우선 발급받아야 한다.

❷ 온라인 출원 및 전자문서 교환을 위하여 인증서 등록 또는 발급을 받아야 한다.

❸ 출원서 작성 전에 출원서, 명세서 등의 작성과 변환을 위하여 필요한 문서작성 SW를 다운로드 받아 내 PC에 설치한다.

❹ 출원서를 비롯하여 제출서류가 모두 준비가 되면 관련서류를 모두 첨부하여 온라인으로 제출한다.

❺ 온라인으로 출원하면 미성년자인 경우에도 출원이 가능하다.

정답: ❺.

설명: ❺ 온라인으로 출원하더라도 미성년자인 경우 법정대리인이 있어야 한다.

CHAPTER 05

(기초, 창출, 보호편) 특허권 · 실용신안권

제1절 특허요건

1. 발명의 정의

- 발명: "자연법칙"을 이용한 기술적 사상의 창작으로서 "고도한 것"을 말한다.
- 특허법의 목적: 발명을 보호 · 장려하고 그 이용을 도모함으로써 기술의 발전을 촉진하여 산업발전에 이바지함을 목적으로 한다.

1) 자연법칙의 이용

'자연법칙 자체'와 '자연법칙을 위배한 것', '자연법칙을 이용하지 않은 것'은 발명에 해당하지 않는다.

예 발명에 해당하지 않는 것

- **자연법칙자체**: 열역학 제2법칙, 에너지 보존법칙과 같은 자연법칙 자체
- **자연법칙을 위배한 것**: 영구기관

예 **자연법칙을 이용하지 않은 유형**

- 기능: 악기연주방법, 야구공을 손가락으로 잡는 방법, 개인 숙련에 의해 달성되는 인간의 기능
- 단순한 정보 제시: 녹음된 음악에만 특징이 있는 CD, 카메라에 저장된 데이터 등
- 컴퓨터프로그램/컴퓨터프로그램 언어 자체
- 반복하여 동일한 효과를 얻을 수 없는 것(100% 확률로 효과를 얻을 수 있는 것만을 의미하는 것이 아니고, 100%보다 적은 확률이라도 효과를 얻을 수 있는 것이 확실하다면 반복재현성이 있음)
- 자연법칙 이외의 법칙: 경제법칙, 수학공식, 논리학적 법칙, 작도법 등
- 인위적인 약속: 스포츠와 같은 게임 규칙 그 자체, 암호작성 법 등
- 인간의 정신활동: 영업계획 그 자체, 교수방법 그 자체, 금융보험제도 그 자체, 과세제도 그 자체 등
- 미완성 발명

2) 발견

'새로운 천연물의 발견', '새로운 자연현상의 발견' 등은 발명이 아니다.

3) 용도발명

어떤 물질의 속성을 발견하고 새로운 용도로 사용하는 "용도발명"은 단순한 발견과 구분하여 통상의 기술자가 용이하게 발견할 수 없는 노력을 한 것이므로 발명으로 인정된다.

예 제초제 DDT에 살충효과가 있다는 사실을 새로 발견한 것은 용도발명으로 인정된다.

4) 창작의 고도

"고도한 것"의 의미는 실용신안법 상의 "고안"과 특허법상 "발명"을 구분하기 위한 상대적인 개념이다.

2. 특허를 받기 위한 요건

1) 산업상 이용가능성

특허를 받기 위해서는 산업상 이용가능성이 있어야 한다.

- 의료업의 산업 인정 범위
  - 소변, 태반, 손톱, 혈액, 세포 등을 채취하여 처리하는 방법은 산업상 이용 가능
  - 인간을 치료하는 의료행위는 산업으로 불인정
- 지구전체를 자외선 흡수 필름으로 감싸는 방법 등 현실적으로 명백하게 실시할 수 없는 발명은 산업상 이용가능성이 없음.

2) 특허 받을 수 없는 발명

공공의 질서 또는 선량한 풍속을 문란하게 하거나 공중의 위생을 해할 염려가 있는 발명에 대하여는 특허를 받을 수 없다.

예 빙고의 목적이 순수한 오락용으로 제공되는 것이고, 도박행위 및 부정행위 제공이 아니라는 것을 분명히 하면 특허를 받을 수 있다.

---

3) 신규성

- 특허출원된 발명은 특허출원한 날 이전에 공개된 다른 선행기술이 없어야 특허를 받을 수 있다. 즉, 전 세계에서 신규한 발명이어야 특허를 받을 수 있다.
- 신규성이 없는 발명이란, 특허출원 전에 국내 또는 국외에서 ❶ 공지된 발명, ❷ 공연히 실시된 발명, ❸ 반포된 간행물에 게재된 발명, ❹ 모든 전기통신회선(인터넷 등)을 통하여 공중이 이용가능하게 된 발명을 말한다.

(1) 공지된 발명

'공지(公知)된 발명'이란 특허출원 전에 국내 또는 국외에서 발명의 내용이 불특정인에게 알려지거나 알려질 수 있는 상태에 있는 발명을 의미한다.

(2) 신규성 판단(동일성 판단) 기준

- 신규성 판단은 특허출원서에 첨부된 명세서 '청구범위에 기재된 발명'을 대상으로 동일성 여부를 판단하며, 발명의 설명이나 도면에 기재되어 있는 내용을 대상으로 판단해서는 안 된다. 다만, 청구항에 기재되어 있는 발명의 내용이 불명확한 경우는 발명의 설

명이나 도면을 참작하여 해석할 수 있다. 청구항이 2항 이상인 경우 청구항마다 신규성(동일성)을 판단한다.

- 출원된 발명과 선행기술과의 동일성을 판단하기 위해서는 양 발명의 '구성', '목적', '효과'를 비교해야 한다. 기술적 구성에 차이가 있더라도 그 차이가 과제해결을 위한 구체적 수단에서 주지 · 관용기술의 부가 · 삭제 · 변경 등으로 새로운 효과 발생이 없는 정도에 불과하다면 양 발명은 실질적으로 동일한 것이다.
- 양 발명의 '구성'이 동일할 경우, 주관적인 목적 · 작용효과 인식에 있어서 차이가 있는 정도에 불과한 것은 동일발명이다.
- '구성'을 단순하게 변경하거나, 단순한 치환, 부가 또는 삭제 등은 신규성이 없다.

(3) 공지 등이 되지 않는 발명으로 보는 경우('공지예외' 또는 '신규성 상실 예외')

본인 발명을 본인이 공개하고 공개한 날로부터 12개월 이내에 그 발명을 특허출원하면 본인이 공개한 발명은 예외적으로 공지된 선행기술로 보지 않으므로, 본인이 공개한 발명에 의해서는 거절되지 않는다.

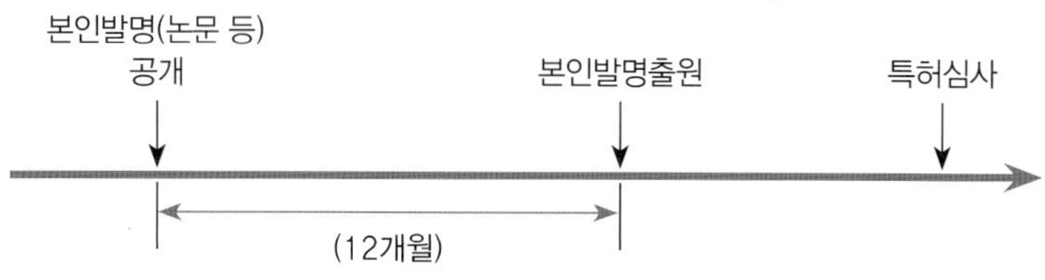

- 요건: 공지 등이 된 날로부터 12개월 이내에 특허를 출원해야 한다. 과거에는 출원 시 반드시 '최초 출원서에 공지예외 규정을 적용받고자 하는 취지를 기재'해야 인정받을 수 있었으나, 2015.7.1.일부터는 '최초 출원시' 또는, 명세서를 보정할 수 있는 기간, 특허결정 또는 특허거절결정 취소심결의 등본을 송달받은 날로부터 3개월 이내에 그 취지를 주장하면서 증명서류를 제출할 수 있다.

TIP

디자인보호법에서도 출원서에 기재하지 않더라도 출원 후에 주장할 수 있다.

예 **신규성 상실 예외규정 인정 사례**

'동물의 세포보호제'에 관한 본인 논문이 게재된 논문집의 대학교 도서관 입고일이 1989.7.29일이고, 특허출원을 1989.8.30일에 하여 등록결정됨.

신규성 상실 예외규정 불인정 사례

'송전선로의 전자파 장해' 관련 본인 발명이 전기학회 춘계학술연구발표회 논문집(2001.4.27.~28.)에 게재되었으나, 특허출원을 2003.9.23일에 하여 본인 논문에 의해 거절결정됨.

---

4) 진보성

- 출원발명이 선행기술보다 진보된 발명이어야 특허를 받을 수 있다.
- 진보성이 없는 발명이란, 특허출원 전에 국내 또는 국외에서 ❶ 공지된 발명, ❷ 공연히 실시된 발명, ❸ 반포된 간행물에 게재된 발명, ❹ 모든 전기통신회선(주로 인터넷)을 통하여 공중이 이용가능하게 된 발명으로부터 '통상의 지식을 가진 자'(이하 '당업자'라 한다)가 용이하게 발명할 수 있는 발명을 말한다.

(1) 진보성 판단

출원발명이 진보성이 있는지 판단은 '구성의 곤란성'을 중심으로 '목적의 특이성' 및 '효과의 현저성'을 종합적으로 판단한다.

❶ 발명에 이를 수 있는 동기가 있는지 여부
❷ 당업자가 통상적인 창작능력의 발휘에 해당하는 것인지 여부
❸ 더 나은 효과가 있는지 여부
❹ 상업적 성공만으로는 진보성 판단의 자료로 삼을 수 없다.
❺ 기타 진보성 판단 고려 사항

- 퇴보발명은 진보성이 없다.
- 청구범위에 기재된 독립항이 진보성이 있는 경우에는 그 독립항을 인용하는 종속항도 진보성이 인정된다. 그러나 독립항이 진보성이 없는 경우에는 그 독립항에 종속되는 종속항에 대하여는 별도로 진보성을 판단하여야 한다.

예 제1항. 핸드폰에 수신신호가 들어오는 경우 발신자 표기를 하는 방법

제2항. 제1항에 있어서, 발신자 표기는 사진으로 표기하는 방법

[설명] 위의 제1항(독립항)이 진보성이 있으면 제2항(종속항)은 제1항의 발신자 표기를 더욱 한정하여 사진으로 표기하는 방법이므로 당연히 진보성이 있지만, 제1항이 진

보성이 없는 경우 제2항은 발신자 표기를 사진으로 표기하는 선행기술 유무에 따라 진보성 유무가 달라진다.

---

5) 선출원주의(선원주의)

선출원주의는 동일한 발명에 대하여 가장 먼저 출원한 자에게 권리를 부여하는 제도이다. 특허출원된 발명과 실용신안등록출원된 고안이 서로 동일한 경우에도 상호 적용된다.

- 발명의 선후원 판단 기준: 발명의 선후원(선출원과 후출원)을 판단할 때는 청구범위를 기준으로 판단한다.
- 동일발명 경합출원: 동일한 발명에 대하여 같은 날에 2 이상의 특허출원이 있는 때에는 특허출원인의 협의에 의하여 정하여진 하나의 특허출원인만이 그 발명에 대하여 특허를 받을 수 있다. 협의가 성립하지 않으면 모두 특허를 받을 수 없다.
- 선출원 지위를 갖지 못하는 출원: 무효 · 취하 · 포기 · 거절결정확정된 출원은 먼저 출원했더라도 선출원의 지위를 갖지 못한다. 따라서 이들 출원보다 나중에 출원된 후출원은 특허를 받을 수 있다. 다만, 이들 출원이 공개되었다면 선출원의 지위를 갖는다기보다 공개된 간행물로서 지위를 갖게 되고 후출원은 간행물에 의하여 신규성 또는 진보성에 의하여 후출원이 거절된다.

6) 확대된 선원(先願)[6]

A특허출원(실용신안등록출원 포함)이 있은 후, A특허출원이 공개 또는 공고되기 전에 B특허출원이 있는 경우, A특허출원의 출원서에 최초로 첨부된 명세서 또는 도면에 기재된 발명과 동일한 B출원 발명은 특허를 받을 수 없다.

다만, A특허출원 발명자와 B특허출원 발명자(또는 고안자)가 동일하거나 또는 A특허출원의 특허출원시 특허출원인과 B특허출원의 출원인이 동일한 경우에는 특허를 받을 수 있다.

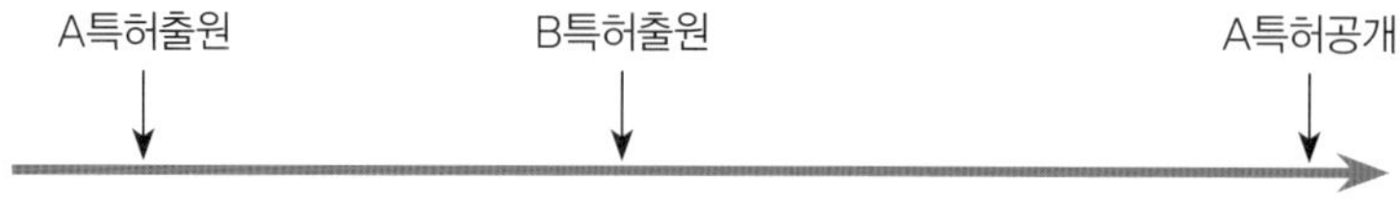

B발명이 A특허출원 명세서 또는 도면에 기재된 발명과 동일한 경우 B특허출원은 확대된 선원에 의하여 특허 받을 수 없다. 단, 발명자 또는 출원인이 동일하면 특허 받을 수 있다.

---

6 선원(先願)이란 선출원의 준말이다.

• 선출원주의와 확대된 선출원주의의 차이점

구분	선출원주의 (특허법 제36조)	확대된 선출원주의 (특허법 제29조제4항)
주체	선 · 후출원 발명자 또는 출원인이 동일하더라도 선후발명이 동일하면 거절됨.	선 · 후출원 발명자 또는 출원인이 동일한 경우에는 거절 안 됨.
판단 대상	선출원의 특허청구범위와 후출원의 특허청구범위	선출원의 최초 명세서 · 도면에 기재된 발명과 후출원의 특허청구범위
판단 범위	선출원과 후출원 간 동일성 판단(진보성은 판단하지 않음)	선출원과 후출원 간 동일성 판단(진보성은 판단하지 않음)

요약

- '발명'이란 자연법칙을 이용한 기술적 사상의 창작으로서 고도한 것을 말한다.
- 특허제도는 발명을 보호 · 장려하고 그 이용을 도모함으로써 기술의 발전을 촉진하여 산업발전에 이바지함을 목적으로 한다.
- 특허를 받을 수 없는 발명은 자연법칙 자체, 자연법칙을 이용한 것이 아닌 경제법칙, 수학법칙, 인간의 정신활동, 개인의 숙련도에 달성되는 인간의 기능 등이다.
- 특허를 받기 위해서는 산업상 이용가능성이 있어야 하고, 신규성 · 진보성 등을 갖추어야 한다.
- 인간을 대상으로 하는 발명은 특허를 받을 수 없으나, 수술기구 등 의료기기는 특허 받을 수 있다.
- 국내, 국외를 불문하고 전 세계 어디든지 알려져 있으면 신규성이 없는 발명이다.
- 신규성, 진보성을 판단할 때는 반드시 당해 특허출원의 청구범위에 기재되어 있는 발명과 선행기술을 비교한다.
- 본인 발명을 본인이 공개하고 12개월 이내에 그 발명을 특허출원하면 본인이 공개한 발명에 의해서는 공지된 선행기술로 보지 않는다. ('공지예외' 또는 '신규성 상실 예외')
- 동일한 발명에 대하여 같은 날에 2개 이상의 특허출원이 있는 때에는 특허출원인의 협의에 의하여 정하여진다. 협의가 성립하지 않으면 모두 특허를 받을 수 없다.
- 선원주의는 동일 발명(선출원의 청구범위와 후출원의 청구범위)에 대하여 가장 먼저 출원한 자에게 권리를 부여하는 제도이며, 확대된 선원주의는 「선출원의 명세서 또는 도면 등에 기재된 발명」과 「후출원의 청구범위」를 비교하여 적용한다.

제5-1절 연습문제

1. 다음 중 특허를 받을 수 있는 것은 몇 개인가?

> 악기연주방법, 야구공을 손가락으로 잡는 방법, 노래가 저장된 CD, 컴퓨터프로그램 언어 자체, 소비와 창출의 법칙, 삼각함수 수학공식, 작도법, 컴퓨터프로그램 게임, 암호작성, 보험영업계획, 교수방법, 금융보험제도 그 자체

❶ 0개　　❷ 1개　　❸ 4개
❹ 6개　　❺ 8개

정답: ❷.

설명: '컴퓨터프로그램 게임'을 제외하고 나머지는 모두 자연법칙을 이용하지 않는 것으로서 발명이 아니므로 특허받을 수 없다. 예, 웹을 통해 게임을 다운받아 실행하는 웹 게임 서버, 테니스 게임 장치, 레이싱 게임장치 등

2. 푸른곰팡이에서 추출한 항생제인 페니실린에 유산균을 증식시키는 새로운 효과가 있음을 발견하였다. 이러한 발견을 무슨 발명이라 하는가?

❶ 용도발명　　❷ 기능성발명　　❸ 물질발명
❹ 파라미터발명　　❺ 미생물발명

정답: ❶.

설명: ❶ 새로운 용도를 발견한 발명을 용도발명이라 한다.

3. 다음 중 특허를 받기 위한 요건이 아닌 것은?

❶ 신규성　　❷ 진보성　　❸ 산업상 이용 가능성
❹ 선출원주의　　❺ 심미성

정답: ❺.

설명: ❺ 심미성은 디자인성립요건(물품성, 형태성, 심미성, 시각성)이다.

4. 다음 설명 중 특허를 받을 수 없는 것은?

❶ 인간의 세포를 채취하여 처리하는 방법 발명
❷ 인간의 머리카락을 채취하여 처리하는 방법 발명
❸ 인간의 대장의 종양을 치료하는 새로운 의료기기 발명
❹ 맹장을 수술하지 않고 레이저로 치료하기 위한 레이저 발생 기구 발명
❺ 태풍의 피해를 방지하기 위하여 태풍보다 더 큰 방벽을 설치하는 발명

정답: ❺.

설명: ❺ 이론적으로는 가능하지만 현실적으로는 불가능한 발명은 특허를 받을 수 없다.

5. 다음은 특허요건 중 신규성에 대한 설명이다. 잘못 설명한 것은?

❶ 특허출원된 발명이 특허출원한 날 이전에 공개된 다른 선행기술이 없어야 특허를 받을 수 있다.
❷ 특허출원 전에 국외에서 공지된 기술은 신규성 판단에 적용하지 않는다.
❸ 특허출원 전에 발명의 내용이 불특정인에게 알려지거나 알려질 수 있는 상태에 있는 발명은 신규성이 없는 발명이다.
❹ 반포된 간행물에 게재된 발명은 신규성이 없다.
❺ 신규성 판단은 반드시 청구범위에 기재된 발명을 대상으로 동일성 여부를 판단해야 한다.

정답: ❷.

설명: ❷ 특허출원 전에 국내뿐 아니라 국외에서 공지된 기술은 신규성이 없는 발명이다.

6. 나발명 씨는 2017.5.20일 춘계학술대회에서 본인이름으로 고효율 엔진기술에 대하여 발표를 한 후, K 자동차 회사에 입사하였다. 특허를 받기 위한 행동으로 가장 타당한 것은?

❶ K 자동차 회사의 이름으로 2018.5.20일까지 특허출원한다.
❷ K 자동차 회사의 이름으로 2018.11.20일까지 특허출원한다.
❸ K 자동차 회사의 이름으로 2019.5.20일까지 특허출원한다.
❹ 나발명 씨의 이름으로 2018.11.20일까지 특허출원한다.
❺ 나발명 씨의 이름으로 일본에 2018.5.20일까지 특허출원한다.

정답: ❶.

설명: ❶ 특허를 받을 수 있는 자의 본인의 의사에 의해 공지되거나 의사에 반하여 공지된 경우, 공지된 날로부터 1년 이내에 특허출원해야 한다. 여기서 K 자동차 회사 이름으로 출원하지 않고 나발명 씨 이름으로 출원해도 된다. ❺ 일본은 공지예외규정 주장기간이 공지일로부터 6개월 이내이다.

7. 특허요건 중 진보성에 대한 설명으로 틀린 것은?

❶ 청구항 제1항이 진보성이 있으면, 그 종속항도 당연히 진보성이 있다.
❷ 청구항 제1항이 진보성이 없으면, 그 종속항도 당연히 진보성이 없다.
❸ 진보성이 없는 발명이란, 특허출원 전에 국내 또는 국외에서 공지, 공연실시, 반포된 간행물 등에 기재된 발명으로부터 통상의 지식을 가진 자가 용이하게 발명할 수 있는 발명을 말한다.
❹ 상업적 성공만으로는 진보성 판단자료로 삼을 수 없다.
❺ 퇴보발명은 진보성이 없다.

정답: ❷.

설명: ❷ 청구항 제1항이 진보성이 없으면, 그 종속항도 당연히 진보성이 없는 것이 아니라, 별도로 판단해야 한다.

8. 선원주의와 확대된 선원주의에 대한 설명으로 틀린 것은?

❶ 선원주의는 선출원인과 후출원인이 동일하더라도 특허 받을 수 없다.
❷ 선원주의는 선출원과 후출원의 청구범위에 기재된 발명을 비교하는 것이다.
❸ 확대된 선원주의는 선출원의 청구범위에 기재된 발명과 후출원의 명세서 또는 도면에 기재된 발명을 비교하는 것이다.
❹ 확대된 선원주의는 선출원과 후출원의 출원인이 동일하면 특허받을 수 있다.
❺ 확대된 선원주의는 선출원과 후출원의 발명자가 동일하면 특허받을 수 있다.

정답: ❸.

설명: ❸ 확대된 선원주의는 선출원의 명세서 또는 도면에 기재된 발명과 후출원의 청구범위에 기재된 발명을 비교하는 것이다.

제2절 발명의 종류

1. 용도 발명

어떤 물질의 특정한 속성을 발견하고 새로운 용도를 발견하는 발명을 "용도 발명"이라 한다. 용도 발명에서 출원명세서에 실험데이터가 제시된 실험 예와 효과를 포함하지 않으면 평균적 기술자가 그 발명의 효과를 명확하게 이해하고 쉽게 재현할 수 있다고 보기 어렵다.

2. 파라미터 발명

파라미터 발명은 물리적 · 화학적 특성 값에 대하여 파라미터를 창출하여 발명의 구성요소 일부로 하는 발명을 말한다.
발명의 설명의 기재에는 파라미터 정의 또는 그 기술적 의미에 대한 설명, 수치범위와 수치범위를 한정한 이유, 파라미터와 효과의 관계에 대한 설명 등을 기재하여야 한다.

3. 영업방법(BM) 발명

영업방법(BM: Business Method 또는 Business Model) 발명은 컴퓨터 및 네트워크 등 통신기술과 사업 아이디어가 결합된 발명이다. 새로운 영업방법과 정보통신기술(IT)을 이용하여 컴퓨터상에서 실현되어야 한다. 대표적으로 전자상거래관련 출원이 있으며, 전자상거래 관련발명은 우선심사 대상이 되므로 일반출원보다 우선적으로 심사를 받아 조기에 권리화를 할 수 있다. 대표적인 예는 '역경매' 특허와 아마존의 '원 클릭 서비스' 특허이다.

예 BM 발명(청구항) 사례

【청구항 1】 인터넷상에서 광고방법에 있어서, 광고정보 제공자 컴퓨터와 사용자컴퓨터를 네트워크 상에서 연결하는 단계;
광고를 포함한 정보를 사용자컴퓨터에 전송하는 단계;
광고를 포함한 정보를 사용자컴퓨터에서 디스플레이하는 단계;
사용자가 회원인 경우에 로그인하고 비회원인 경우에는 회원가입을 하고 로그인 하는

단계;
사용자가 광고를 클릭하는 단계;
광고 정보 제공자 컴퓨터가 광고를 클릭한 사용자와 클릭된 광고를 인식하는 단계;
그 광고에 주의를 기울인 대가로 정해놓은 만큼 금액을 사용자계좌에 입금하여 보상하는 단계를 포함하는 인터넷상에서 광고를 보는 대가를 지불하는 방법.

4. 컴퓨터관련 발명

컴퓨터관련 발명은 프로그램관련 발명, 영업방법 발명, 데이터를 처리하는 기술과 데이터베이스, 인터넷 보안 기술, 멀티미디어 기술분야 등의 IT관련 기술에 관한 발명을 말한다.

컴퓨터프로그램관련 발명의 기술적 사상은 특허법, 프로그램 자체는 저작권으로 보호받는다.

TIP

과거에 청구범위의 끝 말미에 "…하는 프로그램"으로 기재하면 거절되었으나, 관련규정이 개정되어 현재는 등록받을 수 있게 되었다.

5. 미생물관련 발명

미생물에 관계되는 발명을 특허출원하려면 「특허절차상 미생물기탁의 국제적 승인에 관한 부다페스트조약」에 의하여 기탁기관에 그 미생물을 기탁하고 특허출원서에 그 사실을 증명하는 서류, 즉, 수탁증 사본을 첨부하여야 한다. 다만, 통상의 지식을 가진 자가 그 미생물을 용이하게 입수할 수 있는 경우에는 이를 기탁하지 않을 수 있다. 미생물을 기탁한 경우, 기탁기관, 수탁번호를 기재하고, 미생물을 기탁하지 않은 경우에는 그 미생물 입수방법을 기재하여야 한다.

6. 식물관련 발명

식물관련에 대하여 어떠한 식물도 특허대상이 된다. 통상의 지식을 가진 자가 그 발명을 쉽게 실시할 수 있도록 하기 위해 필요한 때에는 친식물(親植物, 부모 식물) 또는 해당 식물을 생산할 수 있는 종자, 세포 등을 기탁할 수 있다.

7. 염기서열 등 생명공학관련 발명 출원

핵산염기 서열 또는 아미노산 서열을 포함한 특허출원을 하고자 하는 자는 출원서에 서열목록을 첨부한 명세서, 컴퓨터 판독이 가능한 형태로 서열목록을 수록한 전자파일을 첨부하여 제출하여야 한다. 서열목록을 기재 또는 첨부하지 않아 청구항에 기재된 발명을 쉽게 실시할 수 없는 때에는 거절이유가 된다.

예 '동물 복제 기술'(국제특허출원 제1997/07668호): 생식세포가 아닌 성장 및 분화가 끝난 체세포를 다시 분열시켜 유전적으로 동일한 개체를 생산하는 발명이다. 최초 복제 동물로서 영국 로슬린 연구소의 '복제양 돌리'가 있다.

생명공학분야 특허 보호대상

구분	대상	특허여부	비고
물질	유전자(DNA서열), 단백질	특허가능	유용성이 밝혀진 경우만 가능
	단세포 생명체(미생물)	특허가능	관련 미생물 기탁의무
	동물	특허가능	단, 공서양속에 반하지 않는 것
	인간 신체 부분	**특허불가**	인간 존엄성을 해치는 발명은 특허대상에서 배제
방법	수술, 치료방법, 유전자 치료법, 진단방법	**사람불가** 동물가능	사람 치료 진단방법은 의료행위에 해당하므로 산업상 이용가능성이 없는 것으로 봄

8. 국방관련 발명 출원

국방상 필요한 경우 국내 특허출원에 대해 외국으로 특허출원을 금지하거나 그 발명을 비밀로 취급하도록 명할 수 있다. 또한, 특허를 부여하지 않을 수 있으며, 국방상 필요한 경우에는 권리를 수용할 수 있다. 이에 대하여 정부는 정당한 보상금을 지급한다.

9. 직무발명 출원

1) 직무발명 정의

- 직무발명이란 종업원, 법인 임원 또는 공무원(이하 "종업원 등")이 그 직무에 관하여 발명한 것이 성질상 사용자 · 법인 또는 국가나 지방자치단체(이하 "사용자 등") 업무 범위에 속하고 그 발명을 하게 된 행위가 종업원 등의 현재 또는 과거 직무에 속하는 발명을 말한다.
- 직무와 관련이 없는 발명을 자유발명이라 하며, 직무발명 외의 발명을 한 자를 "개인발명가"라 한다.

2) 직무발명 귀속

(1) 직무발명의 신고

- 종업원 등이 직무발명을 완성한 경우에는 '**지체 없이**' 그 사실을 사용자 등에게 문서로 알려야 한다. 2명 이상 종업원 등이 공동으로 직무발명을 완성한 경우에는 공동으로 알려야 한다.
- 사용자는 '**4개월 이내**'에 발명에 대한 권리의 승계 여부를 종업원 등에게 '문서'로 알려야 한다. 4개월 이내에 승계 여부를 알리지 않은 경우 사용자 등은 그 발명에 대한 권리 승계를 포기한 것으로 본다. 이 경우 사용자 등은 그 발명을 한 종업원 등의 동의를 받지 않고는 통상실시권을 가질 수 없다.

(2) 직무발명에 대한 통상실시권

직무발명은 사용자의 권리가 된다. 그러나 직무발명에 대하여 종업원 등이 특허(실용신안등록, 디자인등록 포함)를 받았거나 특허를 받을 수 있는 권리를 승계한 자가 특허를 받으면 사용자 등은 그 특허권에 대하여 통상실시권을 가진다.

(3) 대학교 등 교직원 직무발명

국 · 공립학교 교직원 직무발명은 그 전담조직(산학협력단)의 소유로 한다.

(4) 공무원의 직무발명

공무원 직무발명에 대한 권리는 국가나 지방자치단체가 승계하며, 그 특허권 등은 국유 또는 공유로 한다. 국유로 된 특허권 등의 처분과 관리는 특허청장이 관장한다.

(5) 종업원 등에 대한 강제규정

직무와 관련이 없는 종업원 등의 발명(자유발명 등)에 대하여 미리 사용자 등에게 특허 등을 받을 수 있는 권리나 특허권 등을 승계시키거나 사용자 등을 위하여 전용실시권을 설정하도록 하는 계약이나 근무규정 조항은 무효이다.

3) 직무발명에 대한 보상

(1) 정당한 보상을 받을 권리

종업원 등은 직무발명에 대하여 사용자 등에게 승계 또는 전용실시권을 설정한 경우 정당한 보상을 받을 권리를 가진다.

(2) 직무발명에 대한 보상액

보상액은 사용자 등과 종업원 등 사이의 협의 상황, 책정된 보상기준의 공표 상황, 종업원 등의 의견 청취 상황 등을 고려하여 합리적이면 정당한 보상으로 본다. 정당한 보상으로 볼 수 없는 경우에는, 사용자 등이 얻을 이익과 종업원 등이 공헌한 정도를 고려하여 결정해야 한다.

(3) 출원 유보시 보상

사용자 등은 직무발명에 대한 권리를 승계한 후 출원하지 않거나 출원을 포기 또는 취하하는 경우에도 정당한 보상을 하여야 한다. 이 경우 그 발명에 대한 보상액을 결정할 때에는 그 발명이 산업재산권으로 보호되었더라면 종업원 등이 받을 수 있었던 경제적 이익을 고려하여 보상하여야 한다.

4) 직무발명 관련 분쟁

직무발명과 관련하여 분쟁이 발생하는 경우 사용자 등이나 종업원 등은 산업재산권분쟁조정위원회에 조정을 신청할 수 있다.

5) 비밀유지 의무

종업원 등은 사용자 등이 직무발명을 출원할 때까지 그 발명의 내용에 관한 비밀을 유지하여야 한다. 다만, 사용자 등이 승계하지 않기로 확정된 경우에는 그렇지 않는다.

6) 직무발명에 관한 벌칙

비밀유지 의무를 위반하여 부정한 이익을 얻거나 사용자 등에 손해를 가할 목적으로 직무발명의 내용을 공개한 자에 대하여는 3년 이하의 징역 또는 3천만 원 이하의 벌금에 처한다. 상기 벌칙은 사용자 등의 고소가 있어야 소를 제기할 수 있는 친고죄이다.

7) 직무발명에 대한 대비책

직무발명은 완성시점을 기준으로 발명자가 속한 회사의 직무발명이 되는 것이지만 현실적으로 발명의 완성시점을 증명하기란 매우 어렵기 때문에 다음과 같은 조치를 해 두어야 한다.

(1) 종업원의 퇴사에 대비한 연구 성과물 유출 예방적 조치

연구부서의 종업원들에 대해 연구일지 및 연구노트 작성을 의무화하고 연구 성과를 주기적으로 확인하는 시스템을 구축할 것

(2) 연구 내용에 대해서는 비밀을 유지하도록 서약을 받을 것

연구자료를 비밀로 취급하고, 외부로 유출하지 못하도록 보안 조치를 강구할 것

(3) 퇴직 후 일정 기간 내 이루어진 발명은 전 사용자가 승계한다는 규정 마련

직무발명인지 여부에 관한 논란을 없애기 위해서는 고용계약 자체에 퇴직 후 일정 기간 내에 이루어진 발명은 전 사용자가 승계한다는 규정을 마련할 것

(4) 일정 기간 경쟁업체 전직 또는 경업금지(競業禁止) 약정

경쟁 업체로 전직 또는 경업하지 못하도록 전직금지약정 또는 경업금지 약정을 마련하고, 금지 기간은 합리적인 범위로 제한할 것. 재판 실무상 금지 기간은 1년이고, 금지 기간에 대한 충분한 경제적 보상을 마련해야 한다.

8) 자유발명, 업무발명

'직무발명' 이외는 모두 '자유발명'이라 하며, 자유발명 중의 하나로 종업원의 직무에 속하지는 않지만 사용자의 업무에 속하는 발명을 '업무발명'이라 한다. 업무발명은 발명진흥법에는 없는 용어이며 강학상으로만 분류되는 발명 중의 하나이다.

예, 아이스크림 회사 영업사원이 본인의 직무가 아닌 포장상자에 대하여 습기가 잘 스며들지 않는 포장상자를 발명하였을 경우, 포장상자는 사용자의 업무범위에 속하여 업무발명이라 할 수 있고, 이는 자유발명에 속한다.

만일, 포장상자를 개발하는 부서에서 근무하는 종업원이 습기가 잘 스며들지 않는 포장상자를 발명하였다면 이는 직무발명으로서 발명은 회사에 귀속하게 된다.

요약

- 어떤 물질의 특정한 속성을 발견하고 새로운 용도를 발견하는 발명을 "용도 발명"이라 한다.
- 영업방법(BM: Business Method 또는 Business Model) 발명은 컴퓨터 및 네트워크 등 통신기술과 사업 아이디어가 결합된 발명이다.
- 컴퓨터관련 발명은 프로그램관련 발명, 영업방법 발명 등의 IT관련 기술에 관한 발명을 말한다.
- 컴퓨터프로그램관련 발명의 기술적 사상은 특허법, 프로그램 자체는 저작권으로 보호받는다.
- 미생물 발명은 「부다페스트조약」에 의하여 기탁기관에 미생물을 기탁하고 특허출원서에 그 사실을 증명하는 서류를 첨부하여야 한다.
- 모든 식물은 특허대상이 된다.
- 핵산염기(DNA 등) 서열 또는 아미노산 서열을 포함한 발명은 특허 받을 수 있다.
- 국방상 필요한 경우 외국으로 특허출원을 금지하거나 그 발명을 비밀로 취급하도록 명할 수 있다.
- "직무발명"이란 종업원 등이 그 직무에 관하여 발명한 것이 성질상 사용자 등의 업무 범위에 속하고 그 발명을 하게 된 행위가 종업원 등의 현재 또는 과거 직무에 속하는 발명을 말한다.
- 직무와 관련이 없는 발명을 "자유발명"이라 하며, 직무발명 외의 발명을 한 자를 개인발명가라 한다. 사용자의 업무에 관련된 발명을 업무발명이라 하며, 업무발명도 자유발명에 속한다.
- 종업원 등이 직무발명을 완성한 경우에는 '지체 없이' 그 사실을 사용자 등에게 문서로 알려야 한다.
- 사용자는 '4개월 이내'에 발명에 대한 권리의 승계 여부를 종업원 등에게 '문서'로 알려야 한다.
- 직무발명은 사용자의 권리가 된다. 그러나 직무발명에 대하여 종업원 등이 특허를 받았거나 특허를 받을 수 있는 권리를 승계한 자가 특허를 받으면 사용자 등은 그 특허권에 대하여 '통상실시권'을 가진다.
- 직무와 관련이 없는 자유발명 등에 대하여 미리 사용자 등에게 특허 등을 받을 수 있는 권리나 특허권 등을 승계시키거나 사용자 등을 위하여 전용실시권을 설

정하도록 하는 계약은 원인무효이다.

- 종업원 등은 직무발명에 대하여 사용자 등에게 승계 또는 전용실시권을 설정한 경우 '정당한 보상'을 받을 권리를 가진다.
- 직무발명의 보상액은 사용자 등과 종업원 등 사이의 협의 상황, 책정된 보상기준의 공표 상황 등을 고려하여 합리적이면 정당한 보상으로 본다.

제5-2절 연습문제

1. 다음 내용이 설명하고 있는 것은?

> 이 발명은 컴퓨터 및 네트워크 등 통신기술과 사업 아이디어가 결합된 발명이다. 새로운 영업방법과 정보통신기술(IT)을 이용하여 컴퓨터상에서 실현되어야 한다. 대표적인 예는 '역경매' 특허와 아마존의 '원 클릭 서비스' 특허이다.

❶ BM 발명　❷ PM　❸ 컴퓨터관련 발명
❹ IT 발명　❺ 프로그램관련 발명

정답: ❶.

설명: ❶ 영업방법(BM: Business Method 또는 Business Model) 발명

2. 발명에 대한 설명 중 틀린 것은?

❶ 뿌리 식물 등 특정 식물에 대하여는 특허대상이 아니다.

❷ 미생물에 관계되는 발명은 미생물을 기탁하고 특허출원서에 수탁증 사본을 첨부하여야 한다.

❸ 컴퓨터프로그램관련 발명은 청구범위의 끝 말미에 '…을 특징으로 하는 프로그램'으로 기재하여도 특허 받을 수 있다.

❹ 컴퓨터프로그램관련 발명에 대하여 기술적 사상은 특허법, 프로그램 자체는 저작권으로 보호받을 수 있다.

❺ 인간을 수술하는 방법 등은 특허대상이 아니나, 유전자(DNA) 서열 등은 특허대상이다.

정답: ❶.

설명: ❶ 모든 식물은 특허의 대상이 된다.

3. 다음은 직무발명에 대한 설명이다. 틀린 것은?

❶ 퇴근 후 집에서 휴일에 직무와 관련이 없는 발명을 한 경우에도 회사에 고용된 자는 직무발명으로 출원해야 한다.

② 종업원이 발명을 하게 된 행위가 현재 또는 과거의 직무에 속하는 발명을 말한다.

③ 직무발명을 한 자는 지체 없이 발명 사실을 사용자에게 통지하여야 한다.

④ 직무발명 신고를 받은 사용자는 4개월 이내에 승계 여부를 발명자에게 통지하여야 한다.

⑤ 자유발명에 대하여 미리 사용자 등에게 특허 등을 받을 수 있는 권리나 특허권 등을 승계시키거나 사용자 등을 위하여 전용실시권을 설정하도록 하는 계약이나 근무규정 조항은 무효이다.

정답: ❶.

설명: ❶ 직무와 관련이 없는 발명은 자유발명이므로 발명자 이름으로 특허출원할 수 있다.

4. 직무발명의 보상 규정에 대한 설명 중 틀린 것은?

❶ 종업원은 직무발명을 사용자에게 승계한 경우 정당한 보상을 받을 권리를 가진다.

② 정당한 보상으로 볼 수 없는 경우에는 사용자가 얻을 이익과 종업원이 공헌한 정도를 고려하여 결정해야 한다.

③ 사용자는 직무발명에 대한 권리를 승계한 후 출원하지 않는 경우에는 종업원에게 보상을 할 필요 없다.

④ 보상액은 사용자와 종업원 사이의 협의 상황, 책정된 보상기준의 공표 상황 등을 고려하여 합리적이면 정당한 보상으로 본다.

⑤ 종업원은 직무발명에 대하여 사용자에게 전용실시권을 설정한 경우에도 정당한 보상을 받을 권리를 가진다.

정답: ❸.

설명: ❸ 사용자가 직무발명을 승계한 후 출원하지 않거나, 출원을 포기 · 취하하는 경우에도 종업원에게 보상해야 한다.

5. A회사의 연구부서에서 일하던 나발명 씨는 퇴직한 후 벤처기업(B)을 세우고 A회사에서 연구하던 과제에 관한 발명을 벤처기업(B)에서 나발명의 이름으로 출원하여 특허를 받았다. 설명 중 틀린 것은? (A회사는 직무발명의 권리 승계에 관한 근

무 규정을 두고 있음)

❶ A회사는 특허출원한 발명이 A회사에서 완성하였다는 사실을 입증한다.

❷ A회사는 특허출원한 발명이 A회사에서 완성하였다는 사실을 입증하면 나발명을 상대로 특허권 이전 청구를 할 수 있다.

❸ 벤처기업(B) 회사 이름으로 출원할 경우만 특허권 이전 청구가 가능하다.

❹ A회사는 벤처기업(B)을 상대로 특허권 이전 청구를 할 수 없다.

❺ A회사는 나발명을 상대로 부정경쟁방지법으로 소송을 제기할 수 있다.

정답: ❸.

설명: ❸ 만약, 출원인이 벤처기업(B) 회사로 되어 있으면 회사이름으로 특허권 이전 청구가 가능하겠지만, 출원인은 나발명으로 되어 있기 때문에 나발명을 상대로 특허권 이전 청구를 해야 한다.

6. 회사의 연구원이 다른 회사로 전직하여 발명을 특허출원하는 경우 사실상 발명의 완성시점을 증명하기가 어렵다. 이와 같은 상황에 대비하여 회사가 조치해 두어야 할 사항 중 틀린 것은?

❶ 연구원과 일정 기간 경쟁업체 전직 또는 경업금지 약정을 한다.

❷ 퇴직 후 일정 기간 내 이루어진 발명은 전 사용자가 승계한다는 규정을 마련한다.

❸ 연구 내용에 대해서는 비밀을 유지하도록 서약을 받아 두어야 한다.

❹ 연구부서의 종업원들에 대해 연구일지 작성을 의무화한다.

❺ 연구 노트는 현실적으로 입증이 곤란하므로 사용할 필요가 없다.

정답: ❺.

설명: ❺ 연구 노트 작성은 필수이다.

제3절 특허출원

1. 출원

1) 출원서 기재사항

특허출원시 【출원서】, 【명세서(발명의 설명 · 청구범위)】, 【도면】, 【요약서】가 필요하며, 【출원서】 기재사항은 특허출원인 · 발명자 성명 및 주소, 특허출원인 대리인이 있는 경우 대리인, 발명의 명칭, 출원인코드, 우선권주장여부, 공지예외주장여부, 심사청구여부 등을 기재한다.

2) 출원인

특허를 받을 수 있는 자는 발명을 한 사람 또는 그 승계인이다. 특허출원인과 발명자는 법률상 커다란 차이가 있다. 출원인은 특허에 대한 권리를 가질 수 있으나, 발명자는 단순히 명예권만을 가지므로 발명자는 특허권을 행사할 권한이 없다.

3) 발명자

발명자는 특허를 받을 수 있는 권리를 가지며, 발명을 함과 동시에 발명자에게 귀속되지만, 직무발명인 경우 사용자에게 승계된다. 2인 이상이 공동으로 발명을 한 때에는 공동으로 출원을 하지 않은 경우 거절이유 및 무효사유가 된다.

4) 정당한 권리자 특허출원 인정

무권리자가 한 특허출원은 특허를 받을 수 없으며 정당한 권리자 특허출원은 무권리자가 특허출원한 때에 특허출원한 것으로 본다. 따라서 권리존속기간도 정당한 권리자의 특허권이 설정된 날부터 무권리자 출원일 후 20년이 되는 날까지이다.

과거에는 정당권리자가 무권리자의 특허를 무효로 한 후에 정당한 권리자가 특허출원을 하여 특허출원에 관한 절차를 다시 밟아 특허를 받아야 했던 것을, 법을 개정하여 정당한 권리자가 무권리자 특허권의 이전을 법원에 직접 청구할 수 있게 되었다.

5) 특허를 받을 수 있는 권리의 이전 및 승계

❶ 특허를 '받을 수 있는 권리'[7]는 이전할 수 있으며, 특허를 받을 수 있는 권리

7 특허를 받기 이전에 특허를 받을 수 있는 권리임에 주의

를 출원 전에 양도하는 경우에는 특별한 절차를 필요로 하지 않으나, 특허출원 후 양도는 출원인변경신고 등록을 하여야 그 효력이 발생한다.

❷ 출원 전에 특허를 받을 수 있는 권리를 양도받은 승계인이 제3자에게 대항하기 위해서는 '출원을 하여야' 대항할 수 있다.

❸ 특허를 받을 수 있는 권리는 질권[8]의 목적으로 할 수 없다. 따라서 특허를 받을 수 있는 권리를 목적으로 질권을 설정한 경우 그 질권은 무효이다. 그러나 특허권이 등록되면 질권의 목적으로 할 수 있다.

6) 특허출원서, 명세서 등 작성언어 및 작성형식

- 국어뿐 아니라, 영어로도 출원 가능
- 연구노트 또는 논문으로도 출원 가능

2. 명세서(발명의 설명 · 청구범위)

1) 명세서 역할

❶ 발명의 보호범위를 명시하는 권리서로서 역할

❷ 발명의 기술적 내용을 공개하는 기술문헌으로서 역할

2) 발명의 명칭

❶ 발명의 내용에 따라 간결하고 명료하게 기재하여야 한다.

❷ 인명, 상표, 상품 명칭, 극히 추상적인 성능만을 나타내는 표현 또는 '특허'라는 용어 등을 발명의 명칭에 포함하여서는 안 되며, 'OO(주), 개량된, 개선된, 최신식, 문명식' 등의 표현을 사용해서는 안 된다.

❸ 발명의 명칭은 그 발명이 무엇을 청구하는지 명확히 알 수 있도록 기재하여야 한다.

3) 발명의 설명

발명의 설명에는 그 발명이 속하는 기술분야에서 통상의 지식을 가진 자(이하 '당업자'라 한다)가 그 발명을 쉽게 실시할 수 있도록 명확하고 상세하게 기재하여야 한다. 기재 내용은 다음과 같다.

❶ 기술분야

❷ 해결하고자 하는 과제

8 채권자가 특허권을 담보물권으로 하는 것을 의미한다.

❸ 과제의 해결 수단

❹ 그 밖에 그 발명이 속하는 기술분야에서 통상의 지식을 가진 자가 그 발명의 내용을 쉽게 이해하기 위하여 필요한 사항

❺ 발명의 배경이 되는 기술

❶ ~ ❹의 내용은 해당하는 사항이 없는 경우 그 사항을 생략할 수 있으나, ❺ 발명의 배경이 되는 기술은 생략해서는 안 된다.

4) 발명의 설명 기재불비 유형

(1) 특허청구범위가 발명의 설명에 의하여 뒷받침되고 있지 않은 경우

특허청구범위에 기재된 모든 발명의 내용은 반드시 발명의 설명에 기재되어 있어야 한다.

(2) 발명의 설명에는 하위개념만이 기재되어 있으나 청구항에는 상위개념을 청구하고 있는 경우

특허청구범위에 기재된 내용이 상위개념(예 필기도구)이 기재되어 있으나, 발명의 설명에는 하위개념 발명(예 연필)만이 기재되어 있으면 기재불비[9]에 해당한다.

(3) 명세서에 상표 또는 제품명을 기재하는 경우

명세서에 상표 또는 제품명을 기재하는 것은 원칙적으로 허용되지 않는다. 다만, 상표 또는 제품명을 기재하더라도 그 상표 또는 제품명 물건을 쉽게 입수할 수 있고, 그 상표 또는 제품명 물건을 명확히 확정할 수 있는 경우에는 예외적으로 상표 또는 제품명을 기재할 수 있다.

5) 특허청구범위의 기재

- 청구범위 기재에 의하여 특허권 보호범위가 결정되므로 청구범위는 모든 특허 출원 관련 서류 중 가장 중요하다.
- 청구범위의 구성요소는 많이 기재할수록 권리범위가 좁아진다(다기재 협범위 원칙).
- 청구범위의 용어 등 그 기재가 불명료할 경우에 한하여 발명의 설명 또는 도면의 기재를 참작하여 청구범위를 해석해야 한다. 발명의 설명 또는 도면의 기재에 의하여 확대 또는 제한 해석해서는 안 된다.

(1) 발명의 설명에 의하여 뒷받침될 것

다음과 같은 경우는 청구항에 기재된 발명이 발명의 설명에 의하여 뒷받침되지 않는

9 기재불비(記載不備)란, 명세서의 기재가 불명확하다는 의미이다.

것으로 본다.

❶ 청구범위에서 구체적인 수치한정을 하고 있으나 발명의 설명에는 그 수치에 대하여 전혀 기재되어 있지 않는 경우
❷ 발명의 설명과 청구범위의 용어가 통일되어 있지 않는 경우
❸ 출원 시 해당 기술분야의 기술상식에 비추어 보아 청구된 발명의 범위까지 발명의 설명에 기재된 내용을 확장하거나 일반화할 수 없는 경우

(2) 발명이 명확하고 간결하게 기재될 것

발명이 명확하고 간결하게 기재되지 않는 유형으로는 다음과 같은 것들이 있다.

❶ 청구항 기재내용이 불명확한 경우
❷ 발명을 이루는 각 구성요소가 단순히 나열되어 있을 뿐, 구성요소들 간 결합 관계가 기재되지 않는 경우
❸ 청구항에 기재된 발명의 카테고리가 불명확한 경우(청구항 말미는 반드시 "~물건(예, 선풍기, 볼펜, 리모컨, 자전거)", "~방법"으로 끝맺어야 한다.)
❹ 청구항에 발명의 구성을 불명확하게 하는 표현이 포함되어 있는 경우

예

1) '소망에 따라', '필요에 따라', '특히', '예를 들어' 등의 표현과 함께 임의 부가적 사항 또는 선택적 사항이 기재된 경우
2) '주로', '주성분으로', '주 공정으로', '적합한', '적량의', '많은', '높은', '대부분의', '거의', '대략', '약' 등 비교의 기준이나 정도가 불명확한 표현이 사용된 경우
3) '… 을 제외하고', '… 이 아닌'과 같은 부정적 표현이 사용되어 불명확해진 경우
4) 수치한정발명에서 '… 이상', '… 이하', '0~10'과 같이 상한이나 하한의 기재가 없는 수치한정이나 0을 포함하는 수치한정(0을 포함하는 성분이 필수성분이 아니라 임의 성분인 경우는 제외)을 한 경우. 또는, '120~200°C, 바람직하게는 150~180°C'와 같이 하나의 청구항 내에서 이중으로 수치한정을 한 경우

---

❺ 청구항에 상업상 이점이나 판매지역, 판매처 등 발명의 기술적 구성과 관계가 없는 사항을 기재한 경우
❻ 청구항의 구성을 발명의 설명 또는 도면으로 대용하는 경우

(3) 특허청구범위의 독립항과 종속항의 기재

• 청구범위는 청구항을 1 또는 2 이상(다항제)으로 기재하여야 한다.

- 청구범위에 기재된 청구항은 "독립항"과, 다른 청구항(독립항 또는 종속항)을 한정하거나 부가하여 구체화하는 "종속항"으로 구분할 수 있다.
- 독립항: 다른 청구항을 인용하지 않은 청구항을 말한다.
- 종속항: '다른 청구항을 한정하거나 부가하여 구체화'하는 청구항으로서, 발명의 내용이 다른 항에 종속되어 다른 항의 내용변경에 따라 해당 청구항 발명의 내용이 변경되는 청구항을 말한다. 형식적으로는 다른 청구항을 인용하고 있는 청구항이다.
- 발명의 내용 측면에서 다른 청구항을 부가하거나 한정하고 있다 하더라도 형식적으로 인용하고 있지 않으면 종속항이 아니며, 다른 청구항을 형식적으로는 인용하고 있다 하더라도 다른 청구항을 한정하거나 부가하지 않는 경우(예: 청구항 1에 있어서, A 구성 요소를 B로 치환하는 물건)는 종속항이 아니다.

독립항과 종속항은 다음과 같이 기재한다.

❶ 독립항은 다른 청구항을 인용하지 않는 형식 즉, 독립 형식으로 기재한다.

❷ 종속항은 독립항 또는 다른 종속항을 인용하는 형식으로 기재한다. 종속항은 인용되는 청구항 특징을 모두 포함한다.

예 【청구항 1】 다단 기어로 구성된 자전거(독립항)

【청구항 2】 청구항 1에 있어서, 다단 기어는 16단으로 된 것을 특징으로 하는 자전거(종속항)

---

❸ 청구항은 발명의 성질에 따라 적정한 수로 기재하여야 한다. 하나의 청구항 속에 청구하는 대상물이 2 이상인 경우, 동일한 청구항을 중복하여 기재하는 경우에는 기재불비이다.

예 【청구항 1】… 고분자 화합물 및 그 고분자 화합물을 이용한 콘택트렌즈

(설명) **고분자 화합물 발명**과 이를 이용한 **콘택트렌즈 발명**, 2개의 발명을 하나의 청구항에 기재하고 있으므로 기재불비이다.

---

❹ 종속항은 1 또는 2 이상의 청구항을 인용하여야 한다.

❺ 2 이상의 항을 인용하는 항은 '하나의 항이 선택'되도록 항의 번호를 택일적

으로 기재하여야 한다.

- 인용되는 청구항을 택일적으로 기재한 예: 아래 청구항 3, 청구항 4는 택일적 기재로 바람직함.

예 【청구항 3】 청구항 1 또는 청구항 2에 있어서, ...인 자전거(○)

【청구항 4】 청구항 1 내지 청구항 3 중 어느 하나의 항에 있어서, ...인 자전거(○)

- 인용되는 항 번호를 택일적으로 기재하지 않은 예: 아래 청구항 3, 청구항 4, 청구항 5는 택일적 기재가 아니므로 바람직하지 못함.

예 【청구항 3】 청구항 1, 청구항 2에 있어서, … 장치(×)
【청구항 4】 청구항 1, 2에 있어서, … 장치(×)
【청구항 5】 청구항 1 및 청구항 2 또는 청구항 3에 있어서, … 장치(×)

---

❻ 2 이상의 항을 인용하는 청구항은 2 이상의 항을 인용한 다른 청구항을 인용할 수 없다.

예 청구항 4는 2 이상의 항을 인용하는 종속항으로서 2 이상의 항을 인용한 다른 청구항(청구항 3)을 인용하고 있어 청구범위 기재방법에 위배된다.

【청구항 1】 … 장치
【청구항 2】 청구항 1에 있어서, … 장치
【청구항 3】 청구항 1 또는 청구항 2에 있어서, … 장치
【청구항 4】 청구항 2 또는 청구항 3에 있어서, … 장치(×)

---

❼ 인용되는 청구항은 인용하는 청구항보다 먼저 기재하여야 한다. 각 청구항은 항마다 행을 바꾸어 기재하고, 그 기재하는 순서에 따라 아라비아 숫자로 일련번호를 붙여야 한다. 개조식으로 청구항을 기재하는 것이 발명의 이해에 도움이 되는 경우에는 다음 예와 같이 기재할 수 있다.

예 【청구항 1】 다음 각 공정으로 이루어지는 금속재료 가공방법

(가) 금속재료를 800~850°C로 가열하는 제1공정
(나) 가열된 재료를 단조하는 제2공정
(다) 단조된 재료를 600°C로 재가열하는 제3공정
(라) 재가열된 재료를 소입 처리하는 제4공정

6) 청구범위 제출 유예제도

- 특허출원 시 명세서에 청구범위는 기재하지 않을 수 있으나, 발명의 설명은 적어야 한다.
- 특허출원 시 청구범위를 기재하지 않은 경우에는 출원일로부터 1년 2개월이 되는 날까지 명세서에 청구범위를 적는 보정을 하여야 한다. 만약 보정하지 않으면 그 다음날 취하한 것으로 본다.
- 특허청구범위가 기재된 명세서가 첨부된 때에 한하여 출원심사의 청구를 할 수 있다.

7) 외국어특허출원제도

- 외국어로 출원시 그 취지를 특허출원서에 적은 경우에는 그 언어로 적을 수 있다.
- 이와 같은 "외국어특허출원"을 한 경우에는 출원일로부터 1년 2개월이 되는 날까지 그 명세서 및 도면의 국어번역문을 제출하여야 한다. 만약 제출하지 않으면 그 다음날 취하한 것으로 본다. 현재는 외국어 출원은 영어만 가능하다.
- 청구범위가 기재된 명세서가 첨부된 때에 한하여 출원심사의 청구를 할 수 있다.

3. 도면

- 출원발명을 설명하는데 필요한 경우 명세서에 기재된 발명의 구성을 보다 잘 이해할 수 있도록 보충하기 위해 도면을 첨부할 수 있다(명세서의 보조자료).
- 결정구조, 생물의 형태, 오실로스코프의 그래프 등과 같은 경우, 사진으로 도면을 대신할 수 있다. 설계도면과 같이 상세한 것일 필요는 없다.
- 특허출원에서는 '필요한 경우'에만 도면을 첨부하나, 실용신안등록출원 경우에는 '반드시' 도면을 첨부하여야 한다. 청구범위를 도면으로 대체할 수 없다.
- 출원 시 도면을 잘못 첨부하여 도면을 새로 제출하는 보정을 하는 경우, 신규사항을 추가하는 보정에 해당된다.

- 권리범위를 해석할 때는 청구범위대로 해석해야 하며, 도면을 보고 해석해서는 안 된다.

4. 요약서

- 요약서는 발명의 개요를 나타내는 기술정보로서의 용도로만 사용된다.
- 요약서는 기술정보로서의 용도로 사용되며, 특허발명 보호범위를 정하는 데에는 절대 사용될 수 없다.
- 요약서에만 기재된 사항은 타출원(선출원) 지위도 가질 수 없으며[10], 명세서를 보정할 경우 요약서에 있는 내용을 근거로 명세서에 추가하는 것도 허용되지 않는다.

5. 보정

1) 보정의 개요

- 선출원주의 하에서 특허출원을 서두르다 보면 명세서를 보정할 필요성이 발생할 수 있으므로 명세서 등은 출원 이후에 보정할 수 있다.
- 보정으로 최초에 기재하지 않았던 발명을 추가할 경우 그 보정 내용이 출원일로 소급[11]하여 효과가 발생하므로 선출원주의에 위배된다. 따라서 보정내용은 엄격히 제한된다.

2) 보정할 수 있는 기간

- 자진보정기간: 자진보정기간은 특허결정 등본을 송달하기 전까지 기간으로 거절이유통지서에 따른 보정기간을 제외한 기간이다.
- 거절이유통지에 따른 의견서를 제출할 때: 출원인은 거절이유통지를 받은 경우 그 거절이유통지에 의한 의견서 제출기간 내에 보정서를 제출할 수 있다.

TIP

제4장에서 설명한 기간단축제도를 이용하면 빨리 권리를 받을 수 있다.

---

10 특허법 제29조 제3항. 제1절 특허요건에서 2. 특허를 받기 위한 요건. 5) 선출원주의(선원주의) 참조.

11 소급이란 어떠한 법률 효과를 과거의 일정한 시기로 거슬러 올라가서 발생하게 하는 것을 말한다. 예로, 2014.3.3일 특허출원하고, 보정을 2015.4.10일 한 경우 그 보정은 2014.3.3일자에 이루어진 것으로 보는 것을 소급적용이라고 한다.

- 재심사를 청구할 때: 출원인은 거절결정등본을 송달받은 날부터 30일 이내에 특허출원서에 첨부된 명세서 또는 도면을 보정하면서 재심사를 청구할 수 있다.

3) 보정 범위

(1) 신규사항 추가 금지

출원서에 '최초로' 첨부된 명세서 또는 도면에 기재된 사항의 범위를 벗어나는 사항을 '신규사항'이라 한다. 보정된 사항이 최초 명세서 등의 기재로부터 자명하게 도출할 수 없는 사항인 경우에는 신규사항 추가에 해당한다.

예 '포유동물 치료방법'을 '사람 이외의 포유동물 치료방법' 또는 '가축 치료방법'으로 보정한 경우는 신규사항 추가가 아니다.

---

(2) 최후거절이유통지 및 재심사 청구시 보정 범위

최후거절이유통지에 대응한 보정 또는 재심사를 청구하면서 하는 보정은 청구범위 감축, 오기 정정, 불명료한 기재의 정정, 신규사항을 삭제하는 보정만 인정된다.

4) 보정각하

명세서 보정에 따라 새로운 거절이유가 발생하면 그 보정은 각하[12]되고, 각하 결정에 대하여는 불복할 수 없다.

5) 직권보정

직권보정은 등록결정시 명세서에 경미한 오류가 있는 경우 거절이유를 통지하지 않고 심사관이 직접 보정하는 것이다. 이는 경미한 오류를 심사관이 직접 보정하여 심사절차가 지연되는 것을 방지하기 위한 것이다. 적법한 직권보정이 아닌 경우 심사관은 언제든지 직권보정사항을 취소할 수 있다.

6. 하나의 특허출원의 범위(발명의 단일성)

- 특허출원은 1발명을 1특허출원으로 하여야 하지만, 하나의 총괄적 발명의 개념을 형성하는 1군의 발명에 대하여 1특허출원으로 할 수 있다.
- 단일성 결여는 거절이유에 해당할 뿐 등록된 이후에는 무효사유가 되지 않는다.

---

12 각하(rejection)란 본안 절차에 들어가지 않고 절차를 종료시키는 것이다.

• 1군의 발명에 대하여 1특허출원으로 하기 위하여 청구된 발명 간에 '기술적 상호관련성'이 있어야 하고, 청구된 발명들이 '동일하거나 상응하는 기술적 특징'을 가지고 있어야 한다.

예 1) 단일성이 있는 경우

특정한 볼트와 특정한 볼트에 맞는 너트

2) 단일성이 없는 경우

【청구항 1】특징 A를 갖는 컨베이어 벨트

【청구항 2】특징 B를 갖는 컨베이어 벨트

[설명] 청구항 1과 청구항 2는 서로 별개의 발명이므로 발명의 단일성에 위배된다. 따라서 두 개의 출원으로 나누어 특허출원하여야 한다.

---

7. 분할출원

1) 분할출원 개요

• 분할출원이란 2 이상의 발명을 포함하는 특허출원 일부를 1 또는 2 이상의 새로운 특허출원으로 분할하는 것이다.

• 분할출원에 대해서는 출원일 소급 효과가 부여된다. 즉, 분할출원은 원출원을 출원한 때에 출원된 것으로 취급한다.

• 원출원과 분할출원의 출원인 전원이 완전히 일치하여야 한다.

> **TIP**
>
> 특허출원이 하나의 특허출원의 범위(발명의 단일성)에 관한 요건을 만족하지 않는 발명을 포함하는 경우에는 특허받을 수 없으므로 출원일을 소급 받으면서 거절이유를 해소할 수 있는 방안으로 분할출원제도를 이용한다.

2) 분할출원 요건

❶ 분할출원을 할 수 있는 시기 및 심사청구

• 특허결정등본을 송달하기 전까지 분할출원 할 수 있으나, 거절이유통지 후에는

의견서제출 기간 이내 또는 거절결정불복심판을 청구할 수 있는 기간 이내이다. 2015.7.1일부터는 특허등록결정 이후에도 분할출원이 가능하다.

- 분할출원도 별도의 새로운 출원이므로 분할출원을 한 후 심사청구를 하지 않으면 심사관이 심사에 착수하지 않으므로, 분할출원을 한 후 새로운 분할출원은 심사청구를 해야 한다. 다만, 원출원은 보정만(원출원의 청구범위에 변동이 없으면 보정하지 않아도 됨) 하고 심사청구가 되어있기 때문에 별도의 심사청구를 하지 않는다.

❷ 분할출원 범위

- 분할출원은 기본적으로 청구범위에 기재된 두 개 이상의 발명을 분할하는 것이다.
- 원출원의 발명의 설명에 기재된 발명: A, B
  원출원의 청구범위에 기재된 발명: A, B

  이를 분할출원할 경우,

  원출원: 발명의 설명 A, B와 청구범위 A로 보정[A, B(발명의 설명) / A(청구범위)]
  분할출원: 발명의 설명 A, B와 청구범위 B로 출원[A, B(발명의 설명) / B(청구범위)]

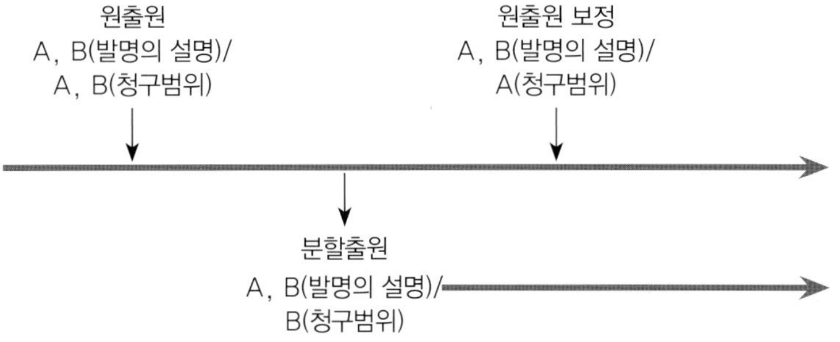

분할출원

8. 변경출원

변경출원은 특허출원인이 출원 형식(특허, 실용신안등록)을 잘못 선택한 경우 다른 형식으로 변경하는 제도이다. 즉, 특허를 실용신안등록출원으로, 실용신안등록출원을 특허로 변경출원할 수 있는 제도이다. 특허출원(또는 실용신안등록출원)과 디자인등록출원 간에는 변경출원할 수 없다.

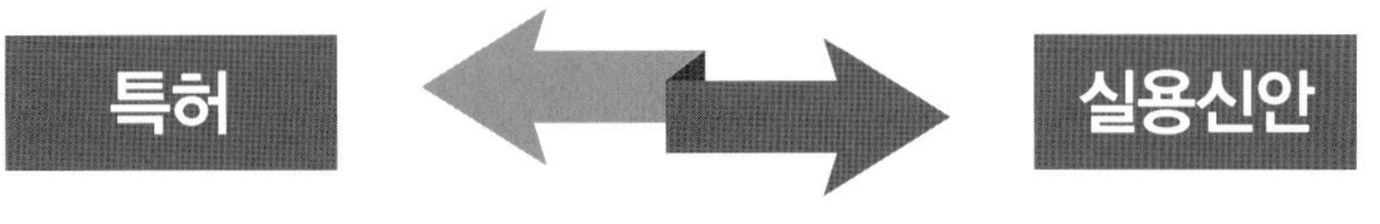

변경출원

- 특허출원에 관하여 최초 거절결정등본을 송달받은 날부터 30일이 경과한 때에는 실용신안등록출원으로 변경할 수 없다. 실용신안등록출원을 특허로 변경출원하는 경우도 마찬가지이다.
- 변경출원이 있는 경우 그 변경출원은 특허출원 일을 실용신안등록출원 일로 본다.
- 실용신안으로 변경출원을 한 경우에는 그 특허는 취하된 것으로 본다.
- 기타 변경출원은 분할출원제도와 심사청구, 기간 적용, 효과 등은 유사하다.

9. 조약우선권주장출원(파리조약)

1) 파리조약의 기본원칙

- **내국민 대우의 원칙**: 우리나라 국민이 파리조약 가입국에서 내국민과 동일한 대우를 받는다는 원칙
- **우선권주장 인정**: 우선권주장 인정 기간에서 특허와 실용신안은 "1년", 디자인과 상표는 "6개월" 기간 이내에 출원하면 제1국에 출원한 날을 기준으로 등록요건을 판단하는 원칙
- **특허독립의 원칙**(속지주의 원칙): 특허의 효력은 각 나라마다 독립적으로 발생한다는 원칙
- **강제실시권**: 특허권자가 특허를 불실시하는 등의 경우 정부는 강제실시권을 발동할 수 있다는 원칙

※ 파리조약 3대원칙: 특허독립의 원칙(속지주의 원칙), 내국민 대우의 원칙, 우선권 주장의 원칙

2) 파리조약에 의한 우선권주장제도

- 파리조약에 의한 우선권주장제도는 대한민국 국민에게 우선권주장을 인정하는 국가에 대한민국 국민이 그 나라에 특허출원하였을 때 대한민국에 출원한 날을 특허성 여부 판단기준일로 인정해 주는 제도이다.

예 제1국 출원일이 2015.3.1일인 경우, 제2국 출원은 2016.3.1일까지 우선권주장이 가능하다. 만약, 2016.3.1일이 공휴일(노동절 포함) 등 특허청이 휴무인 경우에는 그 다음날까지 조약우선권주장출원을 할 수 있다.

우선권주장일을 인정받으면 제2국 출원은 제1국 출원한 날 기준으로 신규성, 진보성 등 특허성을 판단하게 된다.

예 독일에 2012.3.1일 출원을 기초로 조약우선권주장하여 미국에 2012.6.1일 출원하고, 한국에 2013.4.1일 출원하는 경우, 한국출원은 독일출원일로부터 12개월이 경과하였으므로 독일출원을 기초로 우선권주장을 할 수는 없고, 미국출원으로부터 12개월이 경과되지 않았지만 미국출원은 동일한 발명에 대한 최초출원이 아니므로 미국출원을 기초로 우선권주장을 할 수는 없다.

3) 우선권주장 출원서류

우선권주장 출원시 서류 또는 서면은 당사국에 최초로 출원한 출원일, 우선권주장을 수반하는 경우에는 그 우선권주장 기초가 되는 출원의 출원일 중 최선일부터 1년 4개월 이내에 제출하여야 한다.

조약우선권주장서류 제출은 국가 간 전자적 서류 교환 등에 의하여 간소화하기로 체결함에 따라 간소화 체결 국가(미국, EPO, 일본)에 해당하는 경우는 우선권주장 서류를 제출하지 않아도 되고, 제1국 출원의 출원번호를 기재한 서면을 제출하거나 제1국 출원의 출원번호를 특허출원서에 기재함으로써 우선권증명서류 제출을 갈음할 수 있다.

4) 우선권주장

제1국 출원의 출원 계속 여부는 조약우선권 효력에 영향을 미치지 않는다. 즉, 제1국 출원이 취하, 포기, 무효 또는 거절되어도 우선권은 유효하고, 제1국 출원이 거절결정된 출원이라도 우선권주장은 유효하다.

5) 조약우선권주장 효과

조약우선권주장 효과는 제1국 출원에 기재된 발명과 동일한 발명에 대하여는 신규성, 진보성 및 선원 규정 적용에 있어 제1국 출원일로 소급된다. 제1국 출원에 포함되지 않은 발명은 제1국 출원일에 출원한 것으로 인정되지 않고 제2국에 출원한 날을 기준으로 특허요건 심사를 받게 된다.

예

- 한국 유학생이 미국에서 2013.4.1일 논문발표를 하였고, 이 발명을 미국특허청에 2014.4.1일 출원하고, 이를 기초로 우리나라에 2015.4.1일 우선권주장출원을 하였을 경우, 우선권주장에는 문제가 없으나, 본인의 논문에 의해 거절된다.

- 따라서 미국에서 최초공개일로부터 1년 이내(2014.4.1.)에 공지예외주장을 하면서 우리나라에 출원하여야 특허를 받을 수 있다.
- 한국에서 미국으로 출원하는 경우도 동일하다.
- 한국에서 중국, 일본, EPO 출원시는 본인 논문 등 공개일로부터 6개월 이내에 출원해야 한다.

우선권주장을 인정받지 못하면 제2국에 출원한 날이 출원일이 되므로 제2국 출원일을 기준으로 신규성, 진보성 등을 판단하여 심사를 진행하게 된다. 따라서 우선권주장기간을 놓쳐서 출원하는 경우는 제1국에 출원한 발명에 의하여 거절된다.

아래 그림(a)는 조약우선권주장출원이고, (b)는 우선권주장 없이 곧바로 PCT 출원을 한 경우이다.[13] (c)는 PCT 출원과 파리조약우선권주장을 동시에 이용한 경우로서 제1국 출원 후에 우선권주장을 이용하여 PCT 출원을 한 것이다.

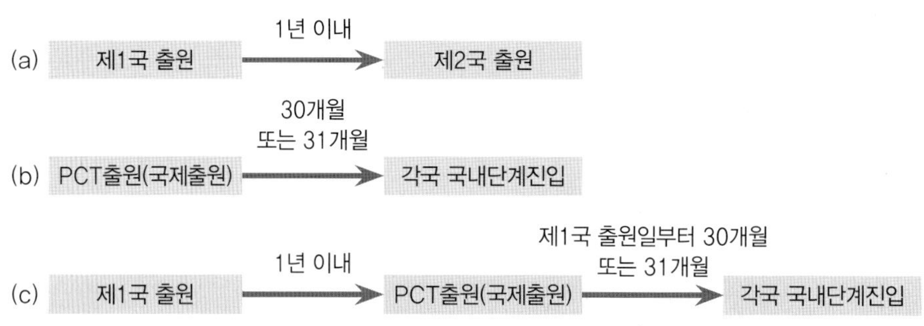

조약에 의한 우선권주장 출원과 PCT출원(국제출원)

10. 국내우선권주장출원

- 특허출원(선출원: A 발명) 후 그 특허발명에 대한 개량발명이 있는 경우 "1년 이내"에 국내우선권주장출원 제도를 이용하여 출원(후출원: A, A′ 발명)하면 특허권을 보다 충실하게 보호 및 관리할 수 있다. A 발명은 선출원일에, 새롭게 추가된 A′ 발명은 국내우선권주장출원 출원일에 출원한 것으로 인정하여 주는 제도이다.
- 국내우선권주장의 기초가 된 선출원은 그 출원일부터 1년 3개월을 경과한 때에 취하된 것으로 본다.
- 여러 건의 선출원을 하나의 출원으로 하여 국내우선권주장을 할 수 있다.

---

13 PCT 국제출원에 대하여는 제8절 해외출원, 국제조약 참조.

요약

- 특허출원에 필요한 서류(출원서류)는 특허출원서, 명세서, 도면(필요시만) 및 요약서이다.
- 명세서에는 발명의 명칭, 도면의 간단한 설명, 발명의 설명, 특허청구범위를 기재하여야 한다.
- 발명의 설명에는 배경기술, 기술분야, 해결하고자 하는 과제, 과제의 해결수단, 그 밖에 그 발명이 속하는 기술분야에서 통상의 지식을 가진 자가 그 발명의 내용을 쉽게 이해하기 위하여 필요한 사항을 기재하여야 한다.
- 특허청구범위는 보호받고자 하는 사항을 기재한 항이 1 또는 2 이상 있어야 하며, 발명의 설명에 의하여 뒷받침되고, 발명이 명확하고 간결하게 기재되어야 한다. 특허권의 보호범위는 "청구범위"의 기재에 의하여 결정되기 때문에 가장 중요하다.
- 특허청구범위를 작성하는 데 많은 시간이 소요되므로 선출원주의 제도 하에서 신속하게 출원할 수 있도록 특허청구범위 없이 출원할 수 있으며, 출원 후에 보정하여 청구범위를 작성한 보정서를 제출할 수 있다.
- 선출원주의 하에서 신속하게 출원할 경우 발생할 수 있는 오류를 수정할 수 있도록 "보정제도"가 있다.
- 보정 시 신규사항을 추가하면 안 된다.
- 특허출원은 원칙적으로 하나의 발명에 하나의 출원을 해야 하지만, 발명의 "단일성"이 인정되는 경우 하나의 출원에 다수 개의 발명(볼트와 너트)을 기재할 수 있다.
- 발명의 단일성 위배를 수정할 수 있도록 "분할출원"제도가 있다.
- 특허와 실용신안 간에는 상호 "변경출원"이 가능하다.
- 우선권주장출원에는 조약(파리조약)에 의한 우선권주장출원과 국내우선권주장출원이 있다.
- 특허와 실용신안의 조약 우선권주장 기간은 "1년"이고, 디자인과 상표는 "6개월"이다.
- 특허와 실용신안의 국내 우선권주장 기간은 "1년"이고, 디자인과 상표는 국내 우선권주장 제도가 없다.

제5-3절 연습문제

1. 다음 중 특허출원 시에 반드시 필요한 서류에 해당하지 않는 것은?

❶ 특허출원서 ❷ 명세서 ❸ 요약서
❹ 도면 ❺ 대리인이 있을 경우 대리인 위임장

정답: ❹.

설명: ❹ 도면은 반드시 있어야 하는 서류는 아니다. 방법 발명인 경우 도면은 불필요하다.

2. 특허출원 서류 중 명세서에 기재하여야 하는 사항이 아닌 것은?

❶ 발명의 명칭 ❷ 도면의 간단한 설명
❸ 발명의 설명 ❹ 특허청구범위
❺ 출원인의 이름

정답: ❺.

설명: ❺ 출원인의 이름은 출원서에 기재하여야 한다.

3. 발명의 설명에 기재하여야 하는 사항 중 생략하면 안 되는 것은?

❶ 배경기술 ❷ 해당 기술분야
❸ 해결하고자 하는 과제 ❹ 과제의 해결수단
❺ 발명의 내용을 쉽게 이해하기 위하여 필요한 사항

정답: ❶.

설명: ❶ 배경기술은 생략해서는 안 된다.

4. 특허청구범위 기재 사항 중 틀린 것은?

❶ 보호받고자 하는 사항을 기재한 항이 반드시 1 또는 2 이상 있어야 한다.
❷ 모든 청구항이 발명의 설명에 의하여 뒷받침될 필요는 없다.
❸ 청구범위에 기재된 발명은 명확하고 간결하게 기재되어야 한다.
❹ 청구범위는 독립항 또는 종속항으로 기재할 수 있다.

⑤ 발명을 이루는 각 구성요소들 간 결합관계를 기재하지 않으면 안 된다.

정답: ❷.

설명: ❷ 모든 청구항이 발명의 설명에 의하여 뒷받침되지 않으면 안 된다.

5. 다음 중 청구범위 기재가 바른 것은?

❶ 필요에 따라 선택할 수 있는 구성 A+B+C로 이루어진 스마트폰
❷ 예를 들어 구성 A+B+C로 이루어진 스마트폰
❸ 구성 A+B+C로 이루어진 스마트폰
❹ 대부분 구성 A+B+C로 이루어진 스마트폰
❺ 구성 A+B+C 중 C를 제외하고 이루어진 스마트폰

정답: ❸.

설명: ❸ 청구범위의 기재에 '필요에 따라', '예를 들어', '대부분', '제외하고'와 같은 불명확한 표현을 사용해서는 안 된다.

6. 명세서에 대한 설명 중 틀린 것은?

❶ 명세서에서 가장 중요한 사항은 청구범위이다.
❷ 발명의 기술적 내용을 공개하는 기술문헌으로서의 역할을 한다.
❸ 발명의 보호범위를 명시하는 권리서로서 역할을 한다.
❹ 명세서에 상표 또는 제품명을 기재하는 것은 원칙적으로 허용하지 않는다.
❺ 명세서에는 요약 내용을 기재하여야 한다.

정답: ❺.

설명: ❺ 명세서에는 요약 내용을 기재하지 않고 별도로 첨부한다.

7. 다음 중 발명의 명칭이 가장 바르게 된 것은?

❶ 특허발명 일회용 컵
❷ 홍길동 일회용 컵
❸ 2중으로 손잡이가 달린 일회용 컵

❹ 산악용 일회용 컵

❺ 개량된 헬스용 컵

정답: ❸.

설명: ❸ 발명의 명칭에 인명, 상표, 상품 별칭, 추상적인 기능 · 성능만을 나타내는 표현, 특허, 발명, OO(주), 개량된, 개선된, 최신식, 문명식 등의 표현을 사용해서는 안 된다.

8. 특허청구범위의 종속항에 대한 설명 중 틀린 것은?

❶ 종속항은 인용되는 청구항 특징을 모두 포함한다.

❷ 종속항은 다른 청구항을 인용한 청구항을 말한다.

❸ 종속항은 다른 종속항을 인용해서는 안 된다.

❹ 종속항은 여러 개의 항을 인용할 수 있다.

❺ 종속항은 다른 청구항을 한정하거나 부가하여 구체화하는 청구항을 말한다.

정답: ❸.

설명: ❸ 종속항은 독립항 또는 다른 종속항을 인용할 수 있다.

9. 다음 중 특허청구범위 기재에 있어서, 2 이상의 항을 인용하는 항이 '하나의 항이 선택'되도록 택일적으로 기재된 것은?

❶ 청구항 1, 청구항 2에 있어서, ...특징인 에어컨

❷ 청구항 1, 2에 있어서, ...특징인 에어컨

❸ 청구항 1 및 청구항 2 또는 청구항 3에 있어서, ...특징인 에어컨

❹ 청구항 1 내지 청구항 3 중 어느 하나의 항에 있어서, ...특징인 에어컨

❺ 청구항 1 내지 청구항 3에 있어서, ...특징인 에어컨

정답: ❹.

설명: ❹ '내지'라는 표현을 사용한 경우 '어느 하나의 항'에 있어서라고 한정하여 하나의 항만 택일적이 되도록 기재한다.

10. 논문 등의 발표로 인하여 시간이 촉박할 때 특허출원 할 수 있는 방법 중 바람직한 것을 모두 고르시오.

❶ 출원 시 청구범위제출을 하지 않고 나중에 보정한다.

❷ 심사청구를 출원 시 하지 않고 나중에 한다.

❸ 물건 발명에서 도면은 구체적으로 작도하기 어려우므로 나중에 제출한다.

❹ 작용효과는 나중에 시험 후에 결과가 나오면 제출한다.

❺ 배경설명은 출원 시 당장 필요한 것은 아니므로 나중에 제출한다.

정답: ❶, ❷.

설명: ❶ 출원 시 청구범위제출 유예제도를 활용하여 일단 출원부터 먼저 하고, 청구범위는 나중에 보정한다. ❷ 청구범위가 없으면 심사청구를 할 수 없으므로 나중에 청구범위 제출 후에 심사청구한다. ❸ 도면, ❹ 작용효과, ❺ 배경설명은 모두 출원 시에 제출해야 한다.

11. 특허 또는 실용신안 출원 시 제출하는 도면의 설명에 대한 설명 중 틀린 것은?

❶ 출원발명을 설명하는데 필요한 경우 명세서를 보충하기 위해 도면을 첨부할 수 있다.

❷ 권리범위를 해석할 때는 도면을 보고 해석한다.

❸ 사진으로 도면을 대신할 수 있다.

❹ 실용신안등록출원은 반드시 도면을 첨부한다.

❺ 출원 시 도면을 잘못 첨부하여 제출하는 경우, 발명했던 도면을 제출하면 신규사항을 추가하는 보정에 해당된다.

정답: ❷.

설명: ❷ 권리범위는 반드시 청구범위를 보고 해석해야 한다.

12. 특허 명세서의 보정에 대한 설명 중 틀린 것은?

❶ 심사관은 등록결정시 간단한 오탈자 등을 보정할 수 있다.

❷ 보정 시 신규사항을 추가해서는 안 된다.

❸ 보정 시는 직전 보정서에 기재된 내용을 근거로 하여 보정한다.

❹ 재심사 청구시 보정의 범위는 청구범위 감축, 오기 정정 등 극히 제한된다.

❺ 보정은 자진보정도 있으나, 주로 거절이유통지에 따른 의견서를 제출할 때 보정한다.

정답: ❸.

설명: ❶번을 직권보정이라 한다. ❸ 보정 시에는 출원서에 '최초로' 첨부된 명세서 또는 도면에 기재된 사항을 근거로 하여 보정해야 한다.

13. 다음 발명의 단일성에 대한 설명 중 틀린 것은?

❶ 하나의 총괄적 발명의 개념을 형성하는 1군의 발명에 대하여 1특허출원으로 할 수 있다.

❷ 특허출원은 원칙적으로 1발명을 1특허출원으로 하여야 한다.

❸ 단일성 결여는 거절이유가 되고, 등록 후에도 무효사유에 해당한다.

❹ 볼펜심과 스프링은 단일성이 없지만, 특정한 볼펜심과 그 볼펜심에만 맞는 스프링은 단일성이 있다.

❺ 1군의 발명에 대하여 1특허출원으로 하기 위하여 청구된 발명 간에 '기술적 상호관련성'이 있어야 한다.

정답: ❸.

설명: ❸ 단일성 결여는 거절이유가 되지만, 일단 등록 후에는 무효사유에 해당하지 않는다.

14. 다음은 분할출원과 변경출원에 대한 설명이다. 틀린 것은?

❶ 분할출원은 발명의 단일성 위배 거절이유를 극복하기 위한 수단이다.

❷ 분할출원에 대해서는 분할 출원한 날 출원한 것으로 인정된다.

❸ 원출원과 분할출원의 출원인 전원이 일치하지 않으면 안 된다.

❹ 간단한 방법 발명에 대한 기술을 실용신안으로 출원한 경우 특허로 변경출원하여야 한다.

❺ 특허로 출원하여 진보성이 없다는 이유로 거절이유통지서를 받은 경우 실용신안으로 변경출원하면 등록받을 수도 있다.

정답: ❷.

설명: ❷ 분할출원과 변경출원에 대해서는 출원일 소급 효과가 부여된다. 즉, 원출원의 출원일로 인정된다.

15. 나유학 씨는 미국에서 액정에 관한 발명을 하여 2017.2.10일 논문으로 발표하였다. 특허를 받기 위해 나유학 씨가 취해야 할 조치 중에서 틀린 것은?

❶ 미국특허청에 2018.2.10일까지 특허출원하면 본인의 논문에 의해 거절되지 않는다.

❷ 미국특허청에 2018.2.10일 출원할 경우, 한국특허청에는 2019.2.10일까지 특허출원하면 된다.

❸ 일본특허청에 특허출원할 경우, 2017.8.10일까지 특허출원해야 한다.

❹ 한국특허청에 2018.2.10일까지 특허출원하면 본인의 논문에 의해 거절되지 않는다.

❺ 한국특허청에 2018.2.10일 특허출원할 경우, 미국특허청에도 2018.2.10일까지 특허출원해야 한다.

정답: ❷.

설명: ❷ 미국에 특허출원한 것과는 상관없이, 한국특허청에는 2018.2.10일까지 특허출원하여야 한다. 우선권주장보다는 공지예외적용 기간인 1년을 넘으면 본인의 논문에 의하여 거절되기 때문이다. ❸ 일본특허청에 특허출원할 경우, 공지예외적용 기간이 6개월이기 때문에 본인논문 공지일로부터 6개월 이내에 특허출원해야 한다.

제4절 특허심사

1. 특허심사절차

1) 방식심사

출원인, 신청인 또는 대리인 등 이름, 주소 또는 수수료 납부 여부 등을 심사하는 것을 말한다. 방식심사가 끝나면 국제특허분류(IPC)를 부여한다.

2) 출원공개

국방관련출원 등 비밀로 유지될 필요가 있는 출원을 제외하고 출원 계속 중인 모든 특허출원은 출원일(조약우선권이나 국내우선권이 주장된 경우 그 우선일)로부터 1년 6개월이 경과한 때 공보형태(인터넷공보)로 공개된다. 1년 6개월 이전에 조기공개 신청하면 조기공개되며, 공개되기 전에 심사가 빨리 진행되어 특허등록된 경우 등록공보가 발행되면 공개공보를 발행하지 않는다.

3) 심사청구

특허출원은 심사청구가 있는 때에 한하여 심사한다. 심사청구는 누구든지 할 수 있고, 심사청구기간은 출원일로부터 3년(실용신안도 3년) 이내에 해야 한다.

4) 심사착수

심사착수는 심사청구순서에 따라 심사에 착수하고, 우선심사신청이 있는 경우에는 일반심사보다 우선심사 신청 순서에 따라 먼저 심사한다. 심사착수 순서는 출원일 순서가 아님에 유의한다.

5) 의견제출통지(거절 이유 통지)

심사관이 특허출원을 거절결정하고자 할 때에는 거절결정에 앞서 출원인에게 의견서를 제출할 수 있는 기회를 반드시 부여하도록 되어 있다. 의견서 제출기간은 통상 2개월 이내로 지정하고, 출원인의 지정기간 연장신청이 있는 경우 연장이 가능하다. 다만, 4개월을 초과하는 경우에는 기간연장 승인여부에 따라 연장이 결정된다.

외국 심사결과 제출 명령 제도는 제1국 출원을 기초로 한 조약우선권주장출원의 특허심사 시 심사관이 제1국의 심사 인용 기술문헌을 제출을 명할 수 있는 제도이다.

6) 의견서/보정서

출원인은 심사관 거절이유통지에 대응하여 의견서를 제출할 수 있고, 의견서 제출기간 이내에 보정서를 제출하여 명세서 또는 도면을 보정할 수 있다.

7) 심사

의견서를 제출한 경우 제출된 의견서를 반영하여 거절이유가 해소되었는지 여부를 다시 심사한다. 의견서 제출기간 이내에 보정서도 같이 제출한 경우에는 해당 보정서에 의한 보정사항을 반영하여 심사한다.

8) 특허결정

심사결과 거절이유가 없는 때에는 특허결정을 한다.

9) 직권보정

특허결정을 할 때에 특허출원서에 첨부된 명세서, 도면 또는 요약서에 적힌 사항이 명백히 잘못된 경우에는 직권으로 보정할 수 있다. 만일 심사관의 직권보정을 불수용하면 특허결정도 함께 취소된 것으로 본다.

10) 특허결정 이후 직권 재심사

심사관은 특허결정된 특허출원에 관하여 명백한 거절이유를 발견한 경우에는 직권으로 특허결정을 취소하고, 그 특허출원을 다시 심사할 수 있다. 다만, 발명의 배경이 되는 기술이 미비되어 있다는 거절이유 또는, 발명의 단일성 위배에 해당한다는 거절이유로는 직권으로 직권 재심사로 특허결정을 취소할 수 없다. 권리 보호의 안정성을 위하여 특허권이 설정등록되기 전까지만 특허결정을 취소할 수 있도록 한다.

11) 거절결정

의견서 및 보정사항을 반영하여 심사한 후에도 거절이유가 해소되지 않은 경우에는 거절결정을 한다.

12) 보정/재심사 청구

출원인은 거절결정등본을 송달받은 날부터 30일 이내에 명세서 또는 도면을 보정하여 재심사를 청구할 수 있다. 재심사청구는 거절결정에 관한 불복심판이 있는 경우 또는 재심사에 따라 재차 거절결정되었을 때는 할 수 없다.

13) 재심사에 따른 거절결정

보정서를 반영하여 재심사한 후에도 거절이유가 해소되지 않은 경우 다시 거절결정된다.

14) 심사관 면담

출원인은 발명의 설명, 거절이유에 대한 의견진술 등 필요한 경우 심사관 면담을 신청할 수 있다. 면담은 팩스, 전화, 정보통신망, 서면 등으로 신청할 수 있고, 심사관이 출장을 가는 출장면담도 있다.

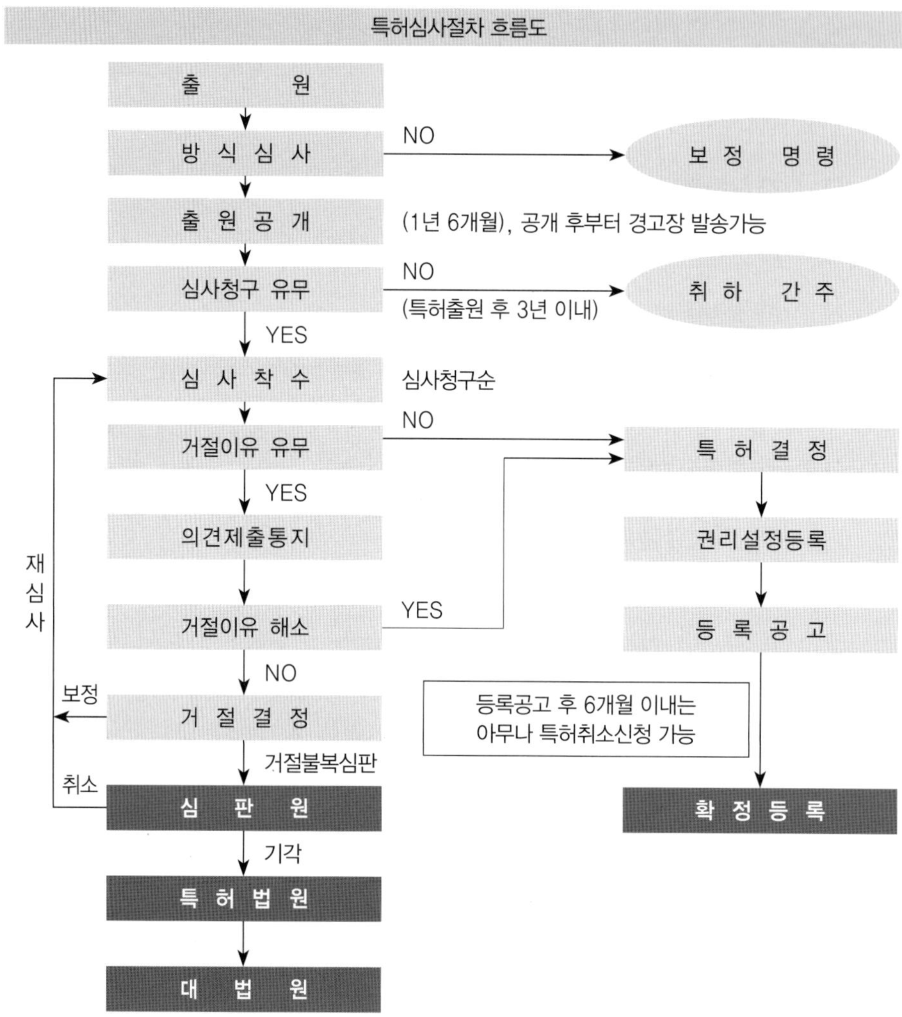

2. 출원공개 및 조기공개

1) 출원공개 시기 및 공개방법

특허출원일로부터 또는 우선권주장출원이 있는 경우 선출원일로부터 1년 6개월 경과하면 인터넷공보를 통해 출원공개된다.

2) 출원공개가 되지 않는 출원

- 특허청구범위가 기재되지 않은 출원, 등록공고가 된 출원, 무효, 취하, 포기, 거절결정이 확정된 출원은 출원공개되지 않는다.
- 국방상 비밀을 요하는 특허출원, 공공의 질서 또는 선량한 풍속을 문란하게 하거나 공중의 위생을 해할 염려가 있는 사항은 공개하지 않을 수 있다.

3) 출원공개 효과

- 특허권자는 출원공개 후 그 발명을 실시한 자에게 경고를 한 때부터 설정등록 시까지 합리적으로 받을 수 있는 금액에 상당하는 보상금 지급을 청구할 수 있다. 다만, 그 청구권은 당해 특허출원이 '설정등록'된 후가 아니면 행사할 수 없다. 이는 출원 이후 공개된 출원은 아직 특허를 받기 전이므로 경고장을 발송할 수는 있지만 특허권을 행사할 수 없기 때문이다.
- 출원이 공개된 경우 그 출원은 선행기술로서 지위를 갖게 된다. 선행기술로서 지위를 갖는다는 것은 그 출원이후에 출원된 다른 특허출원에 대하여 신규성 · 진보성 등으로 후출원을 거절할 수 있는 근거 자료가 된다는 의미이다.

4) 조기공개

출원의 공개는 언제든지 출원인이 조기공개를 신청할 수 있다. 조기공개 신청 제도는 출원되어 있는 본인 발명을 다른 사람이 실시하고 있는 경우 조기공개를 신청하고 출원된 본인 발명이 공개되면 경고장을 발송할 수 있으므로 이와 같은 경우 활용한다.

3. 정보제공

특허출원된 발명에 대하여 '누구든지' 공개여부를 불문하고 등록결정 또는 거절결정이 되기 전까지 '언제든지' 당해 발명이 특허받을 수 없다는 취지의 정보를 증거와 함께 특허청장에게 제공할 수 있는 제도로서 심사의 정확성, 공정성 및 신속성을 향상할 수 있도록 하기 위한 것이다.

4. 심사청구

- 출원일로부터 '3년(실용신안도 3년) 이내'에 청구해야 한다.
- 심사청구는 누구든지 할 수 있다.
- 심사청구기간 내에 심사청구가 없는 때에는 그 특허출원은 취하한 것으로 본다.

- 출원일로부터 3년이 경과된 후에도 정당한 권리자가 특허출원한 날, 분할출원을 한 날, 변경출원을 한 날부터 30일 이내에 출원심사 청구를 할 수 있다.
- 국제특허출원 심사청구 기간은 우리나라에 번역문을 제출한 날로부터 3년이 아니라, '국제출원일'로부터 3년이므로 주의해야 한다.
- 특허출원인이 심사청구를 하는 경우에는 특허청구범위가 제출된 때에 한하여 출원심사 청구를 할 수 있다.
- 분할출원 또는 변경출원을 한 경우 별도로 다시 심사청구를 해야 하며, 이때 심사착수 순서는 원출원의 심사청구순서에 따른다.
- 동일한 발명에서 선출원이 심사청구되지 않은 경우, 후출원에 대하여 심사보류를 할 수 있으며 해당 출원과 관련된 심판이나 소송이 계류 중인 경우 등에 해당하는 경우에도 심사착수를 보류할 수 있다.
- 심사청구제도에는 3트랙 심사 즉, 빠른심사(우선심사/초고속심사), 일반심사, 늦은심사(심사유예제도) 중 출원인이 하나를 선택하여 심사를 받을 수 있다.

5. 초고속심사

녹색기술 조기 권리화를 위한 제도로서 아래 3가지 요건을 모두 만족하면 심사신청 후 1개월 내에 심사결과가 나온다.

조건1) 국가 등의 지원 · 인증을 받은 녹색기술과 직접 관련된 특허출원일 것

조건2) 전문선행기술조사기관에 선행기술조사 의뢰된 출원일 것(확대된 우선심사)

심사신청인이 출원된 발명에 관하여 전문기관에 선행기술조사를 의뢰하여 선행기술조사 결과를 특허청장에게 통지하도록 해당 전문기관에 요청한 출원

* 전문선행기술조사기관: (재)한국특허정보원, (주)윕스, (주)아이피솔루션

조건3) 우선심사신청서에 취지를 표시하여 전자출원으로 제출할 것

6. 우선심사

1) 출원공개 후 특허출원인이 아닌 자가 업으로서 특허출원된 발명을 실시하고 있다고 인정되는 경우 또는,

2) 아래 어느 하나에 해당되어 긴급처리가 필요하다고 인정되는 경우 우선심사청구를 할 수 있다.

❶ 방위산업분야 특허출원
❷ 녹색기술과 직접 관련된 특허출원
❸ 수출촉진에 직접 관련된 특허출원
❹ 국가 또는 지방자치단체 직무에 관한 특허출원, 국 · 공립학교 안에 설치된 산학협력단 특허출원
❺ 벤처기업 확인을 받은 기업 특허출원
❻ 기술혁신형 중소기업으로 선정된 특허출원
❼ 국가연구개발사업의 결과물에 관한 특허출원
❽ 조약에 의한 우선권주장 기초가 되는 특허출원
❾ 특허출원인이 특허출원된 발명을 실시하고 있거나 실시준비중인 특허출원
❿ 재난 등 긴급 상황 특허출원
⓫ 특허청장이 외국특허청장과 우선심사하기로 합의한 특허출원
⓬ 선행기술 전문기관에 선행기술을 의뢰한 특허출원
⓭ 출원과 동시에 심사청구를 하고 그 출원 후 2개월 이내에 우선심사 신청이 있는 실용신안등록출원(특허출원은 해당하지 않음)
⓮ AI 등 4차 산업혁명 관련 특허출원
⓯ 첨단의료복합단지 안 의료연구개발과 관련된 특허출원
⓰ 65세 이상인 사람이 한 특허출원
⓱ 건강에 중대한 이상이 있는 사람의 특허출원
⓲ 직무발명보상 우수기업, 지식재산 경영인증을 받은 중소기업의 특허출원

3) 우선심사신청 중 다른 요건은 모두 특정한 사항과 관련되어야 하지만, ❾ 특허출원인이 특허출원된 발명을 실시하고 있거나 실시준비중인 특허출원과, ⓬ 선행기술 전문기관에 선행기술을 의뢰한 특허출원은 출원인이 언제든지 해당요건을 충족할 수 있는 요건이다.

4) 우선심사청구를 하면 청구 후 약 3개월 후에 심사 착수되고, 거절이유가 없으면 바로 등록결정이 된다. 일반심사는 출원 후 약 1년 후에 심사 착수된다.

7. 늦은심사(심사유예 신청제도)

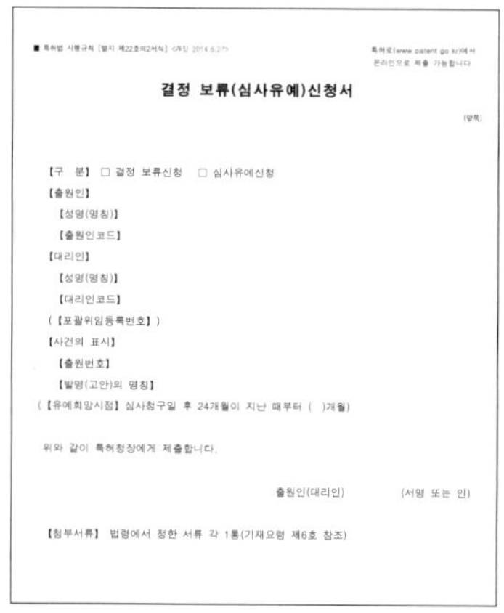
■ 특허법 시행규칙 [별지 제22호의2서식] <개정 2014.6.27>
특허로(www.patent.go.kr)에서 온라인으로 제출 가능합니다

결정 보류(심사유예)신청서

(앞쪽)

【구 분】 □ 결정 보류신청 □ 심사유예신청
【출원인】
【성명(명칭)】
【출원인코드】
【대리인】
【성명(명칭)】
【대리인코드】
(【포괄위임등록번호】)
【사건의 표시】
【출원번호】
【발명(고안)의 명칭】
(【유예희망시점】 심사청구일 후 24개월이 지난 때부터 ( )개월)

위와 같이 특허청장에게 제출합니다.

출원인(대리인) (서명 또는 인)

【첨부서류】 법령에서 정한 서류 각 1통(기재요령 제6호 참조)

- 특허출원인은 심사청구일부터 '24개월'이 지난 후에 특허출원에 대한 심사를 받으려면 유예희망시점을 기재하여 제출할 수 있다.
- 유예희망시점은 출원일부터 3년 이내에 한정한다.

8. 특허심사하이웨이(PPH)[14]

1) 개요

특허심사하이웨이란 제1특허청(예 한국)에서 특허가능하다고 판단한 특허출원을 제2특허청(예 미국)에서 '신속하게 심사'를 받을 수 있는 제도이다.

2) 목적

- 출원인: 시행국에 공통으로 특허를 출원한 출원인이 상대국에서 우선심사를 받아 신속하고 효율적으로 특허권을 취득하도록 한다.
- 특허청: 상대국 특허청이 이미 심사한 결과를 참고하여 심사부담을 경감하고 심사품질을 향상하도록 한다.

3) 신청 요건

(1) 기본 요건

❶ 특허출원이 상대국 특허출원을 우선권주장의 기초로 한 것(PCT 국제출원 포함)

❷ 상대국 특허청 심사관이 특허가능하다는 판단을 내린 청구항이 한 개 이상 존재할 것

❸ 특허출원의 모든 청구항은 상대국 특허청에서 특허가능하다고 판단된 청구항과 동일하거나 청구범위를 감축한 것일 것

(2) 제출 서류

❶ 상대국 특허청이 특허가능하다고 판단한 청구항이 포함된 특허청구범위 및

14 Patent Prosecution Highway.

그 번역문

❷ 상대국 특허청이 발부한 심사관련 통지서 및 그 번역문

❸ 상기 심사관련 통지서에 인용된 선행기술

❹ 한국 특허출원과 상대국 특허출원의 청구항 대응관계 설명표

※ ❶~❸은 제출 생략 가능하나, ❹는 생략할 수 없다.

9. 재심사

- 재심사제도는 거절결정된 출원에 대하여 거절결정등본을 송달받은 날부터 30일(거절결정불복심판청구기간이 연장된 경우 그 연장된 기간) 이내에 출원인이 명세서 또는 도면을 보정하여 재심사를 청구할 수 있다.
- '거절결정불복심판을 청구하면' 재심사를 청구할 수 없고, 무효, 취하, 포기 등이 된 출원에 대하여도 재심사를 청구할 수 없다. 재심사에 의해 거절결정된 경우에도 다시 재심사 청구를 할 수 없다. 재심사를 청구하면 거절결정은 취소된 것으로 본다.

10. 일괄심사

- 하나의 제품에 관련된 복수의 특허 · 실용신안 · 상표 · 디자인을 대상으로 출원인이 원하는 시점에 일괄하여 기술설명회를 거쳐 심사를 받아 제품 출시에 맞춰 지식재산권을 확보할 수 있는 제도이다.
- 이는 기업이 새로운 사업을 시작할 때 새로운 사업에 대한 지식재산권을 일괄적으로 심사를 받아 등록하여 사업을 시작할 수 있도록 하기 위함이다.

11. 예비심사

- 심사착수 전에 출원인과 심사관이 대면 면담을 통해 심사 의견을 교환하여 정확한 심사 및 조속한 권리화를 도모하기 위한 제도이다.
- 예비심사 면담 과정에서 보정안에 대한 협의가 이루어질 경우, 심사착수와 동시에 등록 결정 가능성이 높아진다.
- 예비심사 대상은 우선심사 출원이다.

요약

- 특허출원은 다른 사정이 없는 한 1년 6개월이 되면 공개된다.
- 조기공개를 신청하면 1년 6개월 이전에 공개된다.
- 심사는 심사청구가 있는 때에 심사청구순서에 따라 심사하며, 심사청구는 누구든지 할 수 있고, 심사청구기간은 출원일로부터 3년(실용신안도 3년) 이내이다.
- 출원인은 의견서 제출기간 내에 보정서를 제출하여 명세서 등을 보정할 수 있다.
- 특허거절결정시 명세서 등을 보정하면 재심사를 받을 수 있고, 명세서 등을 보정하지 않고 거절결정 불복심판을 청구할 수 있다.
- 3트랙 심사는 우선심사(초고속심사 포함), 보통심사(일반심사), 늦은심사(심사유예 이다.
- 보통심사(일반심사)는 특허출원 후 심사관이 심사에 착수하기까지 약 1년 이상 기다려야 한다.
- 특허결정 이후 직권 재심사는 심사관이 특허결정된 특허출원에 관하여 명백한 거절 이유를 발견한 경우에는 직권으로 특허결정을 취소하고, 그 특허출원을 다시 심사할 수 있는 제도이다.
- PPH(특허심사하이웨이)는 한국특허청과 PPH 협정 외국특허청에 특허를 출원하였을 때, 한국 특허를 제출하면 PPH 협정 외국특허청에서 우선심사를 받을 수 있는 제도이다.
- 일괄심사는 신제품을 출시할 경우 산업재산권(특허, 실용신안, 디자인, 상표)을 동시에 일괄하여 심사를 받아 권리를 받을 수 있는 방법이다.

제5-4절 연습문제

1. (주)한빛정보통신은 2년 후 새로운 제품을 시장에 출시할 예정이다. 새로운 제품에 대하여 특허출원과 상표출원, 디자인등록출원을 하였다. 다음 중 (주)한빛정보통신이 산업재산권을 동시에 권리를 가장 빨리 받을 수 있는 방법으로 적절한 것은?

❶ 일괄심사제도
❷ PPH제도
❸ PCT제도
❹ 초고속심사제도
❺ 우선심사제도

정답: ❶.

설명: ❶ 일괄심사제도는 하나의 제품에 관련된 복수의 특허 · 실용신안 · 상표 · 디자인을 대상으로 출원인이 원하는 시점에 일괄하여 기술설명회를 거쳐 심사를 받아 제품 출시에 맞춰 지식재산권을 확보할 수 있는 제도이다.

2. 특허출원공개제도에 대한 설명 중 틀린 것은?

❶ 국방관련출원, 공서양속에 반하는 출원은 공개가 되지 않을 수 있다.
❷ 우선권주장이 있는 출원은 그 우선일로부터 1년 6개월이 경과한 때 공개된다.
❸ 공개제도는 심사가 늦게 진행되어 기술공개가 늦어지므로 신속하게 기술내용을 공개하자는 취지에서 도입된 제도이다.
❹ 1년 6개월 이전에 조기공개를 신청하면 조기공개된다.
❺ 공개되기 전에 심사가 진행되어 특허등록되거나 거절결정이 확정되더라도 공개공보는 발행된다.

정답: ❺.

설명: ❺ 공개되기 전에 특허등록되면 등록공보가 발행되므로 공개공보가 필요 없고, 거절결정이 확정되면 공개공보가 발행되지 않는다.

3. 심사절차에 대한 설명 중 틀린 것은?

❶ 심사착수 순서는 출원일 순서로 진행한다.
❷ 심사청구는 특허 출원인이 아니더라도 청구할 수 있다.
❸ 심사청구기간은 출원일로부터 3년 이내에 해야 한다.

④ 신속하게 특허심사를 받기를 원하는 경우 우선심사를 신청할 수 있다.
⑤ 거절결정등본을 송달받은 경우 30일 이내에 명세서 또는 도면을 보정하여 재심사를 청구할 수 있다.

정답: ❶.

설명: ❶ 심사착수 순서는 심사청구일 순서로 진행한다.

4. 다음 중 심사청구에 대한 설명 중 틀린 것은?

❶ 심사청구는 출원일로부터 3년 이내에 청구해야 한다.
❷ 심사청구기간 내에 심사청구가 없는 때에는 그 특허출원은 취하한 것으로 본다.
❸ 출원일로부터 3년이 경과된 후에도 예외적으로 심사청구를 할 수 있는 경우가 있다.
❹ 심사청구된 발명에 한하여 누구든지 정보제공을 할 수 있다.
❺ 특허출원인은 특허청구범위가 제출된 때에 한하여 출원심사 청구를 할 수 있다.

정답: ❹.

설명: ❸ '정당한 권리자의 특허출원', '분할출원', '변경출원'의 경우 3년이 지나도 그날부터 30일 이내에 출원심사청구를 할 수 있다. ❹ 정보제공은 심사청구 유무에 상관없이 언제든지 아무나 할 수 있다.

5. 다음 중 3트랙 심사제도와 거리가 먼 것은?

❶ 초고속심사 ❷ 우선심사 ❸ 늦은심사
❹ 심사 유예 신청 ❺ 재심사

정답: ❺.

설명: ❹ 심사 유예 신청은 늦은심사를 의미한다. ❺ 재심사는 거절결정된 경우 명세서를 보정하면 재심사를 받을 수 있다.

6. 다음 중 우선심사 대상이 아닌 것은?

❶ 학생, 국가유공자 등의 특허출원
❷ 출원공개 후 특허출원인이 아닌 자가 업으로서 특허출원된 발명을 실시하고 있다고 인정되는 출원
❸ 국 · 공립학교 안에 설치된 산학협력단 특허출원
❹ 벤처기업 확인을 받은 기업 특허출원
❺ 선행기술 전문기관에 선행기술을 의뢰한 특허출원

정답: ❶.

설명: ❶ 학생, 국가유공자와 유족 등의 특허출원은 수수료 감면대상이지 우선심사 대상은 아니다.

7. 다음 중 외국 특허청과의 협정에 의하여 신속하게 특허심사를 받을 수 있는 제도는?

❶ 마드리드조약 ❷ 파리조약 ❸ PPH
❹ PCT ❺ 일괄심사

정답: ❸.

설명: ❸ PPH(특허심사 하이웨이)

8. 다음 설명 중 틀린 것은?

❶ 특허결정 이후 심사관은 직권 재심사를 할 수 있다.
❷ 특허결정 이후 심사관은 직권 재심사를 하여 거절결정을 할 수 있다.
❸ 심사관은 명백한 거절이유가 아니면 직권 재심사하여 특허결정을 취소할 수 없다.
❹ 발명의 배경이 되는 기술이 미비되어 있다는 거절이유 또는, 발명의 단일성 위배에 해당한다는 거절이유로 직권 재심사로 특허결정을 취소할 수 없다.
❺ 명백한 거절이유인 경우 특허권이 설정등록 된 이후에도 특허결정을 취소할 수 있다.

정답: ❺.

설명: ❺ 권리 보호의 안정성을 위하여 특허권이 설정등록되기 전까지만 특허결정을 취소할 수 있다. 설정등록 후에는 심사관이 무효심판을 청구할 수 있지만 단독으로 특허결정을 취소할 수 없다.

제5절 특허권

1. 특허권의 존속기간

- 특허권 존속기간: 특허권 설정등록이 있는 날부터 특허출원일 후 20년 (특허권은 설정등록이 있어야 권리를 행사할 수 있으므로 설정등록이 있는 날부터 권리를 행사할 수 있되, 출원일 후 20년을 넘지 못한다는 의미이다.)
- 정당한 권리자의 특허권 존속기간: 무권리자 특허출원일 다음날부터 기산하여 20년

TIP

특허권의 원칙과 관련된 용어 해설(선출원주의, 출원공개주의, 심사주의, 등록주의, 속지주의)

- 선출원주의란?

  먼저 특허출원한 자에게 권리를 부여하는 제도(모든 국가에서 채택)

- 출원공개주의란?

  특허심사 후 특허공보를 발행하기까지 많은 시간이 소요되므로, 우선 출원일 후 1년 6개월이 경과하면 출원된 발명내용을 공개하여 다른 사람이 동일한 발명에 대하여 중복연구를 방지하기 위한 제도

- 심사주의란?

  특허발명에 대하여 심사 후에 등록하는 제도

- 등록주의란?

  특허출원이 등록결정되면 출원인이 등록을 해야 권리가 발생하는 제도

  ※ 선등록주의란?

  심사주의와 대응되는 용어로서, 과거 한동안 실용신안제도에서 도입했던 제도로 심사 착수하는 데 많은 시간이 소요(약 3년)되므로, 우선 권리로서 등록을 해주고 후에 분쟁 등이 발생했을 경우 등록요건에 대하여 심사하는 제도(현재는 심사후등록제도임)

- 속지주의(특허독립의 원칙)란?

  특허출원하여 특허를 받은 국가에서만 특허권을 주장할 수 있음.

2. 특허권 존속기간연장

1) 다른 법령(농약, 의약관련 법령)의 허가 등에 따른 특허권 존속기간 연장

특허를 받았으나 다른 법령에 의하여 허가 등을 위해 필요한 안전성 등 시험으로 특허권을 실시할 수 없었던 기간에 대하여 최대 '5년 내에서' 특허권 존속기간을 연장할 수 있다. 다만, 특허권자에게 책임있는 사유로 소요된 기간은 인정되지 않는다.

2) 특허등록지연에 따른 특허권 존속기간 연장

특허출원일부터 4년 또는 출원심사 청구일부터 3년 중 늦은 날보다 지연되어 특허권 설정등록이 이루어지는 경우에는 그 '지연된 기간만큼' 해당 특허권 존속기간을 연장할 수 있다. 출원인의 책임으로 인하여 지연된 기간은 특허권 존속기간 연장에서 제외된다.

3. 특허권의 권리범위

- 특허발명의 보호범위는 '특허청구범위'에 기재된 사항에 의하여 정하여진다.
- 특허발명의 보호범위는 발명의 설명이나 도면 등에 기재된 내용에 의하여 해석되어서는 안 되고, 참조 정도로는 가능하다. 그러나 요약서는 절대 참조해서는 안 된다.
- 청구범위에 구성요소를 많이 기재하면 할수록 권리범위는 좁아진다(다기재 협범위 원칙).

권리범위 해석의 예,

특허권의 특허청구범위: 【청구항 1】 구성A+구성B+구성C
침해품 [갑]의 구성: 구성A+구성B(비침해)
침해품 [을]의 구성: 구성A+구성B+구성C+구성D(침해)

침해품 [갑]의 구성은 특허권의 청구범위에 기재된 구성A, 구성B만을 사용하고 있으므로 침해에 해당하지 않는다.
침해품 [을]의 구성은 특허권의 청구범위에 기재된 구성A, 구성B, 구성C를 모두 사용하고 있으므로 구성D를 더 추가하였더라도 침해에 해당한다.
만약, 【청구항 1】의 구성이 "구성A+구성B"로 되어 있었더라면 [갑]과 [을] 모두 침해에 해당한다.

- 특허권자는 업으로서 특허발명을 실시할 권리를 독점한다. 다만, 그 특허권에 관하여 전용실시권을 설정하였을 때에는 전용실시권자가 그 특허발명을 실시할 권리를 독점하는 범위에서는 특허권자가 독점할 수 없다.

4. 특허권의 효력 제한

1) 특허권의 효력이 미치지 않는 경우

❶ 연구 또는 시험을 하기 위한 특허발명의 실시

❷ 국내를 통과하는 데 불과한 선박 · 항공기 · 차량 또는 이에 사용되는 기계 · 기구 · 장치 기타의 물건

❸ 특허출원시부터 국내에 있는 물건

❹ 2 이상의 의약(사람의 질병의 진단 · 치료 · 예방을 위해 사용되는 물건)을 혼합함으로써 제조되는 의약 또는 제조하는 방법 발명의 약사법에 따른 조제행위.

2) 타인의 특허발명 등과의 관계

본인의 특허출원일보다 먼저 출원된 타인의 산업재산권(특허권 · 실용신안권 · 디자인권 · 상표권)과 저촉되는 경우에는 타인의 허락을 얻지 않고는 자기 특허발명을 업으로서 실시할 수 없다.

3) 재심에 의하여 회복된 특허권의 효력 제한

❶ 무효가 된 특허권이 재심에 의하여 회복된 경우 재심청구 등록 전에 선의로 수입하거나 국내에서 생산 또는 취득한 물건에는 미치지 않는다.

❷ 재심청구 등록 전에 선의로 국내에서 그 발명의 실시사업을 준비 또는 실시하고 있는 자는 그 특허권에 관하여 통상실시권을 가진다.

5. 특허권 공유, 양도, 이전

- 특허권이 공유인 경우 각 공유자는 계약으로 특별히 약정한 경우를 제외하고는 다른 공유자의 동의를 얻지 않고 그 특허발명을 자신이 실시할 수 있다.
- 양도, 이전, 질권의 설정, 전용실시권의 설정, 통상실시권의 허락 등의 경우에는 다른 공유자의 동의를 반드시 얻어야 한다.

6. 전용실시권

- 특허권은 타인에게 전용실시권을 설정할 수 있으며, 전용실시권이 설정되면 전용실시권자는 권리를 독점한다. 따라서 특허권자도 본인의 특허를 실시할 수 없게 된다.
- 전용실시권자는 실시사업과 같이 이전하거나 상속과 같은 경우를 제외하고는 특허권자의 동의를 얻지 않으면 그 전용실시권을 이전할 수 없고, 통상실시권도 허락할 수 없다.
- 특허권 이전 · 포기, 전용실시권의 설정 · 이전 · 변경, 질권의 설정 등과 같은 사항은 등록하여야 효력이 발생한다.

7. 통상실시권

1) 통상실시권의 등록

통상실시권은 등록한 때에 그 효력이 발생하며, 통상실시권의 이전 · 변경 · 처분의 제한 등에 관련된 사항은 등록하지 않으면 제3자에게 대항할 수 없다.

2) 허락에 의한 통상실시권

특허권자는 그 특허권에 대하여 타인에게 통상실시권을 허락할 수 있으며, 통상실시권자는 정한 범위 안에서 업으로서 그 특허발명을 실시할 수 있는 권리를 가진다. 특허권자는 통상실시권을 여러 명에게 동시에 설정할 수 있으며, 특허권자도 실시할 수 있다. 통상실시권은 실시사업과 같이 이전하는 경우에 한하여 이전할 수 있다.

3) 통상실시권 허락의 심판에 의한 통상실시권

특허권자(전용실시권자 또는 통상실시권자 포함)는 본인의 특허발명이 타인의 특허발명을 이용하거나 저촉하는 경우에 해당되어 타인의 허락을 받을 수 없는 때에는 통상실시권 허락의 심판을 청구할 수 있다.

4) 직무발명에 의한 통상실시권

직무발명에 대하여 종업원 등이 특허(실용신안등록, 디자인등록 포함)를 받으면 사용자 등은 그 특허권에 대하여 통상실시권을 가진다.

5) 선사용에 의한 통상실시권

특허출원시에 그 특허출원된 발명의 내용을 알지 못하고 그 발명을 실시 또는 실시 준비를 하고 있는 자는 그 특허권에 대하여 통상실시권을 가진다.

6) 무효심판청구 등록 전 실시에 의한 통상실시권

특허에 대한 무효심판청구 등록 전에 자기 특허발명이 무효사유에 해당되는 것을 알지 못하고 그 발명을 실시 또는 실시 준비를 하고 있는 자는 그 특허권에 대하여 통상실시권을 가진다. 통상실시권자는 특허권자에게 대가를 지급하여야 한다.

7) 디자인권 존속기간 만료 후 통상실시권

특허출원일 전 또는 같은 날에 출원된 디자인권이 그 특허권과 저촉되는 경우, 그 디자인권 존속기간이 만료되는 때에는 그 디자인권자는 디자인권 범위 안에서 통상실시권을 가진다. 이때 통상실시권자는 특허권자에게 대가를 지급하여야 한다.

8) 재정에 의한 통상실시권

타인의 특허발명을 실시하려는 자가 특허권자와 합의가 이루어지지 않는 경우, 또는 협의를 할 수 없는 경우에는 통상실시권 설정에 관한 재정을 청구할 수 있다. 재정에 의한 통상실시권을 청구할 수 있는 조건은 다음과 같다.

❶ 특허발명이 정당한 이유 없이 계속하여 3년 이상 국내에서 상당한 영업적 규모로 실시되지 않거나 적당한 정도와 조건으로 국내수요를 충족시키지 못한 경우

❷ 특허발명 실시가 공공의 이익을 위하여 특히 필요한 경우

❸ 사법적 · 행정적 절차에 의하여 불공정거래행위로 판정된 사항을 시정하기 위하여 특허발명을 실시할 필요가 있는 경우

❹ 자국민 다수의 보건을 위협하는 질병을 치료하기 위하여 의약품을 수입하고자 하는 국가에 그 의약품을 수출할 수 있도록 특허발명을 실시할 필요가 있는 경우

9) 특허권 수용 및 강제 실시권

- 정부는 특허발명이 전시, 사변 또는 이에 준하는 비상시에 있어서 국방상 필요한 때에는 특허권을 수용할 수 있다.

- 국가 비상사태, 긴급상황, 공공의 이익을 위하여 비상업적으로 실시할 필요가 있다고 인정되는 경우 그 특허발명을 실시하거나 정부 외의 자로 하여금 실시하게 할 수 있다.

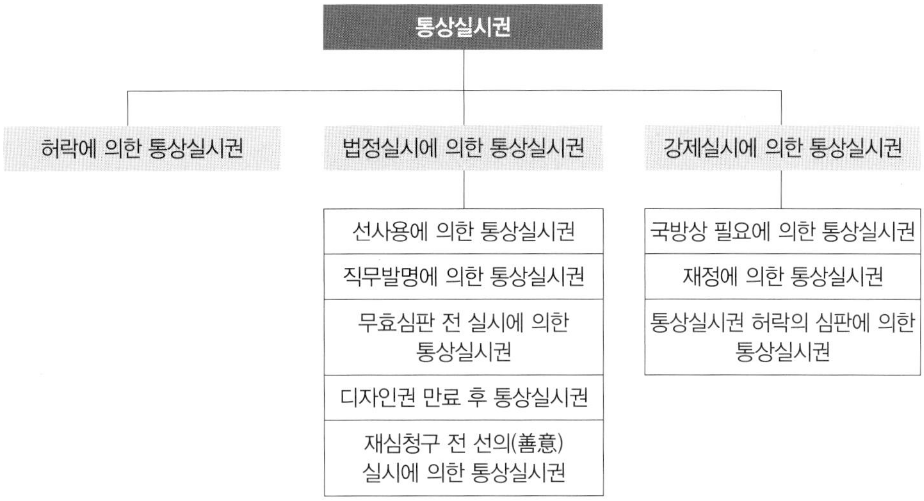

8. 특허권 등록

- 특허권 설정등록은 최초 3년분 특허료(연차료)를 납부하여야 하고, 그 다음 연도(4년차)분부터는 매년 1년분씩 납부하거나 수 년분 또는 모든 연차분을 함께 납부할 수 있다. 특허료 납부기간이 경과한 후에도 6개월 이내에 특허료를 추가 납부할 수 있다.
- 특허권자가 책임질 수 없는 사유로 추가납부기간 또는 보전기간 이내에 보전하지 않은 경우 그 사유가 종료한 날부터 2개월 이내에 특허료를 납부하거나 보전할 수 있다.
- 추가납부기간 또는 보전기간 이내에 보전하지 않아 실시 중에 있는 특허발명의 특허권이 소멸한 경우 그 특허권자는 추가납부기간 또는 보전기간 만료일부터 3개월 이내에 납부해야 할 특허료의 3배를 납부하고 그 소멸한 권리의 회복을 신청할 수 있다.
- 특허원부에는 특허권(전용실시권, 통상실시권, 질권)의 설정 · 이전 · 소멸 · 회복 · 처분의 제한 또는 존속기간의 연장 등이 기재된다. 특허권자가 특허권 설정등록을 한 때에는 특허권자에게 특허증을 교부한다.

9. 특허권 소멸

- 특허권은 권리존속기간인 출원일로부터 20년이 경과하면 소멸된다. 이를 특허권의 '**만료**'라고 한다.
- 특허권은 특허연차료를 납부하지 않으면 소멸된다.
- 특허권자는 전용실시권자 · 질권자 또는 통상실시권자의 동의를 얻지 않으면 특허권을 포기할 수 없다. 특허권을 포기할 때는 청구항이 2 이상인 경우 청구항별로 포기할 수 있다.[15]
- 특허권이 소멸되면 누구나 자유롭게 사용할 수 있다.

10. 특허권의 정당표시와 허위표시

- 특허 정당표시: 특허권자 · 전용실시권자 · 통상실시권자는 물건 또는 용기나 포장에 특허표시를 할 수 있다.
- 특허 허위표시

  다음과 같은 특허 허위표시 행위를 하여서는 안 된다.

  ❶ 특허된 것이 아닌 물건, 특허출원 중이 아닌 물건, 용기, 포장에 특허표시 또는 특허출원표시를 하거나 이와 혼동하기 쉬운 표시를 하는 행위

  ❷ 특허출원 중인 발명을 특허받은 것처럼 표시하는 행위

  ❸ 특허 허위표시를 한 것을 양도 · 대여 또는 전시하는 행위

15 특허료(연차료)는 특허권 설정등록 이후 권리존속기간이 오래될수록 비용을 많이 납부해야 하므로 독립항만 존속시키고 나머지 종속항은 포기하는 것도 특허연차료를 절감하는 방법이다.

요약

- 특허권 존속기간은 등록일로부터 특허출원일 후 '20년'이다.
- 약사법 등에 따른 특허발명 허가 기간에 대한 특허권 존속기간의 연장은 최대 5년이다.
- 특허청에서 등록지연에 따른 기간에 대한 특허권 존속기간 연장은 제한이 없다.
- 특허권은 속지주의의 원칙에 따라 대한민국 주권이 미치는 영토 내에서만 효력이 발생한다.
- 특허권은 특허청구범위에 의하여 정하여진다.
- 연구, 시험, 국내를 단순히 통과하는 선박 · 항공기 · 차량 등 일정한 조건에 해당하면 특허권은 제한될 수 있다.
- 특허권은 양도할 수 있으며, 공유인 경우 각자 실시할 수 있지만, 다른 공유자의 동의를 얻지 않으면 그 지분을 양도 또는 질권 등을 설정할 수 없다.
- 특허권자는 특허권에 대한 전용실시권, 통상실시권을 설정할 수 있다.
- 전용실시권을 설정하면 특허권자도 그 특허발명을 실시할 수 없다.
- 통상실시권 설정시는 특허권자도 실시할 수 있으며 여러 명에 대하여 통상실시권 설정이 가능하다.

제5-5절 연습문제

1. 산업재산권의 존속기간에 대한 설명 중 틀린 것은?

❶ 특허권의 존속기간은 설정등록이 있는 날부터 출원일 후 20년이다.

❷ 실용신안권의 존속기간은 설정등록이 있는 날부터 출원일 후 10년이다.

❸ 디자인권의 존속기간은 설정등록이 있는 날부터 출원일 후 15년이다.

❹ 상표권의 존속기간은 출원일 후 10년이다.

❺ 상표권의 존속기간은 10년마다 갱신하여 사용하므로 반영구적이다.

정답: ❸.

설명: ❸ 디자인권의 존속기간은 설정등록이 있는 날부터 출원일 후 20년으로 개정(2014. 7.1.)되었다.

2. 특허권의 존속기간에 대한 설명 중 틀린 것은?

❶ 특허권의 존속기간이 만료되면 아무나 자유롭게 사용할 수 있다.

❷ 특허권의 존속기간이 만료되기 전이라도 특허료(연차료)를 납부하지 않으면 권리가 소멸된다.

❸ 의약품 관련 특허는 시험 등에 의하여 실시하지 못했던 기간만큼 모두 연장이 가능하다.

❹ 특허등록지연에 따른 특허권 존속기간 연장은 출원인의 잘못으로 인한 기간을 제외한 등록지연된 기간만큼 모두 연장이 가능하다.

❺ 특허권이 연장된 경우 연장된 권리에 대하여 무효심판을 청구할 수 있다.

정답: ❸.

설명: ❸ 의약품 관련 특허는 시험 등에 의하여 실시하지 못했던 기간만큼 모두 연장이 가능한 것이 아니라, 최대 5년까지만 연장이 가능하다. 또한, 출원인(권리자)에게 책임이 있는 기간은 연장받을 수 없다.

3. 특허권의 권리범위에 대한 설명 중 틀린 것은?

❶ 특허발명의 보호범위는 청구범위에 기재된 사항에 의하여 정하여진다.

❷ 특허발명의 보호범위는 발명의 설명, 도면 등을 참조로 할 수 있다.

❸ 요약서는 특허발명의 보호범위를 정함에 있어서 참조로 할 수 없다.
❹ 청구범위에 기재되지 않은 사항은 권리로서 주장할 수 없다.
❺ 청구범위의 청구항에 구성요소를 많이 기재하면 권리범위가 넓어진다.

정답: ❺.

설명: ❺ 청구항에 구성요소를 많이 기재하면 권리범위가 좁아진다.

4. 김발명 씨는 온도를 표시해 주는 냄비를 발명하여 하나의 청구항에 "신소재(A)+온도계(B)+액정표시장치(C)+냄비의 양측 T자형 손잡이(D)"를 권리로서 청구하여 특허를 받았다. 다음 중 김발명 씨의 권리범위에 속하지 않는 발명은? (단, a, b, E는 부가된 구성이다.)

❶ A+B+C
❷ A+B+C+D
❸ A+B+C+D+E
❹ A+B+C+D+a
❺ A+B+C+D+a+b

정답: ❶.

설명: ❶ 청구범위 구성요소 완비의 원칙에 따라 청구범위에 기재되어 있는 모든 구성요소를 포함하고 있어야 권리범위에 속한다.

5. 다음 중 특허권의 효력이 미치는 것은?

❶ 연구 또는 시험을 하기 위한 특허발명의 실시
❷ 국내를 통과하는 데 불과한 선박 · 항공기 · 차량
❸ 특허출원시부터 국내에 있는 물건
❹ 2 이상의 의약을 혼합함으로써 제조되는 의약 또는 제조하는 방법 발명
❺ 당해 특허발명보다 먼저 특허출원되었으나 거절결정이 확정된 발명

정답: ❺.

설명: ❺ 당해 특허발명보다 먼저 특허출원되었으나 거절결정이 확정된 발명을 실시하는 경우에는 선출원의 지위가 없으므로 후출원된 특허권의 영향이 미치므로 실시료를 지불 또는 라이센싱을 해야 실시할 수 있다.

6. 특허의 실시권에 대한 설명 중 틀린 것은?

❶ 전용실시권자는 당해 특허에 대하여 권리를 독점하므로 특허권자도 발명을 실시할 수 없다.

❷ 전용실시권은 등록하지 않아도 효력이 발생한다.

❸ 특허권자도 실시하려면 통상실시권을 설정해 주어야 한다.

❹ 통상실시권은 실시사업과 같이 이전하는 경우에 한하여 이전할 수 있다.

❺ 전용실시권자는 실시사업과 같이 이전 또는 상속을 제외하고는 전용실시권을 이전할 수 없다.

정답: ❷.

설명: ❷ 전용실시권은 등록하지 않으면 효력이 발생하지 않는다.

7. 통상실시권에 대한 설명 중 틀린 것은?

❶ 특허발명이 정당한 이유 없이 계속하여 3년 이상 국내에서 실시되지 않은 경우 재정에 의한 통상실시권을 청구할 수 있다.

❷ 특허발명 실시가 공공의 이익을 위하여 특히 필요한 경우 재정에 의한 통상실시권을 청구할 수 있다.

❸ 특허출원보다 먼저 출원된 디자인권이 그 특허권과 저촉되는 경우, 그 디자인권 존속기간이 만료되는 때에는 그 디자인권자는 통상실시권을 가진다.

❹ 직무발명에 대하여 종업원 등이 특허를 받으면 사용자 등은 그 특허권에 대하여 전용실시권을 가진다.

❺ 통상실시권은 등록한 때에 그 효력이 발생하며, 통상실시권의 이전 등에 관련된 사항은 등록하지 않으면 제3자에게 대항할 수 없다.

정답: ❹.

설명: ❹ 전용실시권이 아니라 통상실시권을 가진다.

8. 특허권의 등록 및 소멸에 대한 설명 중 틀린 것은?

❶ 특허권 설정등록은 최초 1년분의 특허료를 납부하여야 한다.

❷ 최초 특허료 납부 이후부터는 매년 1년분씩 납부하거나 수 년분을 한꺼번에 납부할 수 있다.

❸ 특허료 납부기간이 경과한 후에도 6개월 이내에 특허료를 추가 납부할 수 있다.
❹ 특허권은 특허연차료를 납부하지 않으면 소멸되고 아무나 자유롭게 사용할 수 있는 발명이 된다.
❺ 특허권을 포기할 때는 청구항이 2 이상인 경우 청구항별로 포기할 수 있으며, 청구항 개수가 적으면 특허연차료도 적게 납부한다.

정답: ❶.

설명: ❶ 특허권 설정등록은 최초 3년분 특허료를 미리 납부하여야 한다.

9. 다음 중 특허의 허위표시에 해당하지 않는 것은?

❶ 특허된 것이 아닌 물건에 특허표시 또는 특허출원표시를 하거나 이와 혼동하기 쉬운 표시를 하는 행위
❷ 통상실시권자가 물건 또는 포장에 특허표시를 하는 행위
❸ 특허출원 중이 아닌 물건에 특허표시 또는 특허출원표시를 하거나 이와 혼동하기 쉬운 표시를 하는 행위
❹ 특허권이 만료된 물건에 특허표시를 하거나 이와 혼동하기 쉬운 표시를 하는 행위
❺ 특허출원 중인 발명을 특허받은 것과 같이 표시하는 행위

정답: ❷.

설명: ❷ 특허권자 · 전용실시권자 · 통상실시권자는 물건 또는 용기나 포장에 특허표시를 할 수 있다.

제6절 특허권의 보호(1) (특허심판, 심결취소소송)

1. 특허심판 절차 일반

- 특허권 또는 특허를 받을 수 있는 권리의 공유자가 심판을 청구하는 때에는 공유자 전원이 공동으로 청구하여야 한다.
- 공유 특허권자에 대하여 심판을 청구하는 때에는 공유자 전원을 피청구인으로 하여 청구하여야 한다.
- 동일한 특허권에 관하여 무효심판 또는 권리범위 확인심판을 청구하는 자가 2인 이상이 있는 때에는 그 전원이 공동으로 심판을 청구할 수 있다.
- 심판은 보통 심판관 3인이 합의체를 구성하여 심판한다.
- 심판관에게 심판의 공정을 기대하기 어려운 사정이 있는 때에는 당사자 또는 참가인은 심판관을 기피할 수 있다.
- 심판은 구술심리 또는 서면심리로 하되, 당사자가 구술심리를 신청한 때에는 특별한 경우를 제외하고 구술심리를 하여야 한다. 구술심리는 공공의 질서 또는 선량한 풍속을 문란하게 할 염려가 있는 때에는 공개하지 않을 수 있다.
- 심판에서는 직권으로 증거조사나 증거보전을 할 수 있다.
- 심판의 심결이 확정된 때에는 그 사건에 대하여는 누구든지 동일사실 및 동일증거에 의하여 다시 심판을 청구할 수 없는데 이를 "일사부재리의 원칙"이라 한다.
- 법원에 계속 중에 있는 사건에 대하여 당사자는 다시 소를 제기하지 못하는데 이를 "중복제소의 금지"라 한다.
- 심판에 있어서 필요한 때에는 그 심판사건과 관련되는 다른 심판 심결이 확정되거나 소송절차가 완결될 때까지 그 절차를 중지할 수 있다.
- 심판비용은 패소자 부담 원칙이지만 특허거절결정불복 등에 대한 심판, 정정심판, 통상실시권 허락의 심판 비용은 청구인 부담으로 한다.

2. 특허심판의 종류

특허심판 종류

특 허 심 판

결정계 심판	당사자계 심판
(심사관 처분에 불복하는 심판으로 출원인 또는 권리자가 청구)	(등록권리와 관련된 당사자 간 분쟁 심판)
• 거절결정 불복심판 • 특허취소신청 • 정정심판 • 특허권존속기간 연장등록 거절결정 불복심판	• 무효심판 • 권리범위 확인심판 • 정정무효심판 • 통상실시권 허락심판

산업재산권 심판 종류와 심판청구 주체

심판 종류	대상권리(출원)	청구할 수 있는 자
거절결정 등에 대한 불복심판	특허 · 실용 · 디자인 · 상표	출원인(연장등록 불복 경우는 권리자)
특허취소신청	특허	누구든지 신청 가능(등록후 6개월 이내만)
무효심판	특허 · 실용 · 디자인 · 상표	이해관계인 · 심사관(권리소멸 후에도 청구 가능)
존속기간 연장등록 무효심판	특허	이해관계인 · 심사관
권리범위 확인심판	특허 · 실용 · 디자인 · 상표	등록권리자 · 이해관계인
정정심판	특허 · 실용	등록권리자(권리소멸 후에도 청구 가능)
정정 무효심판	특허 · 실용	이해관계인 · 심사관
통상실시권 허락 심판	특허 · 실용 · 디자인	타 등록권리자 · 동 등록권리 전용 · 통상실시권자
존속기간 갱신등록 무효심판	상표	이해관계인 · 심사관
상표등록 취소심판	상표	이해관계인
사용권 등록 취소심판	상표	누구든지 청구 가능

1) 특허거절결정 등에 대한 불복 심판

특허거절결정 또는 특허권 존속기간 연장등록 거절결정을 받은 자가 불복이 있는 때에는 그 결정등본을 송달받은 날부터 30일 이내에 심판을 청구할 수 있다.

2) 특허취소 신청

- 특허권 설정등록이 있는 날부터 등록공고일 후 6개월 이내에는 누구든지 특허심판원장에게 특허취소를 신청할 수 있다.
- 특허취소신청 사유는 신규성, 진보성, 선원관련 규정에 위배되어 특허가 부여된 경우에 한한다.
- 청구범위의 청구항이 2 이상인 경우에는 청구항마다 특허취소신청을 할 수 있다.
- 특허취소가 확정된 때에는 그 특허권은 '처음'부터 없었던 것으로 본다. 따라서 공개에 따른 보상금청구권도 없어지게 된다.

3) 특허 무효심판

- '이해관계인 또는 심사관'은 특허가 잘못 등록되었음을 이유로 무효심판을 청구할 수 있다.
- 특허청구범위의 청구항이 2 이상인 때에는 청구항마다 청구할 수 있다.
- 특허의 무효사유는 대부분 신규성, 진보성, 명세서 기재불비 등이다. 발명의 '단일성 위배'를 이유로 무효심판을 청구할 수 없다.
- 무효심판은 특허권이 '소멸된 후에도 청구'할 수 있고, 특허를 무효로 한다는 심결이 확정된 때에는 그 특허권은 처음부터 없었던 것으로 본다.
- 특허권이 무효되거나 또는 소멸된 후 이미 지급된 특허료는 반환하지 않아도 된다.

4) 권리범위 확인심판

(1) 개요

- 특허권자 · 전용실시권자 · 이해관계인은 특허발명의 보호범위를 확인하기 위하여 특허 권리범위 확인심판을 청구할 수 있고, 특허청구범위 청구항이 2 이상인 때에는 청구항마다 청구할 수 있다.
- 권리범위 확인심판을 청구할 때에는 특허발명과 대비될 수 있는 확인대상발명 설명서 및 필요한 도면을 첨부하여야 한다.
- 권리범위 확인심판 청구기간은 특허권이 소멸된 경우 청구할 수 없으므로 심판 또는 소송 중에 권리존속기간이 소멸되면 권리범위 확인심판은 종료된다. 무효심판은 권리가 소멸되어도 청구할 수 있는 것과는 다름에 주의한다.

(2) 적극적 권리범위 확인심판(특허권자 ⇨ 실시자)

'특허권자'가 확인대상발명(침해품) 실시자를 상대로 『확인대상발명은 특허발명의 권리범위에 속한다』라는 취지의 심결을 구하는 심판이다.

(3) 소극적 권리범위 확인심판(실시자 ⇨ 특허권자)

'피권리자'인 확인대상발명(침해품) '실시자' 또는 '실시하려고 하는 자'가 특허권자를 상대로 『확인대상발명은 특허발명의 권리범위에 속하지 아니한다』라는 취지의 심결을 구하는 심판이다. 따라서 소극적 권리범위 확인심판은 피권리자가 현재 실시하고 있는 것은 물론 장래에 실시하고자 하는 것도 확인 대상으로 할 수 있다.

5) 정정심판

- 특허권자는 특허청구범위의 감축, 잘못 기재된 것의 정정, 불분명한 기재의 정정 중 어느 하나에 해당하는 경우에는 정정심판을 청구할 수 있다.
- 정정은 특허청구범위를 실질적으로 확장하거나 변경할 수 없다.
- 정정 후의 특허청구범위에 기재된 사항이 특허출원을 한 때에 특허를 받을 수 있는 것이어야 한다.
- 무효심판 중에 있는 경우에는 별도의 심판을 청구해야 하는 정정심판이 아니라, 무효심판 절차 과정에서 정정을 신청한다.
- 특허권이 소멸된 후에도 청구할 수 있다. 단, 정정심판은 특허취소결정 또는 특허를 무효로 한다는 심결이 확정된 경우를 제외한다.

6) 특허취소 신청 또는 특허 무효심판절차에서 특허 정정

- 특허권자는 무효심판 청구가 있으면 지정된 기간 이내에 특허발명 명세서 또는 도면에 대하여 정정을 청구할 수 있다.
- 정정범위는 특허청구범위 감축, 잘못 기재된 것의 정정, 불분명한 기재의 정정에 한한다.
- 명세서를 정정한다는 점에서 정정심판과 사실적 내용이 동일하나 형식적인 면에서 하나의 별도 심판을 청구해야 하는 정정심판과는 다르다.
- 특허취소 신청 또는 무효심판이 계속 중에 있는 경우 '특허정정' 신청만이 가능하며, 별도의 심판인 '정정심판'을 청구할 수 없다.

7) 정정 무효심판

이해관계인 또는 심사관은 특허 명세서 또는 도면에 대한 정정이 규정에 위배된 경우에는 정정의 무효심판을 청구할 수 있다.

8) 특허권 존속기간 연장등록 무효심판

농약 · 의약 관련 법령 등의 허가에 따른 특허권 존속기간 연장등록과 등록지연에 따른 특허권 존속기간 연장등록이 잘못 연장된 경우 그에 대한 무효심판을 청구할 수 있다.

9) 통상실시권 허락 심판

- 특허권자(전용실시권자 · 통상실시권자 포함)는 본인의 특허출원일 전에 출원된 타인의 특허발명 등을 이용하거나 저촉되어 실시 허락을 받고자 하는 경우에 그 타인으로부터 정당한 이유없이 허락을 받을 수 없는 때에는 통상실시권 허락 심판을 청구할 수 있다.
- 통상실시권자는 그 대가를 지급하여야 한다.

10) 의약품 허가-특허 연계제도

- 2015년 3월부터 의약품 허가특허연계제도가 시행됨에 따라 두 가지 내용이 크게 변하게 되었다.

① 복제약을 판매하려는 자의 품목허가 등 신청사실의 특허권리자 등에게 통지 의무

- 등재의약품의 안전성 · 유효성에 관한 자료를 근거로 의약품의 품목허가를 신청한 자는 신청한 날부터 7일 이내에 등재의약품의 품목허가를 받은 자와 특허권자에게 품목허가 신청일, 등재의약품에 관한 특허권의 존속기간 만료 전에 상업적으로 제조 · 수입하여 판매할 목적으로 등재의약품의 안전성 · 유효성에 관한 자료에 근거한 생물학적 동등성시험 자료 등을 제출하여 품목허가를 신청한 사실, 등재의약품에 관한 특허권이 무효이거나 품목허가를 신청한 의약품이 해당 특허권을 침해하지 않는다는 근거를 통지하여야 한다(약사법 제50조의4(품목허가 등 신청사실의 통지)).

② 둘째, 제네릭 의약품에 대한 독점권 부여

- 제네릭 의약품에 대하여 독점권을 부여하는 제도가 도입되었다. 이는 등재 의약품 자료를 근거로 최초로 품목허가를 신청한 자가 의약품 허가특허연계제도에 따라 등재된 특허를 특허청의 무효심판을 통하여 특허권자의 특허를 무효로 한다는 심결을 받아 내거나 또는 법원의 침해소송에서 승소하였을 경우 의약품 판매 가능일로부터 9개월간 복제약(제네릭과 같은 뜻) 독점권을 부여하는 것이다.

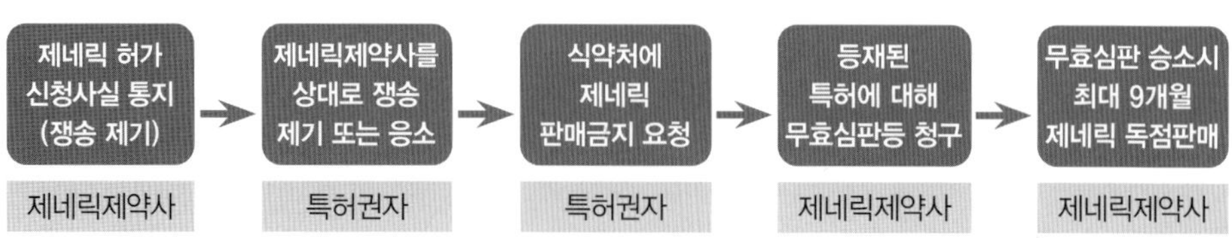

3. 신속심판 · 우선심판

- 침해소송 관련 사건, 초고속 심사 거절결정 불복심판 사건 등은 우선심판 사건보다 우선하여 신속심판을 할 수 있다.
- 우선심판 대상은 ❶ 심결취소소송에서 심결취소된 사건, ❷ 권리범위 확인심판 사건 및 그 권리범위 확인심판 사건과 함께 계류 중인 무효심판 · 정정심판 사건, ❸ 특허침해소송사건, ❹ 지식재산권 분쟁으로 사회적인 물의를 일으키고 있는 사건 등에 해당하는 사건이다.

4. 심결 취소 소송(특허심판원 → 특허법원 → 대법원)

- 특허청 심판원 심결(특허취소 결정 포함)에 대한 불복은 특허법원에 제소할 수 있다. 30일 이내에 제기하여야 하며 이 기간은 불변기간이다. 다만, 원격 또는 교통이 불편한 지역에 있는 자를 위하여 연장할 수 있다.
- 특허법원 판결에 대하여는 대법원에 상고할 수 있다. 상고는 판결 후 2주일 내에 상고장을 특허법원에 제출해야 한다.
- 특허심판원과 특허법원은 사실관계를 판단하는 사실심이고, 대법원은 특허법원의 판결이 법률적용에 오류가 있는지 여부를 심리하는 법률심이다.
- 거절결정 불복심판과 정정심판의 피고는 특허청장이 된다.

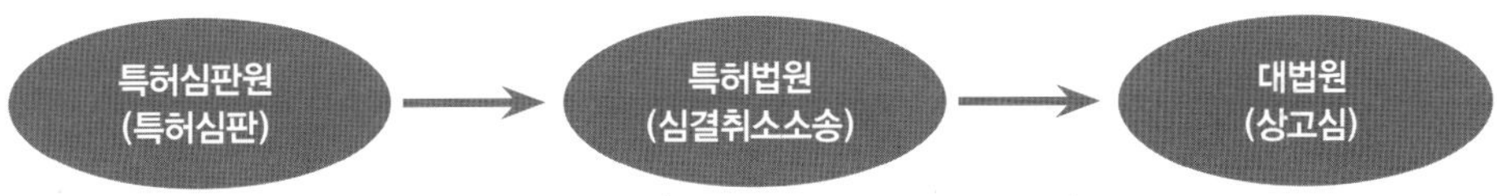

특허심결 취소 소송 절차

5. 소송 종료 사유

- 특허법원에 제기한 소(訴)를 취하함으로써 소송이 종료된다.

> **TIP**
>
> 소를 취하하는 경우 반드시 먼저 특허심판원의 심판청구를 취하한 후에 소를 취하하여야 한다. 소를 먼저 취하할 경우 심판원의 심결이 그대로 확정되기 때문이다.

- 상고를 취하함으로써 소송이 종료된다.

- 당사자 사망 후 소송 승계인이 없을 때, 특허권의 포기가 있을 때 소송이 종료된다.

6. 재심

심판원 심결이 그 이전에 행하여진 다른 확정심결과 저촉될 경우, 또는 심판 절차상에 중대한 하자가 있는 경우, 또는 심판의 당사자가 공모하여 제3자의 권리 또는 이익을 사해할 목적으로 심결을 하게 한 때에는 제3자는 그 확정된 심결에 대하여 재심을 청구할 수 있다.

7. 산업재산권 분쟁조정 제도

- 심판, 소송에 의하여 분쟁을 해결하지 않고 '산업재산권 분쟁조정'을 통하여 분쟁을 해결하는 방법으로 비용과 시간을 절약할 수 있다.
- 신청대상 분쟁은 등록되어 있는 특허권, 실용신안권, 디자인권, 상표권 분쟁이다.
- 분쟁조정 제도의 장점: 쟁송능력이 부족한 중소기업 또는 개인이 편리하게 이용할 수 있고, 수년이 걸릴 분쟁이 단기간(3개월) 내에 해결될 수 있으며, 절차가 간편하여 비용이 거의 들지 않는다. 모든 절차를 비공개로 진행할 수 있으므로 기업비밀이 공개될 염려가 없다. 합의 조서를 작성하면 재판상 화해가 성립되어 확정판결과 동일한 효력을 가지며, 조정이 성립되지 않을 경우 소제기가 가능하다.

※ 단지 산업재산권에 대하여 무효 · 권리범위확인만을 요구하는 조정신청은 할 수 없다.

요약

- 특허심판 종류는 특허거절결정 불복심판, 특허취소신청, 무효심판, 정정심판, 권리범위 확인심판, 특허권존속기간 연장등록심판, 통상실시권 허락심판 등이 있다.
- 특허거절결정에 대한 불복심판 청구는 거절결정등본을 송달받은 날부터 30일 이내에 청구해야 한다.
- 거절결정 이후에 명세서 등을 보정하면 재심사를 받을 수 있다. 단, 거절결정 불복심판을 청구하면 재심사를 받을 수 없다.
- 특허무효심판과 정정심판은 권리가 소멸한 이후에도 청구할 수 있다.
- 특허심판의 심결에 대해 불복하는 심결취소소송은 특허법원에 제기해야 하며, 특허법원 판결에 대해서는 대법원에 상고할 수 있다.
- 심판원 심결이 다른 심결과 저촉되는 경우, 또는 절차적 위법 등이 있을 경우 재심을 청구할 수 있다. '재심사'는 특허받기 이전의 심사절차이고, '재심'은 특허받은 이후의 심판절차이다.
- 당사자 간 특허분쟁이 발생한 경우 행정청에 무효심판, 정정심판, 권리범위 확인심판 등을 통해 특허권에 대한 권리관계 분쟁을 해결하고, 지방법원에 특허침해금지청구, 손해배상청구, 가처분 신청 등을 통해 민사적인 분쟁을 해결한다.

제5-6절 연습문제

1. 다음 중 특허심판 종류가 아닌 것은?

❶ 특허거절결정 불복심판
❷ 무효심판
❸ 정정심판
❹ 권리범위 확인심판
❺ 특허침해 금지심판

정답: ❺.

설명: ❺ 특허침해 금지심판은 없으며, 특허침해금지 소송은 특허심판이 아니라 사법부에 소를 제기하는 특허소송에 해당한다.

2. 특허심판에 대한 설명 중 틀린 것은?

❶ 특허거절결정 불복심판은 특허출원이 거절결정되었을 때 하는 심판으로 30일 이내에 청구해야 한다.
❷ 무효심판은 피권리자가 특허권에 대하여 무효를 청구하는 심판으로 권리가 소멸된 이후에도 청구할 수 있다.
❸ 정정심판은 권리자가 명세서를 정정하고자 청구하는 심판으로 무효심판이 계속 중에 있어도 정정심판을 청구할 수 있다.
❹ 적극적 권리범위 확인심판은 권리자가 특허권리의 범위를 확인하기 위하여 청구하는 심판이다.
❺ 소극적 권리범위 확인심판은 피권리자가 실시 준비 또는 현재 실시하고 있는 기술이 특허권의 권리범위에 속하는지 확인하기 위하여 청구하는 심판이다.

정답: ❸.

설명: ❸ 무효심판이 계속 중에 있으면 '정정심판'을 청구하는 것이 아니라 '정정'이 가능하다. 심판청구는 별도의 심판을 청구해야 하므로 절차가 복잡하고 비용이 많이 들지만, 정정은 심판을 청구하지 않고 간단한 절차를 통하여 정정하는 절차이다.

3. 무효심판, 권리범위 확인심판, 통상실시권 허락심판과 같은 심판의 청구는 어디에 해야 하는가?

❶ 특허청심사국 ❷ 특허심판원 ❸ 특허법원
❹ 고등법원 ❺ 지방법원

정답: ❷.

설명: ❷ 특허심판원에 청구해야 한다.

4. 다음 중 특허분쟁이 발생하였을 경우, 개인 또는 중 · 소기업 등이 가장 신속하고 저비용으로 해결할 수 있는 방법에 해당하는 것은?

❶ 무효심판 ❷ 권리범위 확인심판
❸ 가처분소송 ❹ 정정심판
❺ 산업재산권 분쟁조정

정답: ❺.

설명: ❺ 산업재산권 분쟁조정은 심판, 소송에 의하여 분쟁을 해결하지 않고 분쟁을 해결하는 방법으로 비용과 시간을 절약할 수 있다.

5. 특허무효심판에 대한 설명 중 옳은 것은?

❶ 특허무효심판 청구는 권리가 소멸된 이후에도 청구할 수 있다.
❷ 특허무효심판 청구는 권리가 무효로 된 이후에도 청구할 수 있다.
❸ 특허무효심판이 계속 중에 있는 경우에는 권리자가 명세서의 정정심판을 신청할 수 있다.
❹ 특허무효심판이 확정된 경우에는 특허실시자로부터 받은 특허료를 되돌려줘야 한다.
❺ 특허무효심판에 대한 불복은 고등법원에 제기해야 한다.

정답: ❶.

설명: ❷ 권리가 무효심판에 의하여 무효로 된 경우에는 다시 무효심판을 청구할 수 없다. ❸ 특허무효심판이 계속 중에 있는 경우 명세서의 정정을 신청할 수 있다. ❹ 특허가 무효되더라도 특허실시자로부터 받은 특허료를 되돌려줄 의무는 없다. ❺ 심판에 대한 불복인 심결취소 소송은 특허법원에 제기해야 한다.

6. 특허취소신청에 대한 다음 설명 중 가장 타당한 것은?

❶ 권리가 소멸된 이후에도 청구할 수 있다.

❷ 권리가 무효로 된 이후에도 청구할 수 있다.

❸ 특허취소신청 사유는 신규성, 진보성, 선원관련 규정에 위배되어 특허가 부여된 경우에 한한다.

❹ 특허취소가 확정된 때에는 그 특허권은 취소가 확정된 이후부터 없었던 것으로 본다.

❺ 특허취소 결정에 대한 불복은 일반 고등법원에 제기한다.

정답: ❸.

설명: ❶, ❷ 특허권 설정등록이 있는 날부터 등록공고일 후 6개월 이내에만 가능하다. ❹ 취소가 확정되면 처음부터 없었던 것으로 본다. ⑤특허취소 결정에 대한 불복은 특허법원에 제기한다.

7. 의약품 허가–특허 연계제도에 대한 설명 중 틀린 것은?

❶ 복제약을 판매하려는 자는 품목허가를 신청한 의약품이 해당 특허권을 침해하지 않는다는 근거를 통지하여야 한다.

❷ 복제약을 판매하려는 자는 특허권자에게 품목허가를 신청한 사실을 통지하여야 한다.

❸ 최초로 품목허가를 신청한 자가 의약품 허가특허연계제도에 따라 등재된 특허를 무효심판을 통하여 무효로 한다는 심결을 받아 낼 경우 그 복제약에 대하여 독점권을 갖는다.

❹ 복제약을 판매하려는 자가 특허권자를 상대로 법원의 침해소송에서 승소하였을 경우 그 복제약에 대하여 독점권을 갖는다.

❺ 복제약을 판매하려는 자가 가질 수 있는 독점권은 최대 1년을 넘지 못한다.

정답: ❺.

설명: 독점권은 의약품 판매 가능일로부터 9개월간이다.

제7절 특허권의 보호(2) (특허침해소송)

1. 특허권의 권리범위

1) 특허발명의 보호범위

- 특허발명의 보호범위는 청구범위에 적혀 있는 사항에 의하여 정하여진다.
- 특허권은 설정등록에 의하여 발생하며(등록주의), 의약 · 농약 관련 법령의 허가에 따른 특허권의 존속기간이 연장되거나, 등록지연에 따른 특허권이 연장되는 경우를 제외하고는 등록일로부터 출원일 후 20년 동안 보호된다. 다만, 특허료(연차료)를 납부하지 않으면 특허보호기간은 종료되고 누구나 사용할 수 있는 자유기술이 된다.

2) 특허청구범위 해석 원칙들

청구범위해석의 필요성

사례: 당신은 아래의 모방품B가 특허권A를 침해한다고 생각하는가?
침해여부를 판단하기 위해 권리의 청구범위를 해석해야 할 필요성이 있다.

A. 등록권리: 셋째와 넷째 손가락이 들어갈 수 있고, 한쪽 끝이 결합된 젓가락

【청구범위】 결착부분이 동그라미 형상의 핀으로 결합된 스테인리스 스틸 재질의 젓가락에 있어서, 손잡이 부분이 한국인들 및 외국인들의 셋째, 넷째 손가락에도 끼어지도록 결착부분을 반지름 75mm 타원형 곡선으로 되어 있는 것을 특징으로 하는 일체형 젓가락.

B. 모방품: 일부의 손가락이 들어갈 수 있고, 한쪽 끝이 결합된 젓가락

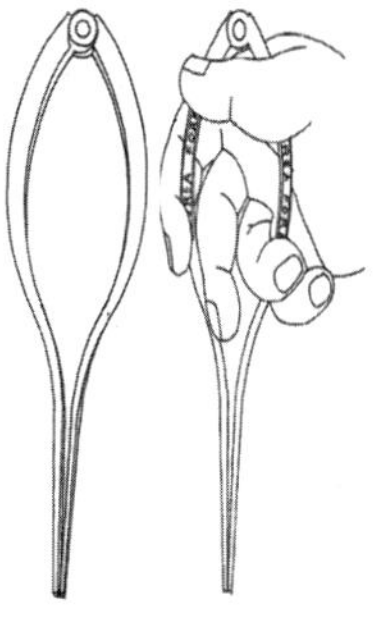

(등록번호: 2000708930000)

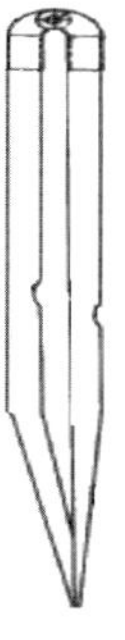

(모방품: 재질은 대나무)

(1) 특허청구범위 기재사항 우선원칙

- 특허 권리범위는 특허청구범위에 기재된 사항만에 의해 정하는 것이 원칙이다.
- 다만, 그 기재만으로 기술적 구성을 알 수 없거나, 알 수 있더라도 권리범위를 확정할 수 없는 경우에만 예외적으로 발명의 설명이나 도면 등 다른 기재(요약서는 안 됨)에 의하여 보충하여 권리범위를 확정하되, 이 경우에도 그 다른 기재로 권리범위를 확장 해석하거나 제한 해석할 수 없다.

(2) 모든 구성요소 포함의 원칙(AER)

- "특허청구범위에 기재되어 있는 모든 구성요소를 실시(All Element Rule)해야만 침해"라는 원칙이다. 따라서 특허발명 구성요소 중 하나라도 생략된 실시는 침해가 성립되지 않는다.
- 특허청구범위의 구성요소 중 일부 구성요소만을 실시한 침해품은 침해가 아니다. 다만, 예외적으로 '간접침해'가 있다

예 구성요소 A+B+C+D로 된 특허발명에서 D를 생략하고 A+B+C를 실시할 경우 침해가 아니다.

---

(3) 발명의 설명 및 도면의 참작

특허청구범위에 기능 · 효과 · 성질 등에 의한 물건의 특징을 포함하고 있어 그 용어의 기재만으로 기술적 구성의 구체적 내용을 알 수 없는 경우에는 발명의 설명이나 도면 등을 참작하여 특허발명의 기술적 구성을 확정하여야 한다.

(4) 출원경과 참작의 원칙(금반언(禁反言)의 원칙)[16]

출원경과를 참작한다는 원칙으로 출원과정에서 특허를 받기 위하여 배제했던 기술적 내용을 분쟁 시에 권리로 주장하면 안 된다는 원칙이다.

> 예 출원 과정에서 특허를 받기 위하여 ph.3~9였던 것을 ph.5~9로 보정하여 특허를 받았을 경우, 나중에 권리행사시 ph.3~4인 것까지 확대하여 권리로 주장할 수 없다는 원칙이다.

---

16 금반언의 원칙이란 말을 번복하지 말라는 의미이다.

2. 특허권자 보호

1) 특허소송

- 특허심결취소송: 특허청 심판원에서 한 심결에 대하여 특허법원에 심결을 취소해 달라는 소송(특허심판원 → 특허법원 → 대법원)
- 특허침해소송: 산업재산권과 관련된 침해금지, 손해배상소송 등에 관한 다툼으로 사법부에 제기하는 소송(지방법원 → 특허법원 → 대법원)[17]

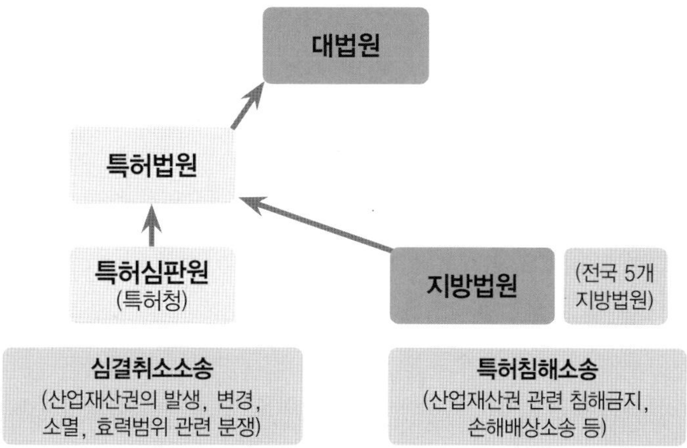

2) 직접침해

(1) 침해예방 청구 소송 또는 침해금지 소송

- 특허권자 또는 전용실시권자는 본인의 지식재산권을 침해할 우려가 있는 자 또는 권리를 침해하고 있는 자에 대하여 침해예방 청구 또는 침해금지 소송을 법원에 청구할 수 있다.
- 통상실시권자는 침해금지 또는 침해예방 청구를 할 수 없다.

(2) 침해행위 요건

- 특허침해가 성립되기 위해서는 '영업'으로서 '실시'되어야 하므로, 개인적인 사용, 연구목적, 가정에서의 사용 등은 침해행위에 해당하지 않는다.
- 특허권의 "실시"는 다음 중 어느 하나에 해당하는 행위를 말한다.

17 2016년부터 특허침해소송이 종래 지방법원 → 고등법원 → 대법원으로 운영되던 것이, 지방법원 → 특허법원 → 대법원으로 일부 일원화 되었다. 지방법원도 종래에는 모든 지방법원을 포함하였으나, 개정 이후에는 전국 5개 지방법원으로 한정하여 특허침해 소송에 대하여 집중운영하고 있다.

❶ 물건 발명인 경우에는 그 물건을 생산 · 사용 · 양도 · 대여 · 수입하거나 그 물건의 양도 · 대여의 청약을 하는 행위
❷ 방법의 발명인 경우에는 그 방법을 사용하는 행위
❸ 물건을 생산하는 방법 발명인 경우에는 그 방법에 의하여 생산한 물건을 사용 · 양도 · 대여 · 수입하거나 그 물건의 양도 · 대여의 청약을 하는 행위

(3) 생산방법의 추정

물건을 생산하는 방법의 발명에 관하여 특허가 된 경우, 그 물건과 동일한 물건은 그 특허된 방법에 의하여 생산된 것으로 추정한다. 다만, 그 물건이 특허출원 전에 국내에서 공지된 물건인 경우에는 그렇지 않다.

3) 간접침해

- 물건 특허발명인 경우에는 그 물건의 생산에'만' 사용하는 물건을 생산 · 양도 · 대여 · 수입하거나 그 물건의 양도 · 대여의 청약을 하는 행위, 또는
- 방법 특허발명인 경우에는 그 방법의 실시에'만' 사용하는 물건을 생산 · 양도 · 대여 · 수입하거나 그 물건의 양도 · 대여의 청약을 하는 행위에 해당하는 행위를 업으로서 하는 경우에는 특허권 또는 전용실시권을 침해한 것으로 본다.
- 간접침해 인정사례는 현재까지 몇 건밖에 되지 않을 정도로 극히 제한적이다.

예 **간접침해 판례**

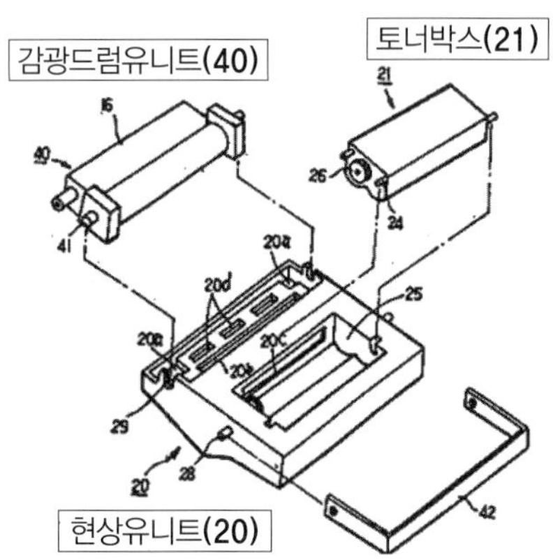

- 특허청구범위: 감광드럼유니트+현상유니트+토너박스로 구성된 프린터
- 간접침해품: 토너박스
- 판결: 침해품이 특허발명의 본질적인 구성요소에 해당하고 다른 용도로는 사용되지 아니할 경우 그러한 물건은 특허권의 간접침해에서 말하는 특허 물건의 생산에만

사용하는 물건에 해당한다고 할 것이다.[18]

TIP

특허청구범위가 [A+B+C]로 되어 있을 경우, [A+B]와 같이 그 구성요소를 단 하나라도 빼고 사용하면 일반적으로 침해에 해당되지 않지만, 간접침해를 적용할 경우 침해품이 특허발명의 제품에'만' 사용하고 다른 곳에는 사용할 수 없는 것이라면 침해가 된다.

4) 가처분 소송

(1) 개념

- 지식재산권 침해행위가 발생하였을 경우, 신속하게 지식재산권에 대한 침해를 금지시키기 위하여 본안소송에 들어가기 전에 지식재산권에 대한 침해의 정지, 예방을 구하는 가처분 신청을 할 수 있다.
- 가처분 소송은 본안판결까지 많은 시간이 소요되기 때문에 본안판결 이후에는 침해물품이 없어지거나 침해자가 도주하는 경우 등 손해배상을 받기 어려운 경우에 이용한다.

(2) 가처분소송 요건

- 가처분 신청을 할 경우, 현상이 바뀌면 특허권자의 권리를 실행하지 못하거나 이를 실행하는 것이 매우 곤란할 염려가 있어야 하고, 현저한 손해 등 절박한 사정이 있어야 한다.
- 또한, 특허권침해 우려(제조준비, 판매준비, 카탈로그 반포 등의 행위)가 있어야 한다.
- 가처분 신청을 하기 위해서는 담보가 필요하다. 가처분 신청을 통하여 침해물품의 생산, 판매 중지를 신청할 수 있고, 가압류와 함께 신청한다.

5) 특허권자의 신용회복 청구

법원은 특허권자(전용실시권자 포함)의 업무상의 신용을 실추하게 한 자에 대하여는 업무상 신용회복을 위하여 필요한 조치를 명할 수 있다.

6) 부당이득 반환청구

법률상 원인 없이 타인의 특허권 또는 전용실시권으로 인하여 이익을 얻고 이로 인하

---

18 대법원 1996.11.27, 자, 96마365, 결정.

여 권리자에게 손해를 가한 자에게 그 이익을 반환하도록 청구할 수 있다.

7) 손해배상 청구

(1) 손해액의 추정

- 특허권자(전용실시권자 포함)는 고의 또는 과실로 자기의 특허권을 침해한 자에 대하여 손해배상을 청구할 수 있다.
- 손해액은 특허권자가 침해행위가 없었다면 판매할 수 있었던 물건의 단위 수량당 이익액을 곱한 금액을 손해액으로 할 수 있다. 고의침해 시 징벌적 손해배상(손해액의 3배)이 적용된다.

(2) 과실의 추정

다른 사람의 특허권 또는 전용실시권을 침해한 자는 그 침해행위에 대하여 과실이 있는 것으로 추정한다. 이는 특허권이 공개공보 또는 특허공보에 의하여 발명이 상세하게 게재되기 때문이다.

8) 벌칙

(1) 침해죄

특허권 또는 전용실시권을 침해한 자는 7년 이하의 징역 또는 1억 원 이하의 벌금에 처한다. 특허침해죄는 고소가 있어야 침해죄가 성립하는 '친고죄'이다.

(2) 비밀누설죄

특허청 직원 또는 그 직에 있었던 자가 그 직무상 알게 된 특허출원 중의 발명에 관하여 비밀을 누설하거나 도용하는 경우 비밀누설죄에 해당한다.

(3) 위증죄

증인 · 감정인 등이 허위 진술 · 감정을 한 경우 위증죄에 해당한다.

(4) 허위표시죄

산업재산권을 위반하여 표시한 자는 3년 이하의 징역 또는 3천만 원 이하의 벌금에 처한다.

(5) 거짓행위의 죄

거짓이나 그 밖의 부정한 행위로 특허, 특허권의 존속기간의 연장등록 또는 심결을 받은 자에 해당한다.

(6) 비밀유지명령 위반죄

- 특허권 침해소송에서 영업비밀을 알게 된 당사자 등에게 법원이 비밀을 유지토록 명령하는 '비밀유지명령제도'를 한 · 미 FTA 체결 결과 도입하게 되었다.

- 특허소송절차에서 상대방 대리인을 포함한 당사자 등이 비밀정보를 알게 되었을 때 사법당국이 당사자 등에게 비밀을 유지하도록 명령하고, 이 명령을 위반하였을 경우 벌금, 구류, 구금할 수 있는 권한을 부여할 수 있다.

(7) 양벌규정

침해죄, 허위표시죄, 거짓행위죄 중 어느 하나에 해당하는 행위를 하면 그 행위자를 벌하는 외에 그 법인에게도 벌금형에 처한다. 다만, 법인 또는 개인이 그 위반행위를 방지하기 위하여 해당 업무에 관하여 상당한 주의와 감독을 게을리 하지 않은 경우에는 벌금형을 부과하지 않는다.

(8) 몰수

침해행위를 조성한 물건 또는 그 침해행위로부터 생긴 물건은 몰수하거나 피해자 청구에 의하여 그 물건을 피해자에게 교부한다.

3. 지식재산권 침해에 대한 구제 수단

지식재산산권 침해 형태 및 구제 수단

권리	침해 형태	구제 수단		비고
		형사	민사	
특허, 실용신안, 디자인	타인 특허, 실용신안, 디자인의 생산 · 양도 · 대여 · 수입 · 전시를 하는 행위	7년 이하 징역 또는 1억 원 이하 벌금	침해금지 청구권, 손해배상 청구권, 신용회복 청구권	친고죄[17]
상표	• 상표의 사용행위: 상품 · 포장 · 광고 · 간판에 타인 상표 표시, 타인 상표를 표시한 것을 양도 · 인도 · 전시 · 수입 · 수출 • 상표의 위조, 소지 • 위조를 위한 용구의 판매			비친고죄
부정경쟁 행위	• 국내에 널리 알려진 상표 또는 영업표지(Business mark)를 사용한 상품을 판매, 반포 또는 수입, 수출 행위 • 유명상표의 식별력 손상 행위 • 원산지, 생산, 가공 지역의 허위표시 • 타인상품 사칭, 허위광고	3년 이하 징역 또는 3천만 원 이하 벌금		
영업비밀 침해행위	영업비밀 유출 등 침해행위	5년(국내) 또는 7년(국외) 이하 징역 혹은 이득액의 2~10배 벌금		

19 친고죄는 피해자의 고소에 의하여 성립되는 범죄이고, 비친고죄는 피해자가 직접 고소하지 않아도 성립되는 범죄이다.

- 산업재산권 중에는 상표만 비친고죄이다. 이는 상표가 공익성이 커서 피해자가 직접 고소를 하지 않더라도 소를 제기할 수 있기 때문이다.

4. 특허침해 종류

특허침해 유형

구 분	특허발명	확인대상발명	판례동향
문언침해	A+B	A+B	침해로 인정
균등침해	A+B	A+B1	침해로 인정
이용침해	A+B	A+B+C	침해로 인정
생략침해	A+B	A	침해 불인정(간접침해이면 인정)
불완전 이용침해	A+B	A+C	침해 불인정
선택침해	A+B	A+b	침해 불인정
우회침해	A+B	A+B′	사안에 따라 다름

1) 문언침해

- 실시하고 있는 기술이 특허발명 청구범위에 기재되어 있는 문언 그대로 침해하고 있는 것을 말한다.
- 특허청구범위에 열거된 구성요소 모두를 실시하는 것, 이른바 구성요소 완비의 원칙(All Element Rule)을 침해의 성립요건으로 하는 것으로 특허청구범위를 해석함에 있어서 기재된 구성요소가 소송대상물의 구성요소와 일대일로 대응시키는 구성요소별 청구범위 해석방법이다.

2) 균등침해[20]

(1) 균등침해(균등론) 의미

특허발명 청구범위에 기재되어 있는 구성의 일부를 균등 관계에 있는 다른 구성요소로 치환하여 실시한 경우에 침해라고 인정하는 것이다. 균등론은 청구범위의 문언적 의미보다 발명의 본질을 보호하려는 것에서 출발한 이론이다.

(2) 균등침해 요건

확인대상발명에서 특허발명의 구성요소를 치환 내지 변경하더라도,

❶ 양 발명에서 과제의 해결원리가 동일하며,

20 특허침해에 있어서 균등론은 매우 중요하다. 반드시 알아야하는 침해이론이다.

❷ 치환에 의하더라도 특허발명에서와 같은 목적을 달성할 수 있고, 실질적으로 동일한 작용효과를 나타내며,

❸ 치환하는 것을 그 발명이 속하는 기술분야에서 통상의 지식을 가진 자가 용이하게 생각해 낼 수 있을 정도로 자명하다면, 확인대상발명의 치환된 구성요소는 특허발명의 대응되는 구성요소와 균등관계에 있는 것으로 보아 확인대상발명은 특허발명의 권리범위에 속하여 침해로 인정한다. 다만,

❹ 확인대상발명이 특허발명의 출원 시에 이미 공지된 기술 내지 공지 기술로부터 당업자가 용이하게 발명할 수 있었던 기술에 해당하거나,

❺ 특허발명의 출원절차를 통하여 확인대상발명의 치환된 구성요소가 특허청구범위로부터 의식적으로 제외된 것에 해당하는 경우에는 침해가 아니다(출원경과 참작의 원칙).

예 특허청구범위에는 360도 회전 선풍기로 기재되어 있으나, 침해품은 350도 회전 선풍기일 경우 균등론에 의하면 침해이다. 그러나 특허심사과정에서 특허를 받기 위하여 350도를 배제했다면 침해에 해당하지 않는다. 또한 350도로 회전하는 것이 특허출원 당시 당업자에게 용이하게 발명할 수 있었던 기술일 경우에도 침해가 아니다.

---

3) 이용침해

이용발명은 선특허발명 구성요소를 모두 그대로 가지고 다른 구성요소를 부가한 발명을 말하며, 이용발명은 특허발명의 침해로 인정된다. 설령 이용발명이 특허를 받았다고 하더라도 선특허를 이용한 이용발명은 이용침해에 해당한다.

예 통신기술인 퀄컴의 CDMA를 이용하여 CDMA 관련 특허를 받았다고 하더라도 퀄컴에 로얄티를 지급해야 하는 것은 이와 같은 이유에서이다.

따라서 특허권자는 본인의 특허 출원일보다 먼저 출원된 타인의 특허를 이용 또는 저촉되는 경우에는 그 특허권자에게 로얄티 지급 등의 허락을 얻지 않고는 자기의 특허발명을 업으로서 실시할 수 없다.

4) 불완전이용발명, 생략발명

불완전이용발명 또는 생략발명은 특허침해를 회피하기 위한 수단으로 사용하고 있다. 즉, 작용효과가 떨어지더라도 특허발명 구성요소 중 중요하지 않은 구성요소를 생략하여 실시하는 것이다. 판례는 일반적으로 침해로 인정하지 않는 추세이다.

5) 선택발명

- 선택발명이란 선행 특허발명에서 상위개념(예 필기도구)으로 기재되어 있는 것을 하위개념의 발명(예 볼펜)을 한 것으로서 특허발명에 구체적으로 개시되어 있지 않은 사항을 구체화시킨 발명을 말한다.
- 선택발명은 선행 특허발명의 발명자가 인식하지 못한 별개의 발명으로서 특허발명에서는 예측하지 못한 새로운 작용효과를 가져오는 것이므로 이용관계도 아닌 새로운 발명이라는 것이 판례의 경향이다.

6) 우회발명

- 특허발명과 기술적 사상은 같지만 그 권리범위를 벗어나기 위하여 다른 물질이나 공정을 부가하여 우회하는 것으로서, 결국 발명으로서는 동일한 결과를 가져오는 것을 말한다.
- 다른 물질이나 공정이 전혀 다른 새로운 것이라면 우회발명은 침해로 인정되지 않지만, 우회하는 기술내용이 자명한 경우는 침해에 해당한다.

5. 특허분쟁(특허권 침해 대응 방안)

1) 본인의 특허권(산업재산권)을 침해하였을 때 대응 방안

(1) 여러 가지 대응 방안들

- '적극적' 권리범위 확인심판(특허심판원에 청구)
- 침해예방 청구, 침해금지 청구, 가처분 소송, 손해배상청구, 신용회복청구(법원에 청구)
- 형사적 구제 수단

(2) 대응 절차

경쟁사나 제3자가 본인의 지식재산권을 침해하고 있다고 의심되는 경우에는 실시품을 분석하고 본인의 지식재산권과의 관계를 조사하여 침해 증거를 조사하여야 한다. 증거

확보 후에는 경고장을 발송하여 침해를 중지하도록 요구한다. 경고장을 송부하였음에도 불구하고 계속 침해할 경우에는 소송을 제기한다.

❶ 침해사실 확인

침해사실의 발견은 거래시장에서 타사의 침해품을 발견하게 되거나, 제3자로부터의 문의나 통지 등을 통해서 이루어진다.

❷ 침해 증거수집 및 확보

침해 사실이 발견된 경우, 먼저 침해행위를 뒷받침할 수 있는 증거자료(침해품, 카탈로그, 기술자료)를 수집한 다음에, 침해자에 대한 조사(침해품의 생산, 판매량, 실시시기, 생산방법 등)를 한다.

❸ 권리범위 확인

수집한 증거조사에 의해 특정된 대상물을 본인의 권리와 대비하여 권리범위에 속하는지를 확인하여 침해하고 있는지 여부를 검토한다.

❹ 침해 입증방법 확인

상대방의 실시가 본인의 권리를 침해하였다고 판단될 경우 침해 입증방법을 모색한다.

❺ 방침 결정

침해자에 대해서 경고할지의 여부, 경고할 경우 앞으로의 대응에 대한 방침을 세운다.

❻ 경고장 발송

경고는 통상 서면으로 하고 경고장에는 권리의 특정(등록번호, 특허권의 명칭 등) 및 상대방 실시형태의 특정(침해품, 방법 등) 및 회답기한 등을 명시하여, 내용증명 우편으로 발송한다. 상대방이 다수인 경우, 상대방을 특정하지 않고, 신문지상에 게재 경고하는 경우도 고려할 수 있다.

2) 특허권자로부터 침해 경고장을 받았을 때 대응 방안

(1) 여러 가지 대응 방안들

- 무효심판(특허심판원에 청구)
- '소극적' 권리범위 확인심판(특허심판원에 청구)

(2) 경고장을 받았을 경우 경고장 내용의 사실관계 확인

❶ 경고장 요건 검토

문제 특허의 등록번호, 권리의 현존 여부, 침해제품의 특정 여부를 검토한다. 불특정 시에는 무시해도 무방하다.

❷ 경고장 내용 검토

특허권자의 의도(라이센스 계약을 체결하고자 하는 것인지 아니면 시장진입 방해나 퇴출을 의도하는 것인지, 협상과 소제기 중 어느 쪽에 더 기울어 있는지), 요구 사항의 수용가능성 및 협상가능성 등을 종합적으로 검토한다.

❸ 대리인 선임 필요 검토

분쟁을 둘러싼 경고장 처리에 관하여 회사 내 처리능력, 경험이 충분하지 못한 경우 대리인 선임을 검토한다.

❹ 전문가의 감정서 확보

고의 침해에 대한 중벌 적용을 회피할 수 있는 효과적인 방어책이다.

❺ 경고장에 대한 회신

경고장에 대해서는 될 수 있는 한 기간 내에 성실하게 회신하여 권리자의 감정을 자극하지 않도록 한다.

(3) 침해여부 및 무효사유 판단

자사의 현재 실시품이 특허 권리범위에 속하는지의 여부 즉 침해여부판단을 하여야 하고, 상대방 권리를 무효로 할 수 있는 선행특허를 검색한다.

무효사유에는 신규성과 진보성의 결여가 대표적이다.

TIP

지식재산권의 경영(경고장의 장점)

경고장은 지식재산권을 행사함에 있어 소송에 들어가기 전에 행할 수 있는 수단으로써 시장 확보를 할 수 있는 간단하고 손쉬운 방법이다. 일반적으로 유통업체는 침해 경고장을 받게 되면 납품업체에 그 해결을 요구하고 문제가 해결될 때까지 제품의 판매 및 납품을 중단시킨다. 이를 통하여 경쟁사의 제품을 판매하는 것을 막거나 일정기간 동안 지연시킬 수 있어 시장점유율을 증대시킬 수 있다. 경고장이 부당하다는 결과가 나오더라도 이와 같은 결과가 나올 때까지는 상당한 기간이 소요되므로 이 기간 동안 시장 선점을 할 수 있다.

만약, 침해자가 본인의 특허권(지식재산권)에 대하여 전문가의 감정 등을 받음과 동시에 회신문 발송, 무효심판, 권리범위 확인심판을 제기했음에도 경고장을 또 발송한다든지 하는 경우 명예훼손죄, 허위사실유포죄, 업무방해죄로 고소될 수 있으며, 영업방해금지 등 가처분 신청을 제기당할 수도 있으므로 본인의 권리가 등록되어 있다는 것만으로 과도하게 권리행사를 하는 것은 주의해야 한다.

6. 특허괴물(NPE: Non-Practicing Entities)

- 제품을 직접 생산하거나 판매하지 않고 기술만 개발하여 획득한 특허를 판매하거나 특허권의 매입 등으로 확보한 특허로 특허소송 등을 통해 수익을 창출하는 특허전문 회사를 말한다.
- 특허소송만을 일삼아 영업이익을 얻는 기업을 특허괴물이라고도 한다.
  예 인텔렉추얼 벤처스(IV), 인터디지털, 아카시아 리서치, 오션 토모 등
- 순기능: 지식재산권의 새로운 패러다임의 제시, 특허권을 거래 대상으로 하여 새로운 교환적 가치의 발생, 개인 및 중소기업의 사업화 자금 조달
- 역기능(반사회적 기능): 특허권의 남용, 특허권의 비활용, 반혁신적(기술혁신, 산업발전), 소송남발로 소송비용 발생, 홀드업(holdup)[21], 침해자의 사업 방해

7. 특허풀(Patent Pool)

- 유사한 기술군의 특허를 보유하고 있는 회사들이 특허풀을 결성하여 그 회사들끼리만 특허를 공유하거나 라이센싱을 하고, 특허풀에 가입되어 있지 않는 회사는 배제를 시키는 단체를 말한다. 예 MPEG-LA
- 순기능: 보완적 기술 통합, 기술거래의 편리성, 특허비용 절감, 특허소송 배제, 기술확산
- 역기능(반사회적 기능): 특허풀에서 배제된 기업들에 불공정, 특허풀의 시장독점 가능성

21 특허권자가 과도하게 높은 로열티를 요구하여 경쟁자의 시장진입 자체를 차단할 수 있게 되는 현상

요약

- 특허청구범위 해석의 원칙으로 특허청구범위 기재사항 우선원칙(AER), 모든 구성요소 포함의 원칙, 발명의 설명 및 도면의 참작, 출원경과 참작의 원칙(금반언(禁反言)의 원칙) 등이 있다.
- 특허침해에는 직접침해와 간접침해가 있으며, 특허권자 또는 전용실시권자는 자기 권리를 침해한 자 또는 침해할 우려가 있는 자에 대하여 침해 금지 또는 예방을 청구할 수 있다.
- 특허소송은 크게 특허심결 취소소송과 특허침해소송으로 분류된다.
- 가처분 신청은 침해행위가 발생하였을 경우, 신속하게 특허권에 대한 침해를 금지시키기 위하여 침해 정지, 예방을 구하는 것이다.
- 특허권침해소송에서 민사적 구제 조치로서 침해금지 및 예방청구, 손해배상 · 부당이득반환 · 신용회복 청구 등이 있고, 형사적 구제 조치로서 침해죄 · 허위표시죄 · 몰수 등이 있다.
- 특허침해 종류에는 문언침해, 균등침해, 이용침해, 생략침해, 불완전이용침해, 선택침해, 우회침해 등이 있다.
- '특허괴물'이란 제품생산을 하지 않고 특허소송 등 특허권만으로 영업이익을 얻는 회사를 말한다.
- '특허풀'이란 유사한 기술군의 특허를 보유하고 있는 회사들이 특허풀을 결성하여 그 회사들끼리만 특허를 공유하거나 라이센싱을 하는 단체를 말한다.
- '표준특허(Essential Patent)'란 표준으로 선정된 기술을 특허로 획득한 것을 말하며, 표준기술은 사용하지 않을 수 없으므로 표준특허를 보유하고 있으면 막강한 권리를 보유하게 된다.

제5-7절 연습문제

1. 특허청구범위 해석에 대한 설명 중 틀린 것은?

❶ 특허 권리범위는 특허청구범위에 기재된 사항만에 의해 정하는 것이 원칙이다.

❷ 특허청구범위에 기재된 사항만에 의하여 권리범위를 확정할 수 없더라도 요약서를 참작해서는 안 된다.

❸ 모방품이 특허청구범위에 기재되어 있는 모든 구성요소를 포함하고 있어야 권리범위에 속한다고 할 수 있다.

❹ 발명의 설명이나 도면의 기재에 의하여 권리범위를 확장 해석할 수 있다.

❺ 직접침해와는 달리 간접침해는 청구범위의 일부를 생략한 경우에도 침해라고 해석할 수 있다.

정답: ❹.

설명: ❹ 발명의 설명이나 도면의 기재에 의하더라도 권리범위를 확장 해석할 수는 없다.

2. 갑은 특허권자로부터 본인의 특허발명이므로 실시하지 말라는 경고장을 받았다. 다음에서 갑이 취해야 할 조치 중 가장 부적절한 것은?

❶ 출원경과를 모두 조사하여 그 결과를 권리범위를 축소 해석하는 데 사용한다.

❷ 가처분 신청에 대하여는 본안소송도 있으므로 적당히 대응한다.

❸ 특허권이 유효한지 특허등록원부를 발급받아서 살펴본다.

❹ 협상을 하는 것이 유리한지, 소제기에 응하는 것이 유리한지 살펴본다.

❺ 특허청구범위를 분석하여 본다.

정답: ❷.

설명: ❷ 가처분 신청에 대하여는 아주 신중하게 대응하여야 한다.

3. 다음 중 특허권자의 권리를 보호하기 위한 민사적 해결 방법이 아닌 것은?

❶ 가처분 소송
❷ 부당이득 반환청구권
❸ 특허권자의 신용회복 청구
❹ 침해예방 청구 소송
❺ 침해죄

정답: ❺.

설명: ❺ 침해죄는 형사적 구제에 해당한다.

4. 지식재산권이 침해되었을 때, 구제수단에 대한 설명 중 틀린 것은?

❶ 산업재산권에 대한 민사적 구제수단에는 침해금지청구권, 손해배상청구권, 신용회복청구권 등이 있다.
❷ 산업재산권에 대한 침해죄를 범한 자에게는 7년 이하 징역 또는 1억 원 이하 벌금에 처한다.
❸ 상표권에 대한 침해죄는 비친고죄이다.
❹ 특허권에 대한 침해죄는 비친고죄이다.
❺ 유명상표의 식별력 손상 행위는 부정경쟁 행위이다.

정답: ❹.

설명: ❹ 특허권에 대한 침해죄는 특허권자 본인이 직접 고소해야 죄가 성립하는 친고죄이다.

5. 다음 중 특허권을 침해당하였을 때 특허권자가 취해야 할 조치로서 가장 거리가 먼 것은?

❶ 경고장을 발송하여 침해를 중지하도록 요구한다.
❷ 침해금지 소송을 청구한다.
❸ 가처분 소송을 청구한다.
❹ 상대방의 실시가 본인의 권리를 침해하였다고 판단될 경우 침해 입증방법을 모색한다.
❺ 적극적 권리범위 확인심판과 소극적 권리범위 확인심판 모두 청구한다.

정답: ❺.

설명: ❺ 소극적 권리범위 확인심판은 특허권자로부터 경고장을 받았을 때 피권리자가 청구하는 심판이다.

6. 다음 침해 형태 중 침해라고 보기에 가장 어려운 것은?

❶ 문언침해 ❷ 균등침해 ❸ 우회침해
❹ 생략침해 ❺ 이용침해

정답: ❹.

설명: ❹ 생략침해는 일반적으로 침해에 해당하지 않는 것으로 본다.

7. 제품을 직접 생산하거나 판매하지 않고 기술만 개발하여 획득한 특허를 판매하거나 특허권의 매입 등으로 확보한 특허로 특허소송 등을 통해 수익을 창출하는 특허 전문 회사와 거리가 먼 것은?

❶ 특허풀
❷ NPE(Non-Practicing Entities)
❸ 특허괴물
❹ 특허권의 남용
❺ 특허권을 거래 대상으로 하여 새로운 교환적 가치 발생

정답: ❶.

설명: ❶ 특허풀은 유사한 기술군의 특허를 보유하고 있는 회사들이 특허풀을 결성하여 그 회사들끼리만 특허를 공유하거나 라이센싱을 하는 단체이다.

제8절 해외출원, 국제조약

1. 해외출원

해외로 출원할 수 있는 방법은 다음 세 가지가 있다.

❶ 파리조약을 이용하여 1년 이내에 우선권을 주장하면서 출원하는 방법

❷ PCT 국제출원을 이용하여 출원하는 방법: 다수 국가로 해외 출원할 때 사용하는 방법으로 파리조약을 이용하면서 PCT 출원을 할 수 있다.

❸ 직접 해외로 출원하는 방법(잘 이용하지 않는 방법으로, 국내에서는 실시하지 않을 경우이다.)

2. PCT 국제출원 제도

1) 개요

❶ PCT(Patent Cooperation Treaty: 특허협력조약) 국제출원은 다수국가에 특허출원을 하고자 할 경우 하나의 국제출원서를 제출하면 전 세계의 PCT 가입국가에 동시에 특허출원한 효과가 발생하는 절차로서 해외출원시 각 나라마다 일일이 출원서를 제출해야 하는 번거로움을 덜어 줄 수 있는 해외 특허출원 절차이다. 현재 세계 대부분 국가들이 가입되어 있다.

❷ 우리나라 특허청은 국제출원업무(수리관청 및 지정관청 업무)를 맡고 있고, 2009.1.1일부터 한국어가 PCT 국제공개어로 채택되어 한국어출원이 가능하다.

❸ PCT 국제출원 후 최초 출원일로부터 30개월(미국, 일본) 또는 31개월(우리나라, EPO) 내에 각국에 번역문을 제출해야 한다. PCT는 해외로 특허출원 절차를 통일화 · 단순화할 뿐, 특허 허락 여부는 각국 특허청이 최종적으로 결정한다. 따라서 '국제특허'라는 용어는 없고, '국제출원'만이 있는 것이다. 번역문 제출시점을 기준으로 그 이전 단계를 국제단계, 그 이후 단계를 국내단계라고 한다.

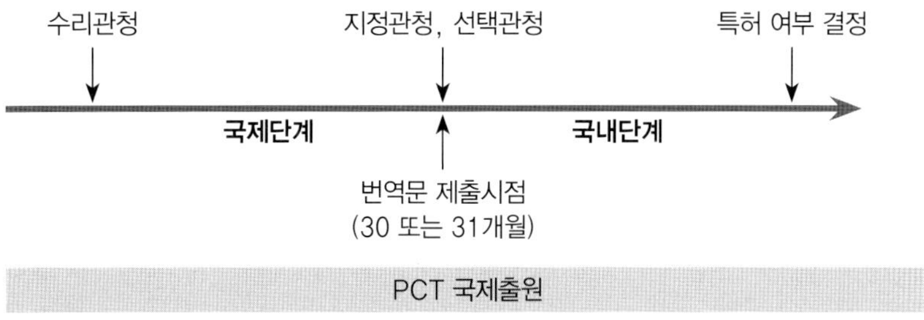

2) PCT 국제출원 절차

❶ 파리조약 우선권주장을 이용하는 경우 그 우선권주장에 기초가 되는 선출원 출원일로부터 1년 이내 출원하면서 PCT 국제출원을 할 수 있다. 우선권주장 없이 바로 국제출원을 할 수도 있다.

❷ 국제조사기관에서 선행기술조사 및 특허성에 관한 검토를 하여 그 결과를 "국제조사보고서" 및 "견해서"에 작성하여 출원인 및 WIPO 국제사무국에 통보한다.

❸ 국제사무국에서는 우선일로부터 18개월 경과 후 국제출원 일체 및 국제조사보고서에 대하여 국제공개를 한다.

❹ 선택적 절차로서 국제예비심사를 청구할 수 있다.

❺ 출원인은 상기 국제조사보고서 등을 기초로 각국에 진입하여 출원할 것인지 여부를 결정하고, 각국에 진입하고자 할 경우, 그 국가에 국제출원 번역문을 제출하여 특허 심사절차를 밟는다. 해당 국가에서는 자국 법률에 따라 특허 여부를 결정한다.

※ 한국 출원인은 국제조사기관으로 한국 · 오스트리아 · 호주 · 일본 특허청(일본어 출원에 한함) 중 하나를 선택할 수 있다.

❻ 국제출원절차는 번역문 제출 이전까지는 절차가 국제단계이므로 PCT 규정에 따라 일률적으로 진행되나, 각국에 번역문 제출 이후에는 각 지정국 국내법에 따라 독립적으로 진행된다.

3) PCT 국제출원 특징

❶ 단 한 번의 PCT 국제출원일이 전 세계 출원일이 되므로, 출원일자 확보를 위해 개별 출원을 할 필요가 없다.

❷ 개별 국가로 국내단계 진입(번역문 제출) 시기를 30(또는 31)개월까지 지연시킬 수 있어 특허획득 전략수립에 유리하다. 30개월 동안 시장성 및 사업성 등을 고려하여 개별 국가 진입 여부를 결정할 수 있어 비용을 절감할 수 있다.

❸ 국제조사보고서 및 견해서를 통해 국제출원된 발명과 동일 · 유사한 선행기술이 있는 경우 개별 국가로 특허출원을 중단하여 비용을 절감할 수 있다. 또한 국제조사보고서 및 견해서를 참고하여 보정이 가능하므로 특허 획득 가능성을 높일 수 있다.

❹ 해외 출원 시 하나의 PCT 국제출원으로 작성되므로 특허출원서 작성이 용이하다.

❺ PCT 국제조사 비용이 추가로 필요하다.[22]

3. 파리협약(우선권주장 출원)

산업재산권의 국제적 보호를 위하여 1883년 파리에서 체결한 협약으로 중요한 사항에 대하여 국제적으로 통일된 규범을 규정하기 위하여 체결된 조약이다. 우리나라는 1980년에 가입했으며, 가맹국은 총 172개국이다.

1) 특허독립의 원칙(속지주의)

특허는 각 국가마다 독립적으로 존속, 소멸한다는 원칙으로 어느 국가에서 특허를 받았다고 해서 다른 나라에서도 특허가 유효한 것이 아니므로 다른 나라에서 특허권을 행사하려면 그 국가에도 특허출원하여 특허를 받아야 한다.

2) 내외국인 동등의 원칙

각 회원국은 다른 회원국의 국민에게 지식재산권 보호와 관련하여 자국민보다 불리하지 않은 대우를 해야 한다는 원칙이다.

3) 우선권주장제도

어느 회원국가에 출원하고 동일한 발명을 1년 이내에 다른 회원국에 우선권을 주장하면서 출원하면 최초출원일을 기준으로 특허요건을 판단하는 것이다.

22 우리나라에서 국제조사를 받는 경우 국제조사비용은 130만 원이 소요되고, 미국에서 국제조사를 받을 경우 약 230만 원 정도 소요된다. 하지만, 국제조사 결과 특허성이 없다는 국제조사보고서 및 견해서가 나올 경우에는 각국에 진입하지 않거나, 보정하여 국내단계 진입시 필요한 경비를 줄일 수 있게 되므로 오히려 이익이 될 수 있다.

4) 강제 실시권 제도

특허를 받은 외국인이 특허를 실시하지 않음으로써 자국에 발생하는 국가적 불이익을 방지하기 위하여 각자의 국가는 일정요건에 해당하면 강제실시권을 발동할 수 있다.

TIP

파리협약의 기본 원칙과 TRIPs[20]의 기본 원칙

파리협약의 기본 원칙	TRIPs의 기본 원칙
내국민 대우의 원칙	내국민 대우의 원칙
특허독립의 원칙(속지주의 원칙)	최소한 보호 원칙
우선권주장의 인정 – 특허, 실용신안: 12개월 – 디자인, 상표: 6개월	최혜국 대우
강제실시권	권리소진 원칙

- 최소한 보호 원칙: 회원국은 TRIPs에서 요구하는 보호 수준보다 더욱 강화된 보호를 할 수는 있으나 반드시 그렇게 할 의무는 없다는 원칙
- 최혜국 대우: 지식재산권의 보호와 관련, 일방 회원국에 의해 다른 국가의 국민에게 부여되는 이익, 혜택, 특권 또는 면제는 즉시 그리고 무조건적으로 다른 모든 회원국의 국민에게 부여된다는 원칙
- 권리소진 원칙: 권리자가 권리가 제품화된 상품 혹은 기술 등을 양도하거나 실시권을 주면 권리가 소진되어 그 상표 또는 기술에 대해 자기 권리를 다시 주장할 수 없다는 원칙

4. 특허법조약(PLT)과 특허실체법조약(SPLT)

1) 특허법조약

특허법조약(PLT: Patent Law Treaty)은 특허에 관한 절차를 전 세계적으로 통일화 및 단순화하자는 조약이다. 유럽국가들을 중심으로 이루어진 조약이고, 한국, 미국, 일본은 아직 가입하지 않은 상태이다.

2) 특허실체법조약

특허실체법조약(SPLT: Substantive Patent Law Treaty)은 특허의 실체적 사항(명세서

23 Trade–Related Aspects of Intellectual Property Rights

기재요건, 청구범위 기재방법, 특허요건)을 통일화시키기 위한 조약으로 현재 논의 중에 있다.

5. 각종 국제기구 및 협약

1) 세계지식재산권기구(WIPO: World Intellectual Property Organization)

WIPO는 1967년 유엔 특별기구로 설립, 지식재산권을 전 세계적으로 보장하자는 취지에서 출범하여, 현재 회원국은 186개국이다. PCT 국제출원업무를 주로 맡고 있다.

2) IP5

한국, 미국, 중국, 일본, 유럽특허청(EPO)을 지칭하며, 이들 국가를 특허분야 선진 5개국(IP5)이라 한다. IP5는 세계 특허 출원 건수의 약 90%를 차지하며, IP5-PPH가 시행되고 있으므로 주요국가에 특허출원시 이를 이용하면 보다 빨리 특허를 획득할 수 있다.

3) 자유무역협정(FTA: Free Trade Agreement)

양자 간 협정인 한 · 미 FTA로 인한 특허법 개정 내용은, ❶ 공지예외 적용기간 연장(6개월→1년), ❷ 등록지연에 따른 특허권 존속기간 연장제도, ❸ 불실시에 따른 특허권 취소제도 폐지, ❹ 비밀유지명령제도 도입이다.

4) WTO/TRIPs 협정

TRIPs는 특허권, 실용신안권, 디자인권, 상표권, 저작권 등 지식재산권에 대한 최초의 다자간협정이다. 지식재산권에 대하여 국제간 무역마찰이 주요 이슈가 되자 WTO(The World Trade Organization)의 우루과이 라운드(UR) 다자간협상에서 의제로 채택되었으며 지식재산권의 국제적인 보호를 강화하고 침해에 대한 구제수단을 규정하고 있다.

5) 교토 의정서(Kyoto Protocol)

2005년에 발효된 주요선진국과 EU의 온실가스배출감소 의무규정으로서 기후변화협약 이행 강화를 위한 주제 중 '지식재산권에 대한 기술개발 및 이전 활성화'가 있다. 실제 구체적인 온실가스 감축 이행에 있어서는, 개도국의 경제개발과 선진국의 이해관계가 충돌하고 있어 좀처럼 합의점을 찾지 못하고 있다. TRIPs의 강제실시는 의약품 관

련 특허와 밀접한 관련이 있지만 다른 모든 특허기술에도 적용될 수 있다.[24]

6) 나고야 의정서/생물다양성 협약(CBD: Convention on Biological Diversity)

다른 나라의 전통지식으로 내려온 생물자원을 이용하여 의약 · 화장품 등을 만들어 이익이 발생하였을 경우 원산지 국가와 이익을 공유해야 한다는 내용으로, 특허유전자원 접근 및 이익 공유(ABS: Access to genetic resources and Benefit-Sharing)에 관한 의정서이다.

예 아프리카의 칼라하리에서는 사냥이나 먼 여행을 떠날 때 '후디아(식물)'를 껌처럼 씹으면 배고픔을 느끼지 못한다는 사실이 전통지식으로 내려오고 있다. 이 전통지식을 알게 된 영국의 파이토팜 제약회사는 후디아로부터 식욕억제제를 추출하여 다이어트 신약을 개발하였고, 원주민과의 협상 끝에 전통지식 이용료로 로열티의 6%를 지불하고 있다.

---

24 손승우, "기후변화협약과 지적재산권 및 기술이전의 조화", 지식재산연구 제5권 제1호(2010. 3).

요약

- PCT 국제출원은 다수 국가에 특허출원을 하고자 할 경우, 하나의 국제출원서를 제출하면 여러 PCT 가입국가에 동시에 '특허출원'한 것과 같다. '한국어'가 'PCT 국제공개어'로 채택되어 한국어출원이 가능하다.
- PCT 출원 후 각국에 번역문 제출시점을 기준으로 그 이전 단계를 국제단계, 그 이후 단계를 국내단계라고 한다.
- PCT는 해외로의 특허출원 절차를 단순화할 뿐, 특허 등록 여부는 각국 특허청이 결정하며, 개별 국가로의 국내단계 진입 시기를 약 30(또는 31)개월까지 지연시킬 수 있어 특허획득 전략수립에 유리하다.
- PCT를 이용하여 다수국가에 출원하면 비용이 저렴하며, 특허 획득 가능성을 높일 수 있고, 특허출원서 작성이 용이하다.
- PCT 국제출원은 출원에 관한 절차만을 인정하는 것이고, 특허를 부여해 주는 것은 아니므로, '국제특허출원'이라는 말은 있어도 '국제특허'란 말은 없다.
- 파리조약의 우선권 주장제도는 제1국 출원 후 이를 근거로 제2국에 1년 이내에 출원하면 특허요건(신규성, 진보성 등) 판단시 제1국 출원일로 소급하여 인정해 주는 제도이다.
- 특허법 조약(PLT)은 특허에 관한 절차를 전 세계적으로 통일화 및 단순화하는 조약이며, 특허실체법조약(SPLT)은 특허의 등록요건 등 실체적 사항을 통일화시키기 위한 조약으로 현재 논의 중이다.

제5-8절 연습문제

1. 다음 중 파리조약의 협약 내용이 아닌 것은?

❶ 내국민 대우의 원칙
❷ 특허독립의 원칙
❸ 우선권주장의 인정
❹ 강제실시권
❺ 권리소진 원칙

정답: ❺.

설명: ❺ 권리소진 원칙은 TRIPs 협약 내용이다.

2. TRIPs 협약 내용에 대한 설명 중 틀린 것은?

❶ 각 회원국은 다른 회원국의 국민에게 지식재산권 보호와 관련하여 자국민보다 불리하지 않은 대우를 해야 한다.
❷ 내국민 대우원칙에 따라 국내에 주소지나 영업소를 가진 자를 대리인으로 선정해야 한다는 의무를 부과할 수 없다.
❸ 최소한 보호 원칙은 TRIPs에서 규정한 수준보다 강화된 보호를 할 수는 있으나 반드시 그렇게 할 의무는 없다는 원칙이다.
❹ 권리소진 원칙은 권리는 한 번 소진되었으면 더 이상 권리를 주장할 수 없다는 원칙이다.
❺ 최혜국 대우 원칙은 특정 국가에 최대한의 혜택을 주었으면 다른 모든 국가에도 동일하게 최대한의 혜택을 주어야 한다는 원칙이다.

정답: ❷.

설명: ❷ 내국민 대우원칙의 예외에 따라 국내에 주소 등을 가진 대리인을 선정해야 한다.

3. 다음 중 PCT 국제출원의 장점이 아닌 것은?

❶ 출원일자 확보를 위해 개별 출원을 할 필요가 없다.
❷ 단 한 번의 PCT 국제출원으로 전 세계에 출원하게 되는 것이므로 1개국에 출원하더라도 전세계에 국제특허를 받을 수 있다.

❸ 개별 국가로 국내단계 진입 시기를 30 또는 31개월까지 지연시킬 수 있어 특허획득 전략수립에 유리하다.

❹ 특허 획득 가능성을 높일 수 있다.

❺ 특허출원서 작성이 용이하다.

정답: ❷.

설명: ❷ PCT 국제출원은 전세계적으로 출원일만 확보할 뿐이지 전세계에 걸쳐 특허를 받는 것이 아니다.

4. 해외로 특허출원하고자 한다. 다음 설명 중 가장 적절하지 못한 것은?

❶ 국내에서 제조 판매 등을 할 예정이 없다면 굳이 국내에 출원할 필요가 없다.

❷ 파리조약에서 우선권주장을 하려면 반드시 자국의 국내출원을 하고 우선권주장을 해야 한다.

❸ 장기간 동안 시장동향을 살펴보고 해외출원을 할 경우 PCT 국제출원이 유리하다.

❹ 다수 국가로 해외 출원할 때는 PCT 국제출원으로 하는 것이 유리하다.

❺ 미국에 먼저 출원하고 이를 기초로 우리나라에 파리조약의 우선권주장을 할 수도 있다.

정답: ❷.

설명: ❷ 파리조약은 반드시 국내출원을 기초로 하는 것이 아니라 회원국의 어느 국가이든 상관없이 최초에 출원한 날로부터 1년 이내에 출원하면 우선권주장을 인정받을 수 있다.

5. 대학원 박사과정에 있는 김발명 학생은 2017.8.20일 하계 통신학회에서 본인의 논문을 최초로 발표하였다. 다음 중 틀린 것은?

❶ 2018.8.20일까지 한국특허청에 특허출원하면 본인의 논문에 의하여 거절되지 않는다.

❷ 2018.8.20일까지 한국특허청에 특허출원하고, 이를 기초로 일본에 1년 이내에 출원하면 우선권주장을 인정받을 수 있다.

❸ 2018.8.20일까지 한국특허청에 특허출원하더라도 그 사이에 김발명의 논문과 동일한 발명이 공개되면 거절된다.

❹ 2018.8.20일까지 한국특허청에 PCT 국제출원을 할 수 있다.

❺ 2018.8.20일까지 미국특허청에 특허출원하면 본인의 논문에 의하여 거절되지 않는다.

정답: ❷.

설명: ❷ 공지예외 적용기간은 본인의 논문을 공개한 이후 최대한 한국은 1년, 일본은 6개월, 미국은 1년 이내에 특허출원을 해야 본인의 논문에 의하여 거절되지 않는다. 따라서 일본에 출원하려면 2018.2.20일까지 특허출원해야 한다.

제9절 실용신안

1. 실용신안제도 개요

1) 발명과 고안의 차이

- 자연법칙을 이용한 기술적 사상의 창작으로서 고도한 것은 발명이며, 고도하지 않은 것은 고안에 해당한다.
- 실용신안으로 등록을 받을 수 있는 고안은 산업상 이용할 수 있는 "물품의 형상 · 구조 또는 조합"에 관한 고안이다.

2) 실용신안으로 등록받을 수 없는 고안

- 실용신안은 물품의 형상 · 구조 또는 조합에 관한 것이므로 물품성이 없는 것은 실용신안의 대상이 아니므로 특허로 출원하여야 한다.

예 방법, 프로그램, 시스템, BM(비즈니스 모델), 물질, 재질, 동물, 식물, 미생물, 조성물, 화합물, 토양, 점토, 액체 관련 기술은 실용신안등록 대상이 아니다. 전자회로는 물품으로 간주하여 실용신안등록 대상으로 하고 있다.

---

2. 실용신안제도와 특허제도 비교

실용신안제도와 특허제도 비교

구분	실용신안	특허
보호대상	물품의 형상 · 구조 또는 조합에 관한 자연법칙을 이용한 기술적 사상의 창작	자연법칙을 이용한 기술적 사상의 창작으로서 고도한 것
진보성	'극히' 용이하게 고안 가능한지 여부	용이하게 발명 가능한지 여부
권리존속기간	등록일로부터 출원일 후 10년	등록일로부터 출원일 후 20년
심사청구	출원일로부터 3년 이내 누구든지 가능	출원일로부터 3년 이내 누구든지 가능
우선심사	• 우선심사 청구제도 있음. • 출원과 동시에 심사청구를 하고 그 출원 후 2개월 이내에 우선심사 신청이 있는 경우도 가능	• 우선심사 청구제도 있음. • 특허청장이 외국특허청장과 우선심사 하기로 합의한 특허출원도 가능
첨부서류	도면이 반드시 필요	도면은 필요한 경우에만 제출

- 2016년도에 새롭게 도입된 제도로서, 특허가 등록된 이후 6개월 내에 누구나 특허를 취소 신청할 수 있는 특허취소신청제도를 실용신안에서도 동일하게 도입하였다.

요약

- 실용신안의 고안과 발명의 차이점은 '고도성'의 여부에 차이가 있으며, 고안을 소발명이라고 하고, 특허를 대발명이라고 한다.
- 실용신안으로 등록을 받을 수 있는 고안은 산업상 이용할 수 있는 **'물품의 형상 · 구조 또는 조합'**에 관한 고안이다.
- 실용신안은 물품의 형상 · 구조 또는 조합에 관한 것이므로 방법, 프로그램, 시스템, BM(비즈니스 모델) 관련 기술은 실용신안 대상이 아니다.
- 실용신안 권리기간은 등록일로부터 출원일 후 10년이고, 특허는 20년이다.
- 실용신안 심사청구기간은 출원일부터 3년 이내이고, 특허도 동일하다.
- 실용신안 출원 시에는 반드시 도면이 첨부되어야 한다.

제5-9절 연습문제

1. 다음 ( ) 속에 들어갈 단어로 바르게 묶은 것은?

> 실용신안등록은 산업상 이용할 수 있는 물품의 ( ), ( ) 또는 ( )에 관한 고안을 대상으로 한다.

❶ 시각성, 예술성, 조립용이성
❷ 형태성, 조립성, 구조성
❸ 형상, 구조, 조합
❹ 형태, 부품, 구조
❺ 모양, 구조, 조립

정답: ❸.

설명: 실용신안으로 등록을 받을 수 있는 고안은 산업상 이용할 수 있는 "물품의 형상 · 구조 또는 조합"에 관한 고안이다.

2. 다음 실용신안등록 출원절차 및 심사에 대한 설명 중 가장 거리가 먼 것은?

❶ 실용신안등록 출원 시 반드시 도면이 첨부되어야 한다.
❷ 실용신안에 대한 신규성 판단은 기술적 사상이므로 특허와 동일하게 판단한다.
❸ 실용신안에 대한 진보성을 판단할 때는 극히 용이하게 고안할 수 있는 것인지를 판단한다.
❹ 기술적 사상을 보호하는 것이므로 간단한 고안이라면 방법에 대한 고안도 실용신안으로 보호받을 수 있다.
❺ 실용신안 보호 대상이 아닌 것을 출원했을 경우, 출원 이후에도 특허로 변경출원할 수 있다.

정답: ❹.

설명: ❶ 실용신안은 물품에 대한 기술적 사상이므로 반드시 도면이 있어야 한다. ❷, ❸ 신규성 판단은 동일하지만, 진보성 판단은 고안일 경우는 '극히' 용이하게 고안할 수 있는지를 판단한다. ❹ 방법에 대한 기술적 사상은 실용신안의 대상이 아니다.

3. 실용신안제도와 특허제도에 대한 설명 중 틀린 것은?

❶ 심사청구기간은 특허는 출원일로부터 3년 이내, 실용신안은 등록일로부터 3년 이내이다.

❷ 보호기간은 특허는 등록일로부터 출원일 후 20년, 실용신안은 10년이다.

❸ 보호대상은 특허는 모든 기술적 사상이고, 실용신안은 물품에 대해서만 보호가 가능하다.

❹ 출원 시 첨부서류에서 특허는 도면이 없어도 되지만, 실용신안은 반드시 있어야 한다.

❺ 특허로 출원했으나 진보성이 없어서 거절이유 통지서를 받은 경우 실용신안으로 변경출원하면 등록받을 수도 있다.

정답: ❶.

설명: ❶ 실용신안 등록일로부터가 아니라 출원일로부터 3년 이내이다.

4. 다음 중 실용신안등록을 받을 수 있는 것은?

❶ 자동차의 새로운 엔진 구조

❷ 자동차의 새로운 ABS 브레이크 작동 방법

❸ 자동차의 새로운 백미러 작동 방법

❹ BM(Business Model)

❺ 간단한 새로운 컴퓨터프로그램

정답: ❶.

설명: 물품성이 없는 것은 고안의 대상이 아니다.

STANDARD PROCEDURE OF
INTELLECTUAL PROPERTY MANAGEMENT

CHAPTER 06

(기초, 창출, 보호편) 디자인권

제1절 디자인 요건

1. 디자인의 정의

- 디자인보호법에서 '디자인'이란 물품의 "형상 · 모양 · 색채" 또는 이들을 결합한 것으로서 시각을 통하여 미감을 일으키게 하는 것을 말한다.
- 디자인의 대상은 물품, 물품의 부분(한 벌의 물품의 부분은 제외) 및 글자체이다.
- "글자체"란 기록이나 표시 또는 인쇄 등에 사용하기 위하여 공통적인 특징을 가진 형태로 만들어진 한 벌의 글자꼴(숫자, 문장부호 및 기호 등의 형태를 포함한다)을 말한다.

2. 디자인의 성립요건

디자인의 성립요건은 물품성, 형태성, 시각성, 심미성이다(부분디자인과 글자체디자인은 제외).

1) 디자인의 물품성

'물품'이란 독립성이 있는 구체적인 물품으로서 유체동산을 의미한다.

예 물품성이 있는 것: 식품의 형태(빵 등), 글자체는 물품성이 있는 것으로 간주함.

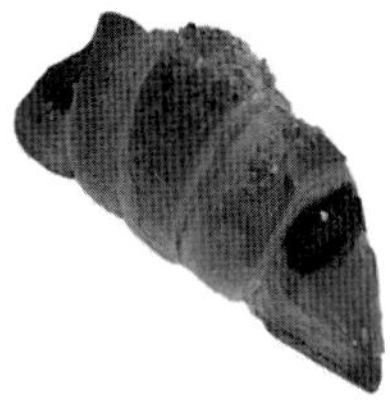
빵

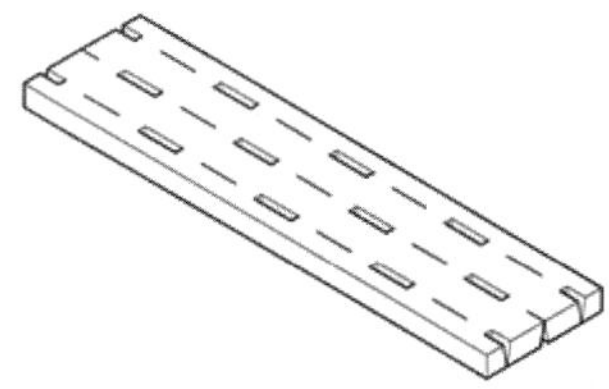
가공 오징어

(1) 부동산

❶ **물품성이 인정되는 경우**

예 방갈로, 이동부스, 이동판매대, 방범초소, 승차대, 이동화장실, 조립가옥, 공중전화박스 등

조립가옥

❷ **물품성이 인정되지 않는 경우**

예 현장시공을 통해 건축되는 부동산으로서 공업적 생산방법으로 양산되기 어렵고 운반될 가능성이 희박한 것

물품성이 없어서 디자인등록된 권리가 무효로 된 사례

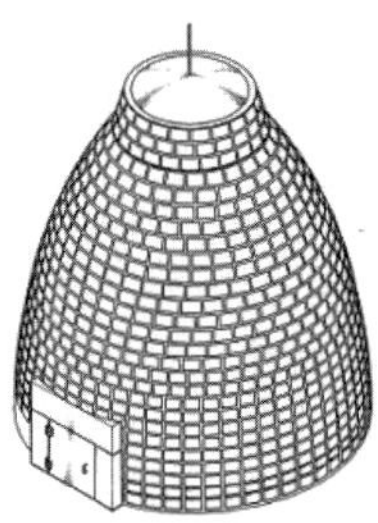

한증막은 그 재질과 구조 및 형상과 모양 등에 비추어 볼 때, 현장 시공을 통해 건축되는 부동산에 해당하는 것으로 판단되며, 공업적인 생산방법에 의하여 동일한 형태로 양산되고 운반될 수 있는 유체동산이라고 보기 어려워 이 사건 등록디자인은 공업상 이용가능성이 인정되지 아니한다(특허법원 판결, 2007허(당)5260).

(2) 일정한 형체가 없는 것: 물품성 없음

예 기체, 액체, 전기, 빛, 열, 음향 및 전파 등

(3) 분상물(粉狀物) 또는 입상물(粒狀物)의 집합으로 된 것: 물품성 없음

예 시멘트, 설탕 등

(4) 합성물의 구성 각 편(부분디자인으로 출원하여 등록받을 수 있음): 물품성 없음
단, 완성형태가 다양한 조립완구의 구성 각 편과 같이 독립거래의 대상이 되는 것은 디자인등록의 대상이 된다.

(5) 독립하여 거래대상이 될 수 없는 물품의 부분(부분디자인으로 출원하여 등록받을 수 있음): 물품성 없음

예 양말의 뒤꿈치, 병의 주둥이 등

(6) 물품 자체의 형태가 아닌 것: 물품성 없음

예 손수건 또는 타월 등을 접어서 이루어진 꽃모양과 같이 물품을 상업적으로 이용하는 과정에서 만들어지는 디자인으로서 그 물품 자체의 형태로 볼 수 없는 것, 전시하기 위하여 스카프를 "접은 꽃 모양의 디자인"으로 한 것은 등록받을 수 없다.

2) 디자인의 형태성

디자인의 "형상 · 모양 · 색채"란 물품의 외관에 관한 형태성 요소를 말하는 것으로서, 물품은 유체동산이므로 형상이 결합되지 않은 모양 또는 색채만의 디자인 및 모양과 색채의 결합디자인은 인정되지 않는다. 단, 글자체는 예외이다.

3) 디자인의 시각성

'시각 외의 감각을 주로 하여 파악되는 것', '분상물(粉狀物) 또는 입상물(粒狀物)의 하나의 단위', '외부에서 볼 수 없는 것. 즉, 분해하거나 파괴하여야 볼 수 있는 것(다만, 뚜껑을 여는 것과 같은 구조로 된 것은 그 내부도 디자인의 대상이 됨)', '확대경 등에 의해 확대하여야 물품의 형상 등이 파악되는 것'은 디자인등록의 대상이 되지 않는다. 예를 들어, 만화경 속의 웃는 얼굴 모양(확대도)은 통상적으로 확대하여 보는 것이므로 디자인으로 등록받을 수 있다.

예 물품의 거래에서 '확대하여 관찰하는 것이 통상적'인 경우에는 시각성이 있는 것으로 본다.

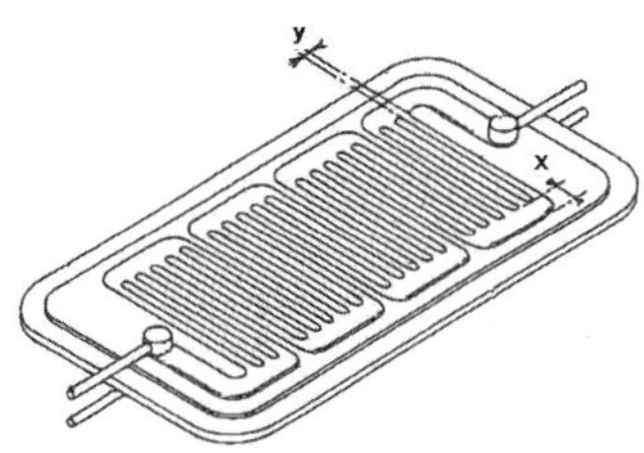

[디자인의 설명] 연료전지 셀의 치수(1.5mm, x: 1.5~2.0mm, y: 0.6~1.0mm)

4) 디자인의 심미성

'기능 · 작용 · 효과를 주목적으로 한 것으로서 미감을 거의 일으키게 하지 않는 것', '디자인으로서 짜임새가 없고 조잡감만 주는 것으로서 미감을 거의 일으키게 하지 않는 것'은 미감이 없는 것으로 본다.

5) 부분디자인의 성립요건

부분디자인이 다음 요건을 구비하지 못한 경우에는 디자인 성립요건에 위배되어 거절된다.

❶ 부분디자인의 대상이 되는 물품이 통상의 물품에 해당할 것(독립성이 있고 거래 대상이 될 것)
❷ 물품의 부분의 형태라고 인정될 것
❸ 전체의 부분으로서 하나의 창작단위로 인정될 것
❹ 한 벌 물품의 디자인에 관한 부분디자인이 아닐 것

부분디자인에 해당하여 디자인 등록을 받은 사례 [물품명: 휴대폰 케이스]

1. 본 디자인의 상부에 형성된 토끼의 귀 모양의 내부에는 전화 또는 메시지 수신 시 빛을 발광하도록 램프가 내장될 수도 있으며, 토끼의 귀 모양에는 이어폰의 와이어를 감을 수 있는 것임.
2. 본 물품의 도면중 회색으로 표현된 케이스 본체의 점선부분(연한 회색 부분)을 제외한 나머지 부분을 부분디자인으로서 디자인등록을 받고자 하는 부분임.

6) 글자체디자인의 성립요건

'글자체'란 기록이나 표시 또는 인쇄 등에 사용하기 위하여 공통적인 특징을 가진 형태로 만들어진 한 벌의 글자꼴(숫자, 문장부호 및 기호 등의 형태 포함)을 말하는 것으로서, 글자체는 '물품'으로 보며 '형상'을 수반하지 않는다. 글자체디자인이 다음 요건을 구비하여야 등록받을 수 있다.

❶ 기록이나 표시 또는 인쇄 등에 사용하기 위한 것일 것
❷ 공통적인 특징을 가진 형태로 만들어진 것일 것
❸ 한 벌의 한글 글자꼴, 한 벌의 영문자 글자꼴, 한 벌의 한자 글자꼴, 그 밖의 한 벌의 외국문자 글자꼴, 한 벌의 숫자 글자꼴 또는 한 벌의 특수기호 글자꼴일 것

❹ 글자체의 모양 · 색채 또는 이들의 결합일 것(형상은 등록요건이 아님)
❺ 글자체가 시각을 통하여 미감을 일으키는 것일 것

3. 디자인 등록요건

1) 개요

- 부등록 사유(소극적 요건): 국기, 국장, 군기 또는 선량한 풍속에 어긋나는 디자인
- 절차적 요건

❶ 디자인의 대상이 되는 물품의 구분에 따른 출원
❷ 디자인 일부심사 등록출원을 할 수 있는 물품에 따른 출원
❸ 1디자인 1등록 출원
❹ 복수디자인등록 출원
❺ 한 벌 물품의 디자인등록 출원
❻ 부분디자인등록 출원 요건

- 실체적 요건(적극적 요건)

❶ 공업상 이용가능성이 있는 디자인일 것(공업상 이용가능성)
❷ 신규한 디자인일 것(신규성)
❸ 공지된 디자인으로부터 창작성이 있는 디자인일 것(창작성)

2) 소극적 요건: 등록을 받을 수 없는 디자인(부등록 사유에 해당하는 디자인)

❶ 국기, 국장, 군기, 훈장, 포장, 공공기관 등의 표장과 외국의 국기, 국장 또는 국제기관 등의 문자나 표지와 동일하거나 유사한 디자인
❷ 도덕관념이나 선량한 풍속에 어긋나거나 공공질서를 해칠 우려가 있는 디자인
❸ 타인의 업무와 관련된 물품과 혼동을 가져올 우려가 있는 디자인, 타인의 '저명한' 상표 · 서비스 명칭 또는 단체표장을 디자인으로 표현한 경우, '비영리 법인의 표장'을 디자인으로 표현한 경우는 디자인의 일부 구성요소로 포함한 경우에도 디자인으로 등록받을 수 없다.
❹ 물품의 기능을 확보하는 데에 불가결한 형상만으로 된 디자인. 예 접시모양의 파라보라 안테나 디자인 출원, 규격봉투 디자인 출원 같은 경우에는 디자인으로 등록받을 수 없다. 단, 규격을 정한 주목적이 기능의 발휘에 있지 않은 경우에는 디자인으로 등록받을 수 있다.

3) 절차적 요건

가. 디자인의 대상이 되는 물품의 구분에 따른 출원 요건

- 디자인등록출원시에는 디자인 물품류별 물품목록을 참고하여 출원서의 [물품류] 기재란에 국제분류의 류(Class)를 기재하여야 한다.
- 물품류 또는 물품을 잘못 기재한 경우에는 1디자인 1등록출원에 위반되어 등록을 받을 수 없다.

TIP

우리나라는 2014.7.1일부터 헤이그 국제 디자인등록출원제도가 시행됨에 따라 산업디자인의 국제분류인 로카르노 분류와 한국고유 분류를 겸용하고 있다. 로카르노 분류는 32개류로 되어 있다.

나. 출원의 형태에 따른 등록요건

(1) 1디자인 1등록출원 등록요건

디자인등록출원은 물품류 구분에 따라 1디자인마다 1디자인등록출원으로 하여야 한다. 1물품성 인정 여부는 결합상태로 보아서 각 물품의 기능 · 용도가 새로운 하나의 기능 · 용도로 인식될 경우 인정된다.

- 인정 예 너트와 볼트, 찻잔과 찻잔접시
- 불인정 예 분리된 의자와 책상

(2) 동적디자인출원 등록요건

동적디자인은 동작상태의 변화를 나타내는 디자인이기 때문에 중간 과정이 나타나야 한다. 중간과정이 없이 변화하기 전의 디자인과 완전히 변화한 후의 디자인 도면만 제시할 경우 등록을 받을 수 없다.

예 아래의 트랜스포머는 중간과정이 없어 동적디자인으로 등록받을 수 없다.

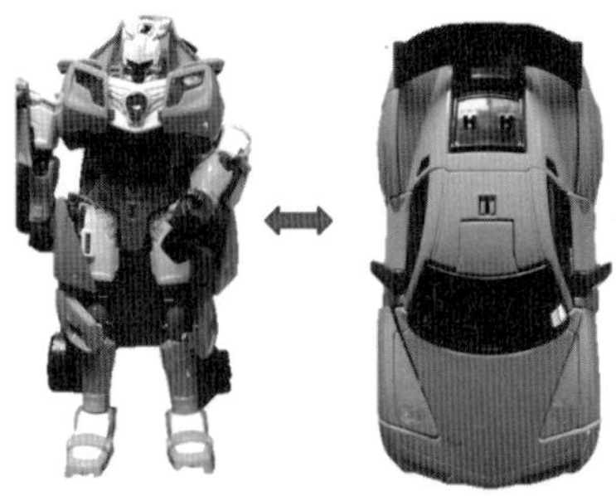

(3) 디자인일부심사등록출원 등록요건

디자인일부심사등록출원은 로카르노 물품분류 제2류(의류 및 패션잡화 용품), 제5류(섬유제품, 인조 및 천연 시트직물류), 제19류(문방구, 사무용품, 미술재료, 교재) 내에서 하여야 한다. 또한 제2류, 제5류, 제19류에 해당하는 물품을 디자인일부심사등록출원으로 출원하지 않고 디자인심사등록출원으로 출원하면 거절된다.

TIP

과거 "무심사등록출원"이 2014.7.1일부터 명칭만 "디자인일부심사등록출원"으로 변경되었다. 이는 일부심사하는 부분이 있음에도 마치 모든 사항을 심사하지 않고 디자인등록을 해주는 것처럼 여겨지기 때문이었다.

(4) 복수디자인등록출원 등록요건

1디자인 1등록출원에도 불구하고 복수디자인등록출원은 어느 물품류든 상관없이 같은 물품류에 속하는 것들을 100 이내의 디자인으로 하여 출원한다. 복수디자인등록출원이 같은 물품류에 속하지 않으면 거절된다.

(5) 한 벌 물품의 디자인등록출원 등록요건

한 벌 물품의 디자인등록출원은 한 벌의 물품의 구분에 규정되어 있는 물품에 해당하여야 하며, 한 벌 전체로서 통일성이 있어야 한다.

(6) 부분디자인등록출원 등록요건

- 부분디자인을 출원할 때에는 물품명에는 해당 부분을 표현하는 명칭이 아닌 그 물품 자체의 명칭을 사용하여야 하며, 한 벌의 물품의 부분에 관한 디자인을 부분디자인으로 출원하면 등록받을 수 없다.
- 부분디자인이 물리적으로 분리되어 있을지라도 대칭 또는 한 쌍이 되는 등 관련성을 가지고 있는 것은 등록받을 수 있다.

(7) 관련디자인등록출원 등록요건

- 출원인은 자기의 등록디자인 또는 디자인등록출원한 디자인("기본디자인")과만 유사한 디자인("관련디자인")에 대하여는 그 기본디자인의 디자인등록출원일부터 1년 이내에 디자인등록출원된 경우에 한하여 관련디자인으로 디자인등록을 받을 수 있다.
- 디자인등록을 받은 관련디자인 또는 디자인등록출원된 관련디자인과만 유사한 디자인은 디자인등록을 받을 수 없다.

4) 실체적 요건(적극적 요건)

가. 공업상 이용 가능성

(1) 공업상 이용할 수 있는 디자인의 요건

공업적 생산방법에 의하여 양산이 불가능하여 공업상 이용할 수 없는 디자인은 디자인 등록을 받을 수 없다. 공업상 이용가능성이란 공업적 생산방법에 의하여 동일한 형태의 물품이 양산될 수 있는 것을 말한다.

예 자연물을 가공한 것으로서 공업상 이용가능성이 있는 디자인[25]

폐백닭(곶감, 오이 등)

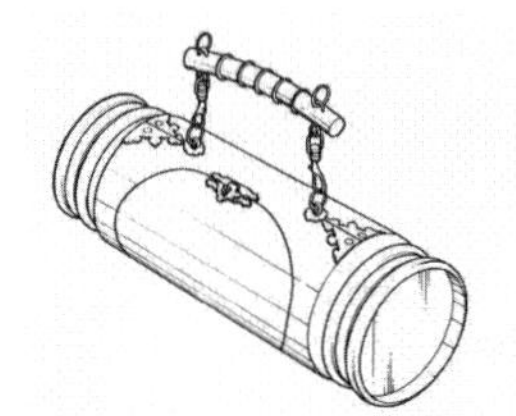

핸드백(대나무)

공업적 생산방법에 의하여 제조가 가능한 것으로 볼 수 없는 디자인은 다음과 같다.

1. 자연물(예 동물박제, 꽃꽂이, 수석)
2. 순수미술(예 그림, 유리공예작품, 도자기작품, 설치미술작품)
3. 물품을 상업적으로 취급하는 과정에서 만들어지는 서비스디자인
4. 부동산에 해당하는 건축디자인, 조경디자인

(2) 공업상 이용할 수 있는 디자인의 구체성 요건

1. 열리고 닫히거나 펼쳐지고 접히는 물품의 디자인으로서 변화하기 전후의 상태를 나타내지 않아 변화하기 전과 후의 상태를 알 수 있는 도면이 없는 경우
2. 동적디자인으로서 그 움직이는 상태를 표현하지 않으면 그 디자인을 충분히 파악할 수 없는 경우에 정지상태의 도면과 그 동작 상태를 알 수 있는 도면이 없는 경우
3. 부분디자인 표현시 부분디자인으로 등록받으려는 부분의 범위가 명확하게 특정되지 않은 경우. 부분디자인등록을 받으려는 부분을 실선, 그 외의 부분을 파선 또는 이와 상응하는 표현방법(색채 등)에 따르지 않은 경우.

25 특허청, 중소기업을 위한 브랜드 디자인 경영 매뉴얼, 2007. 14p.

예 **부분디자인을 실선으로 표시한 경우 [물품명: 쇼핑백] [디자인등록번호: 30-0533251]**

1. 실선으로 표현된 부분이 부분디자인으로 디자인등록을 받고자 하는 부분임.
2. 도면에 표시된 문자는 디자인의 대상에서 제외됨.

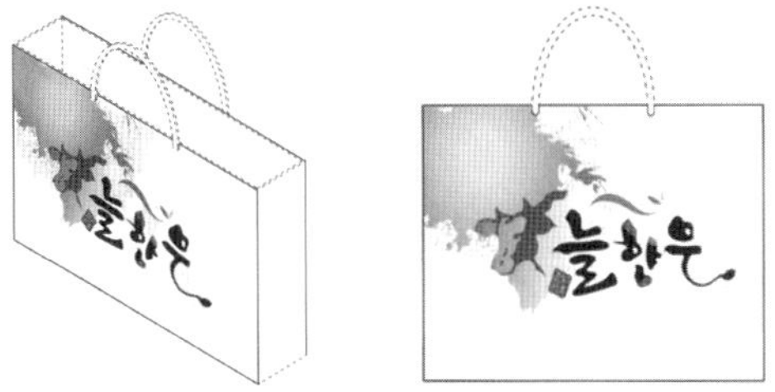

예 **부분디자인을 색채로 표시한 경우 [물품명: 로봇용 팔] [디자인등록번호 30-07424670001]**

1. 본 디자인은 휴대폰 매장에 설치되어 휴대폰을 홍보하고 거치하는 데 사용되는 것임.
2. 본원 디자인은 부분디자인으로서, 흰색으로 표시된 부분을 제외한 손모양을 부분디자인으로 등록받고자 하는 것임.

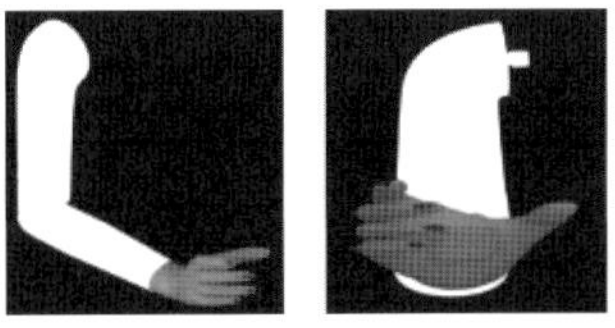

❹ 정지상태의 도면과 그 동작 상태를 알 수 있는 도면이 없는 경우

예 **동영상파일을 실행하였을 때 동작의 궤적을 나타낸 경우[물품명: 화상디자인이 표시된 멀티미디어 단말기] [디자인등록번호 30-0677594]**

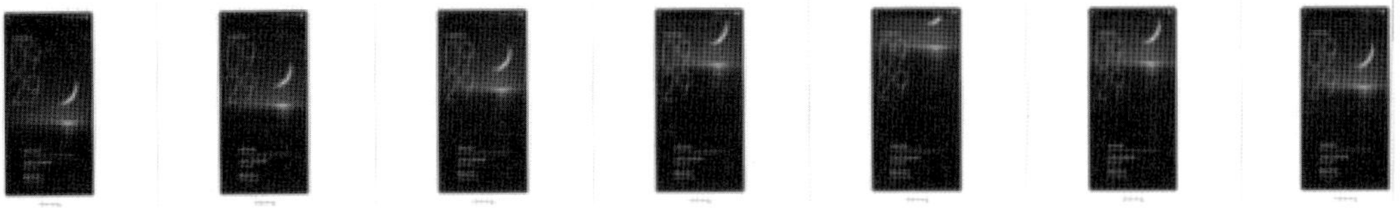

❺ 글자체디자인을 표현하는 도면이 지정글자 도면, 보기문장 도면 및 대표글자 도면 중 일부가 없는 경우

나. 신규성

디자인등록출원 전에 '국내 또는 국외'에서 공지되었거나 공연히 실시된 디자인 또는 반포된 간행물에 게재되었거나 전기통신회선을 통하여 공중이 이용가능하게 된 디자인(이하 "공지디자인") 또는 이와 유사한 디자인은 신규성이 없어 등록을 받을 수 없다.

(1) 국내 또는 국외에서 공지(公知)되었거나 공연(公然)히 실시된 디자인

❶ 디자인등록출원 전에 국내 또는 국외에서 공지된 디자인

공지된 디자인이란 디자인등록출원 전에 디자인의 내용이 불특정 다수인에게 알려질 수 있는 상태로 놓여진 디자인을 말한다. 디자인등록이 되면 그 '등록일'로부터 공지된 것으로 본다.

❷ 디자인등록출원 전에 국내 또는 국외에서 공연히 실시된 디자인

공연히 실시된 디자인이란 디자인등록출원 전에 불특정 다수인에게 알려질 수 있는 상태로 실시된 디자인을 말한다.

❸ 선행 디자인의 공지된 날과 출원디자인의 출원일이 같은 경우

출원된 디자인의 출원일이 선행디자인의 공지된 날과 같고, 시간의 선후가 불명확한 경우에는 그 공지를 이유로 신규성이 상실되지 않는다.

(2) 국내 또는 국외에서 반포된 간행물에 게재되었거나 전기통신회선을 통하여 공중(公衆)이 이용할 수 있게 된 디자인

간행물이란 공보, 서적, 잡지, 신문, 카탈로그, 팸플릿, CD-ROM, 마이크로필름 등을 말하며, 전기통신회선이란 인터넷, 케이블텔레비전 등과 같은 것을 말한다.

(3) 한 벌 물품의 디자인, 신규성 요건

한 벌 물품의 디자인에 대해서는 '한 벌 전체'로서만 신규성 요건을 판단한다.

(4) 디자인일부심사등록출원 신규성, 창작성 등 판단

디자인일부심사등록출원에 대해서는 신규성 모두와 창작성 중 일부를 심사하지 않는다. 다만, 제3자의 정보 제공에 따라 정보 및 증거가 제공된 경우에 신규성에 대하여 심사할 수 있다.

다. 신규성 상실 예외

(1) 신규성 상실 예외 규정 내용

본인디자인을 공개(A)한 후 12개월 이내에 본인디자인을 출원하면, 본인의 공개된 디자인(A)에 의해서는 거절되지 않는다.

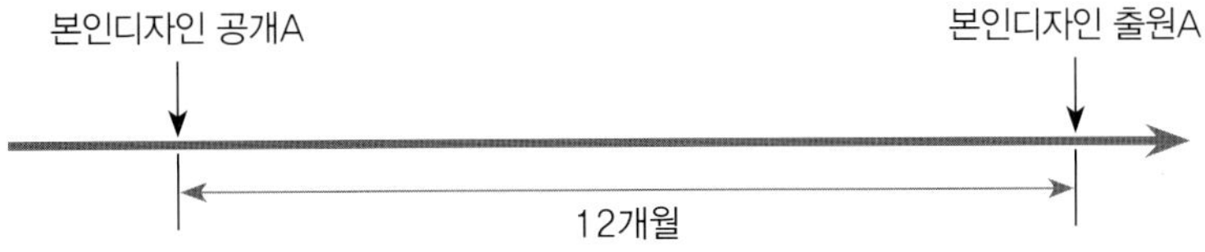

(2) 신규성 상실 예외 주장 기간

- 출원할 때
- 의견서를 제출할 때
- 디자인일부심사등록 이의신청에 대한 답변서 등을 제출할 때
- 무효심판에 대응하여 제출하는 답변서를 제출할 때

라. 창작성

공지디자인 또는 이들의 결합에 의하거나, '국내 또는 국외'에서 널리 알려진 형상 · 모양 · 색채 또는 이들의 결합("주지의 형상 · 모양")에 의하여 그 디자인이 속하는 분야에서 통상의 지식을 가진 자("당업자")가 용이하게 창작할 수 있는 디자인은 창작성이 없어 디자인등록을 받을 수 없다.

(1) 용이 창작 판단기준

구성요소 중 공지형상 부분이 있다고 하여도 디자인을 구성하는 각 요소를 부분적으로 분리하여 대비할 것이 아니라 전체와 전체를 대비 관찰하여 판단하여야 한다. 기능 및 용도, 위치, 크기, 범위 등을 종합적으로 고려하여 판단한다.

예 TV, 인터넷의 만화영화 또는 게임에 나오는 캐릭터는 널리 알려져 있는 형상 · 모양이다. 캐릭터 '자체'는 물품이 아니므로 디자인등록을 받을 수 없으며, 잘 알려진 캐릭터를 인형으로 디자인등록출원을 하면 등록받을 수 없다. 아래 A, B 모두 등록받을 수 없다.

(2) 용이 창작 유형

❶ 공지디자인의 결합에 기초한 용이 창작

- 디자인 구성요소의 일부분을 다른 디자인으로 치환

  예 공지의 시계가 부착된 라디오의 시계 부분을 단순히 다른 시계의 형상으로 치환한 "시계가 부착된 라디오"

- 복수의 디자인을 조합하여 하나의 디자인을 구성

  예 공지의 책상 형상에 공지의 책꽂이 형상을 부착하여 이루어진 "책꽂이가 부착된 책상"

❷ 구성요소의 배치변경에 의한 용이 창작

  예 공지디자인의 구성요소의 배치를 변경한 것에 지나지 않는 "전화기"

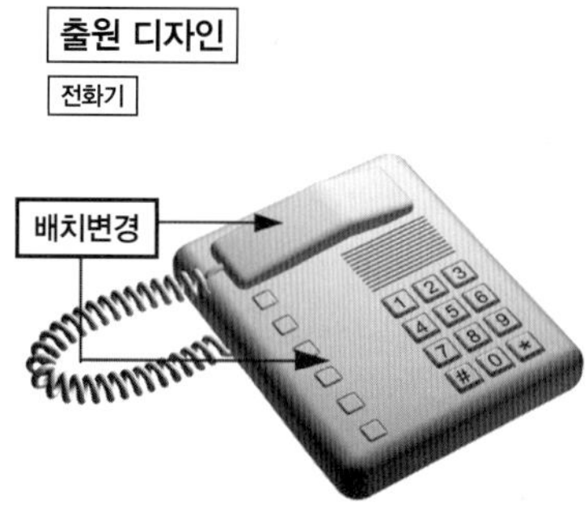

❸ 디자인의 구성요소 비율의 변경이나 구성단위 수의 증감에 의한 용이 창작

예 공지디자인의 구성단위 수를 달리한 것에 지나지 않는 "벤치"

공지디자인

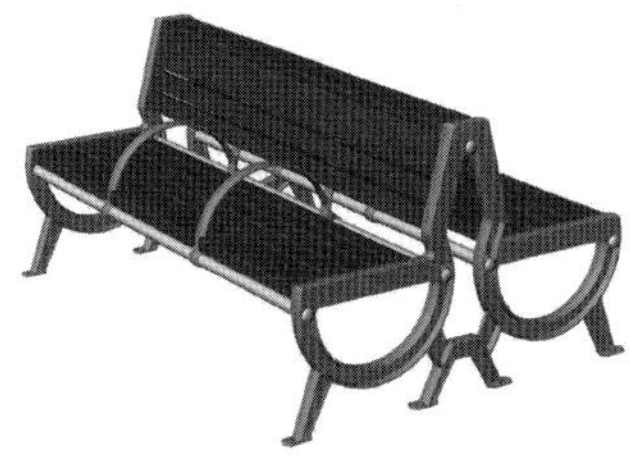

출원디자인

❹ 주지의 형상 · 모양 · 색채 또는 이들의 결합에 기초한 용이 창작

예 삼각형, 사각형, 육각형, 별형, 원기둥, 팔각기둥(단, 해당 디자인이 속하는 업계에서 흔한 창작수법이거나 표현방법이 명백한 경우가 아니면 등록받을 수 있다).

❺ 물품의 전형적인 형상

예 비행기, 자동차, 기차 등의 전형적인 형상

❻ 흔한 모양

예 봉황무늬, 거북등무늬, 바둑판무늬, 물방울무늬, 卍무늬 등

❼ 색채

색채가 모양을 이루는 경우에 한하여 판단요소로 하고 단일 색으로 표현된 것은 창작성 판단에 영향이 없는 것으로 본다.

❽ 동물, 자연물, 유명한 저작물, 유명한 건축 조형물, 유명한 경치 등

- 동물, 자연물: 새, 물고기, 말, 꽃잎, 소나무, 나무결, 바위 등. 다만, 자연물이더라도 그 표현방법이 특이한 것은 '주지'가 아니다.
- 저작물: 김홍도의 풍속도, 만화 주인공 뽀빠이 등 널리 알려진 그림, 조각, 만화, 영화 등
- 건축 조형물: 남대문, 자유의 여신상, 에펠탑, 시드니 오페라 하우스 등 널리 알려진 건조물
- 자연경치: 백두산천지, 후지산, 나이아가라폭포 등 유명한 경치
- 운동경기 또는 각종 행사장면: 삼일절 행사장면, 올림픽경기 개최장면, 축구경기 등 각종 장면이 사실적으로 표현된 것

(3) 창작성 강화 관련 2014년 법 개정 내용

창작성에 대하여 국내주의에서 국제주의를 채택하여 디자인 등록요건을 강화하였다.

예 〈모카포트〉디자인으로부터 구법에서는 〈천장등〉을 등록받을 수 있었으나, 개정법에서는 등록받을 수 없다.

⇒

모카포트(이태리 비알레띠 社, 1933) 천장등(등록불가)

마. 선출원주의

(1) 선출원주의 적용

❶ 동일하거나 유사한 둘 이상의 디자인이 다른 날에 출원된 경우

최초의 디자인등록출원을 한 출원인만이 디자인등록을 받을 수 있다. 단, 관련디자인에 해당하는 경우는 제외한다.

❷ 동일하거나 유사한 둘 이상의 디자인이 같은 날에 출원된 경우

출원인이 '협의'하여 정한 한 출원인만이 디자인등록을 받을 수 있다. 단, 관련디자인에 해당하는 경우는 제외한다. 협의가 성립하지 않거나 협의를 할 수 없는 경우 모두 디자인등록을 받을 수 없다. 출원인이 같은 경우에도 협의통지서를 발송한다.

(2) 선출원의 지위를 갖는 출원이란?

후출원된 디자인을 거절할 수 있는 지위를 갖는 선출원을 선출원의 지위가 있다고 한다. 즉, 선출원 A1 이후에 A1과 동일유사한 후출원 A2가 출원되었을 경우, A1은 선출원의 지위가 있다고 한다. 이는 선출원A1에 의해 후출원A2가 등록을 받을 수 없기 때문이다.

바. 확대된 선출원주의

(1) 확대된 선출원주의 내용

디자인등록출원한 디자인이 그 출원을 한 후에 디자인공보에 게재된 다른 디자인등록출원의 출원서의 기재사항 및 출원서에 첨부된 도면 · 사진 또는 견본에 표현된 디자인의 '일부'와 동일하거나 유사한 경우에 그 디자인은 디자인등록을 받을 수 없다.

* 단, 선출원인과 후출원인이 같은 경우에는 등록받을 수 있다.

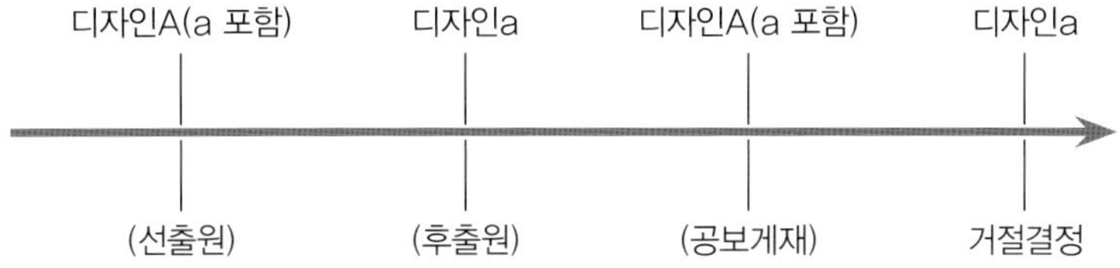

(2) 확대된 선출원주의 적용의 자기출원 예외(2014년 법 개정 내용)

확대된 선출원주의에서 선출원인과 후출원인이 동일한 경우 후출원은 등록받을 수 없었으나, 법개정으로 등록받을 수 있음.

* 창작자가 동일인인 경우에는 등록받을 수 없음.

요약

- 디자인: 물품의 “형상 · 모양 · 색채” 또는 이들을 결합한 것으로서 시각을 통하여 미감을 일으키게 하는 것
- 디자인의 성립요건: 물품성, 형태성, 시각성, 심미성
- 부분디자인의 성립요건
  ❶ 부분디자인의 대상이 되는 물품이 통상의 물품에 해당할 것
  ❷ 물품의 부분의 형태라고 인정될 것
  ❸ 하나의 창작단위로 인정되는 부분일 것
  ❹ 한 벌 물품의 디자인에 관한 부분디자인이 아닐 것
- 글자체디자인의 성립요건
  ❶ 기록이나 표시 또는 인쇄 등에 사용하기 위한 것일 것
  ❷ 공통적인 특징을 가진 형태로 만들어진 것일 것
  ❸ 한 벌의 한글 글자꼴, 한 벌의 영문자 글자꼴, 한 벌의 한자 글자꼴, 그 밖의 한 벌의 외국문자 글자꼴, 한 벌의 숫자 글자꼴 또는 한 벌의 특수기호 글자꼴일 것
  ❹ 글자체의 모양 · 색채 또는 이들의 결합일 것
  ❺ 글자체가 시각을 통하여 미감을 일으키는 것일 것
- 디자인 등록요건: 공업상 이용가능성, 신규성, 창작성
- 공업상 이용가능성: 공업적 생산방법에 의하여 동일한 형태의 물품이 양산될 수 있는 것
- 신규성
  ❶ 국내 · 국외에서 공지(公知)되었거나 공연(公然)히 실시된 디자인
  ❷ 국내 또는 국외에서 반포된 간행물에 게재되었거나 전기통신회선을 통하여 공중(公衆)이 이용할 수 있게 된 디자인
- 신규성 상실 예외: 본인디자인 공개 후 12개월 이내에 출원하면, 본인의 공개된 디자인에 의해서는 거절되지 않음.
- 신규성 상실 예외 주장 기간: 출원시, 의견서제출시, 이의신청 · 무효심판에 대한 답변서 제출시
- 창작성: 공지디자인 또는 국내 · 국외에서 널리 알려진 형상 · 모양 · 색채 또는 이들의 결합에 의하여 그 디자인이 속하는 분야에서 통상의 지식을 가진 자가 용이하게

창작할 수 있는 디자인

- 등록을 받을 수 없는 디자인(부등록 사유)
  ❶ 국기, 국장(國章), 군기(軍旗), 훈장, 외국국기 등과 동일 · 유사한 디자인
  ❷ 도덕관념 · 선량한 풍속에 어긋나거나 공공질서를 해칠 우려가 있는 디자인
  ❸ 타인의 업무와 관련된 물품과 혼동을 가져올 우려가 있는 디자인
  ❹ 물품의 기능을 확보하는 데에 불가결한 형상만으로 된 디자인
- 물품류 또는 물품을 잘못 기재한 경우: 1디자인 1디자인등록출원에 위반됨.
- 1디자인 1등록출원 등록요건: 물품류 구분에 따라 1디자인마다 1디자인등록
- 동적디자인출원 등록요건: 변화하는 중간과정이 나타나야 함.
- 디자인일부심사등록출원 등록요건: 제2류(의류 · 패션잡화), 제5류(섬유제품), 제19류(문방구, 사무용품)는 반드시 디자인일부심사등록출원을 하여야 함.
- 복수디자인등록출원 등록요건: 같은 물품류에 속하는 것을 100 이내의 디자인으로 출원
- 한 벌 물품의 디자인등록출원 등록요건: 물품류 구분에 따라 한 벌의 물품에 해당하여야 하며, 한 벌 전체로서 통일성이 있어야 함.
- 부분디자인등록출원 등록요건: 부분을 표현하는 명칭이 아닌 그 물품 자체의 명칭을 사용하여 출원
- 관련디자인등록출원 등록요건: 기본디자인과만 유사한 디자인에 대하여 기본디자인출원일부터 1년 이내 출원
- 선출원주의: 먼저 디자인등록출원을 한 자가 등록을 받을 수 있음.
- 확대된 선출원주의: 선출원된 디자인이 공보게재 전에 후출원된 디자인이 출원되었을 경우, 선출원된 출원서의 기재사항 및 도면 · 사진에 표현된 디자인의 '일부'와 동일 · 유사한 경우에 후출원 디자인은 등록을 받을 수 없음.
- 확대된 선출원주의에서 후출원에 대하여 선 · 후출원인이 동일한 경우 등록받을 수 있으나, 창작자가 동일한 경우는 등록을 받을 수 없음.

제6-1절 연습문제

1. 다음 ( ) 속에 들어갈 단어 중 맞는 것은?

> 디자인보호법에서는 '디자인'을 물품의 ( ), ( ), ( ) 또는 이들을 결합한 것으로서 시각을 통하여 미감을 일으키게 하는 것으로 정의한다.

❶ 형상, 모양, 색채
❷ 형상, 구조, 무늬
❸ 형태, 모양, 입체
❹ 형태, 구조, 색채
❺ 형태, 구조, 방법

정답: ❶.

설명: 디자인보호법에서는 '디자인'을 물품의 "형상 · 모양 · 색채" 또는 이들을 결합한 것으로서 시각을 통하여 미감을 일으키게 하는 것으로 정의한다.

2. 다음 중 디자인의 성립요건이 아닌 것은?

❶ 물품성
❷ 형태성
❸ 시각성
❹ 동작성
❺ 심미성

정답: ❹.

설명: 부분디자인과 글자체디자인을 제외한 디자인의 일반적 성립요건은 물품성, 형태성, 시각성, 심미성이다.

3. 다음 중 디자인등록을 받을 수 있는 것은 몇 개인가?

> 빵의 형태, 조립방갈로, 이동부스, 시멘트, 이동판매대, 조립방범초소, 조립가옥, 공중전화박스, 설탕가루, 진열대에 전시된 스카프의 접은 모양, 글자체

❶ 5개
❷ 6개
❸ 7개
❹ 8개
❺ 9개

정답: ❹.

설명: 시멘트, 설탕가루 등과 같이 분상물(粉狀物) 또는 입상물(粒狀物)의 집합으로 된 것은 디자인으로 등록받을 수 없다. 진열대에 전시된 스카프의 접은 모양 등은 물품 자체의 형태로 볼 수 없는 것으로서 등록받을 수 없다.

4. 다음 중 부분디자인의 성립요건에 해당하지 않는 것은?

❶ 부분디자인의 대상이 되는 물품이 통상의 물품에 해당할 것
❷ 물품의 부분의 형태라고 인정될 것
❸ 다른 디자인과 대비의 대상이 될 수 있는 부분으로서 하나의 창작단위로 인정되는 부분일 것
❹ 한 벌 물품의 디자인에 관한 부분디자인이 아닐 것
❺ 종속성이 있으며 구체적인 유체물로서 거래의 대상이 될 수 있을 것

정답: ❺.

설명: 디자인은 '독립성'이 있어야 하며, 구체적인 유체물로 거래 대상이 되어야 한다.

5. 다음 중 글자체디자인의 성립요건이 아닌 것은?

❶ 기록이나 표시 또는 인쇄 등에 사용하기 위한 것일 것
❷ 공통적인 특징을 가진 형태로 만들어진 것일 것
❸ 한 벌의 한글 글자꼴, 한 벌의 영문자 글자꼴, 한 벌의 숫자 글자꼴 또는 한 벌의 특수기호 글자꼴일 것
❹ 글자체의 형상 · 모양 · 색채 또는 이들의 결합일 것
❺ 글자체가 시각을 통하여 미감을 일으키는 것일 것

정답: ❹.

설명: 글자체의 성립요건은 모양 · 색채 또는 이들의 결합이며, 형상은 등록요건이 아니다.

6. 다음 중 디자인의 등록요건이 아닌 것은?

❶ 공업상 이용가능성
❷ 신규성
❸ 창작성
❹ 1디자인 1등록 출원
❺ 심미성

정답: ❺.

설명: 심미성은 성립요건이다.

7. 다음 중 디자인 등록을 받을 수 있는 것은?

❶ 국기
❷ 접시모양의 파라보라 안테나
❸ "V"자 모양의 타이어
❹ 코카콜라 병 모양의 페트병
❺ 규격봉투 디자인 모양의 봉투

정답: ❸.

설명: 부등록 사유에 해당하는 디자인에 대한 것으로, 국기, 국장, 군기, 훈장 등, 접시모양의 파라보라 안테나, 규격봉투 모양의 봉투, 타인의 '저명한' 상표 · 서비스 명칭 등은 디자인으로 등록받을 수 없다.

8. 다음 설명 중 틀린 것은?

❶ 디자인등록출원시에는 출원서에 국제분류를 반드시 기재하여야 한다.
❷ 우리나라는 특허제도에서는 IPC(국제특허분류), 디자인제도에서는 국제분류인 로카르노 분류를 사용하고 있다.
❸ 1디자인 출원에 다른 물품류 구분에서 2 이상의 디자인을 출원할 수 있다.
❹ 우리나라는 국제분류인 로카르노 분류와 병행하여, 한국디자인분류를 사용하고 있다.
❺ 복수디자인등록출원은 물품류 구분에서 같은 물품류에 속하는 것들을 100 이내의 디자인을 출원할 수 있다.

정답: ❸.

설명: ❷ IPC(International Patent Classification)는 특허에 관한 국제분류이다. ❸ 1디자인 1등록출원 요건을 갖추지 못한 경우에는 등록받을 수 없다. ❹ 출원의 분류에는 국제분류를, 선행디자인 검색에는 한국분류를 사용하고 있다. ❺ 1디자인 1등록디자인 출원의 예외적 출원으로서 복수디자인은 같은 물품류에 속하는 것들을 반드시 100 이내로 하여 출원하여야 한다.

9. 다음은 디자인의 등록요건에 대한 설명이다. 틀린 것은?

❶ 동적디자인은 동작상태의 변화가 나타나야 등록받을 수 있다.

❷ 디자인일부심사등록출원은 물품분류에 구애 받지 않는다.

❸ 복수디자인등록출원은 반드시 같은 물품류에 속하여야 한다.

❹ 한 벌의 물품 디자인 출원은 한 벌 전체로서 통일성이 있어야 한다.

❺ 한 벌의 물품의 부분에 관한 디자인을 부분디자인으로 출원하면 등록받을 수 없다.

정답: ❷.

설명: 디자인일부심사등록 출원을 할 수 있는 것은 물품류:

- 제2류(의류 및 패션잡화 용품)
- 제5류(섬유제품, 인조 및 천연 시트직물류)
- 제19류(문방구, 사무용품, 미술재료, 교재)만 가능하다.

10. 다음 내용이 설명하고 있는 것은?

> 디자인등록출원인은 자기의 등록디자인 또는 디자인등록출원한 디자인("기본디자인")과만 유사한 디자인에 대하여는 그 기본디자인의 디자인등록출원일부터 1년 이내에 디자인등록출원된 경우에 한하여 디자인등록을 받을 수 있다.

❶ 관련디자인 ❷ 부분디자인 ❸ 복수디자인
❹ 일부심사디자인 ❺ 한 벌의 디자인

정답: ❶.

설명: 관련디자인 등록출원에 대한 설명이다.

11. 공업적 생산방법에 의하여 양산이 가능하여 공업상 이용할 수 있는 디자인으로 적절한 것은?

❶ 동물박제 ❷ 유리공예작품 ❸ 꽃꽂이
❹ 건축디자인 ❺ 오징어로 만든 폐백용 장식물

정답: ❺.

설명: ❶, ❸ 동물박제는 자연물을 디자인의 구성주체로 사용한 것으로서 공업적으로 다량 생산할 수 없는 것이다. ❷ 유리공예작품은 순수미술의 분야에 속하는 저작물이다. ❹ 건축디자인은 부동산에 해당하는 디자인으로서 공업적 생산방법에 의하여 양산이 불가능하다.

12. 디자인 출원A가 2015.4.1일 등록되었다. 이후 디자인 출원B가 2015.4.20일 출원되었고, 디자인 출원A가 2015.4.30일 공고되었다. 이런 경우, 다음 설명 중 맞는 것은? (단, 출원A와 출원B는 유사하다.)

❶ 출원B는 출원A 공고일보다 먼저 출원하였으므로 신규성이 인정된다.
❷ 출원B는 출원A 공고일보다 먼저 출원하였으므로 창작성이 인정된다.
❸ 출원B는 출원A의 공고와는 상관없이 거절된다.
❹ 출원B는 출원A에 의하여 신규성이 없으므로 거절된다.
❺ 출원B는 반포된 간행물인 출원A에 의하여 창작성이 없으므로 거절된다.

정답: ❹.

설명: 아래 그림과 같이 출원A가 등록되고, 그 후 공고되었을 때 그 사이에 출원B가 있는 경우, 출원A가 아직 반포된 간행물로 공지되지는 않았지만, 제3자가 열람을 요구할 경우 열람이 가능하므로 비밀상태에 있다고 볼 수 없다. 따라서 출원B는 출원A의 '등록일'보다 늦은 날에 출원되었으므로 신규성에 의하여 거절된다.

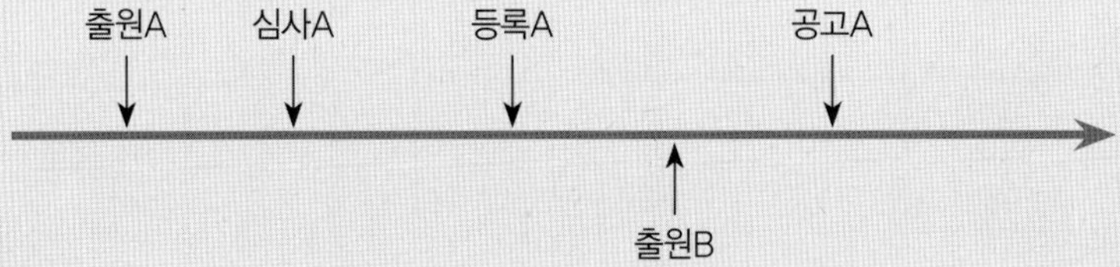

13. 신규성 상실 예외 주장 기간에 대한 설명 중 틀린 것은?

❶ 출원할 때 그 취지를 출원서에 적어 주장하여야 한다.
❷ 의견제출통지서에 대응하여 제출하는 의견서 등을 통하여 그 취지를 주장할 수도 있다.
❸ 이의신청에 대한 답변서 등을 통하여 그 취지를 주장할 수도 있다.

④ 본인의 디자인을 공개한 후 6개월 이내에 본인의 디자인을 출원하면, 본인의 공개된 디자인에 의해서는 거절되지 않는다.

⑤ 디자인등록 무효심판에 대응하여 제출하는 답변서 등을 통하여 그 취지를 주장할 수도 있다.

정답: ❹.

설명: 6개월이 아니라 12개월이다. 특허도 12개월이다.

14. 창작성에 대한 설명 중 틀린 것은?

❶ 창작성에 대하여 국내주의를 채택하고 있다.

❷ 공지디자인과 주지의 형상 · 모양 등을 결합한 경우 용이 창작에 해당한다.

❸ 동물, 자연물, 유명한 저작물, 유명한 건축 조형물, 유명한 경치 등을 기초로 한 디자인은 용이 창작에 해당한다.

❹ 단일 색으로 표현된 것은 창작성 판단에 영향이 없는 것으로 본다.

❺ 공지디자인의 구성요소의 배치변경에 의한 디자인은 용이 창작에 해당한다.

정답: ❶.

설명: 창작성에 대하여 국제주의를 채택하고 있다. "국내 또는 국외"에서 널리 알려진 형상 · 모양 · 색채 또는 이들의 결합에 의하여 용이하게 창작할 수 있는 디자인은 디자인등록을 받을 수 없다.

제2절 디자인등록 출원

1. 디자인등록출원

1) 출원의 구분

(1) 심사등록출원

디자인등록의 요건을 모두 심사하는 것을 말한다.

(2) 일부심사등록출원

디자인등록의 요건 중 신규성, 창작성 등 일부 실체적 요건 등에 대하여 심사하지 않는 것을 말한다.

- 일부심사등록출원을 할 수 있는 물품
  제2류(의류 및 패션잡화 용품)
  제5류(섬유제품, 인조 및 천연 시트직물류)
  제19류(문방구, 사무용품, 미술재료, 교재)에 속하는 물품

2) 출원의 흐름

특허제도에는 심사청구제도가 있으나 디자인제도에는 심사청구제도가 없으므로 출원일 순서로 심사가 진행된다.

심사는 성립요건(물품성, 형태성, 시각성, 심미성)과 등록요건(공업상 이용가능성, 신규성, 창작성 등)을 중심으로 심사가 진행되며, 거절이유가 있으면 의견제출통지서가 발송되고, 출원인이 이에 대응하여 의견서/보정서를 제출하여 거절이유가 해소되면 등록결정이 되고 그렇지 않으면 거절결정된다.

3) 출원서류

(1) 출원서

- 출원인 · 창작자의 성명 및 주소(법인인 경우에는 그 명칭 및 영업소의 소재지)
- 대리인이 있는 경우에는 그 대리인의 성명 및 주소
- 디자인의 대상이 되는 물품 및 물품류
- 단독출원 또는 관련디자인출원 여부 등

(2) 도면

출원서에는 반드시 도면을 첨부하여야 한다. 도면을 갈음하여 디자인의 사진 또는 견본을 첨부할 수 있다. 도면에는 디자인의 대상이 되는 물품 및 물품류, 디자인의 설명 및 창작내용의 요점을 기재하여야 한다.

(3) 디자인의 설명 란의 기재

디자인을 간략하게 설명한다.

(4) 출원서 및 도면의 지위

디자인의 '보호범위'는 출원서의 기재사항, 첨부된 도면 · 사진 · 견본 및 도면에 기재된 디자인의 설명에 의하여 정해진다. 특허는 청구범위에 의하여 정해진다.

4) 디자인물품 분류제도

우리나라는 2014.7.1일부터 국제디자인등록출원제도가 시행됨에 따라 로카르노 국제분류를 사용하고 있다. 현재 국제분류는 관리적 목적으로 사용되며, 선행디자인 검색 등 실체심사시에는 한국분류를 기준으로 하고 있다.

5) 디자인등록출원절차 보완제도 도입

출원서류에 중대한 하자가 있는 경우 보완명령에 따라 보정할 수 있다.

6) 수수료 반환대상 확대

개정법에서 디자인등록출원 후 1개월 이내에 그 디자인등록출원을 취하하거나 포기한 경우 이미 낸 수수료 중 디자인등록출원료뿐 아니라 우선권주장 신청료도 반환하도록 개정하였다.

2. 출원의 공개

1) 출원공개의 신청

- 디자인등록출원에 대한 공개는 출원인의 선택에 따라 신청할 수 있다. 특허제도에서 1년 6개월이면 강제로 공개되는 것과는 다름에 유의해야 한다.
- 복수디자인등록출원의 경우 출원공개신청은 디자인의 전부 또는 일부에 대하여 할 수 있다.
- 비밀디자인에 있어서는 출원공개신청이 있는 경우에 비밀디자인청구는 철회된 것

으로 본다.

2) 출원공개의 효과

- 서면 경고: 출원공개가 있은 후 그 디자인을 업(業)으로서 실시한 자에게 디자인등록출원된 디자인임을 서면으로 경고할 수 있다.
- 보상금 지급 청구권: 경고장을 받거나 출원공개된 디자인임을 알고 그 디자인등록출원된 디자인 또는 이와 유사한 디자인을 업으로서 실시한 자에게, 보상금의 지급을 청구할 수 있으며, 보상금 지급 청구권 행사는 디자인권이 '설정등록된 후'가 아니면 행사할 수 없다.

3) 출원공개의 예외

선량한 풍속에 어긋나거나 공공질서를 해칠 우려가 있는 경우에는 출원공개를 하지 않을 수 있다.

3. 파리조약에 따른 우선권주장

우선권주장의 기초가 되는 최초 출원 후 파리조약체결국가에 6개월 이내에 출원하면 신규성 및 선출원의 요건을 적용할 때에 최초 출원한 날을 기준으로 심사한다. 즉, 우리나라에 출원하고 6개월 이내에 우선권주장을 하면서 외국에 출원하면 우리나라에 출원한 날을 기준으로 등록요건을 판단한다. 특허출원 또는 실용신안등록출원은 1년이다.

4. 디자인출원의 형태

1) 1디자인 1등록출원

1디자인마다 1디자인등록출원으로 하여야 하며, 1디자인이란 1물품에 1형태의 디자인을 의미한다.

(1) 1디자인 1등록출원으로 인정되는 물품의 예

신사복(상, 하), 투피스(상, 하), 조(組)의자(둘 이상이 모여서 하나의 의자를 형성하는 것), 찻잔과 받침접시, 찬합, 모자이크 타일, 완성형태가 단일한 조립완구, 장기짝, 트럼프, 화투, 마작패, 너트와 볼트, 합단추 자웅, 결착구 자웅, 유·무선 전화기 등

(2) 1디자인 1등록출원으로 인정되지 않는 물품의 예

1조의 책상과 의자(결착된 것은 제외), 1조의 탁구용구, 1조의 배드민턴용구, 완성형태가 다양한 조립완구(레고 등), 물품의 용기와 그 내용물(카메라와 카메라케이스, 라디오와 라디오케이스, 안경과 안경집, 화장품 보관함과 화장품 용기), 한글 글자체와 영문자 글자체, 한글 글자체와 특수기호 글자체, 영문자 글자체와 숫자 글자체 등

2) 디자인일부심사등록 출원

우리나라는 디자인출원에 대하여 형식적, 실체적 요건에 대하여 심사하여 디자인권을 부여하는 심사주의를 원칙으로 하고 있다. 그러나 유행성이 강하고 Life cycle이 짧은 일부 물품에 대하여 1998.3월 무심사등록제도를 도입하여, 2014.7월부터 명칭을 일부심사등록제도로 변경하였다.

(1) 대상물품

❶ 제2류(의류 및 패션잡화 용품)

❷ 제5류(섬유제품, 인조 및 천연 시트직물류)

❸ 제19류(문방구, 사무용품, 미술재료, 교재)에 속하는 물품류는 반드시 일부심사등록출원으로 해야 한다.

(2) 디자인일부심사 내용

일부심사등록제도는 다음과 같은 경우에 해당하는 경우에는 심사를 한다.

❶ 국내 또는 국외에서 '널리' 알려진 형상 · 모양 · 색채 또는 이들의 결합에 의하여 용이하게 창작할 수 있는 경우

❷ 타인의 '저명한' 상표나 저작물 등에 해당하는 경우

❸ '정보제공'이 있는 경우

❹ 관련디자인 일부심사출원에 대하여 기본디자인과의 관계에 대한 심사를 하는 경우

(3) 이의신청제도

디자인일부심사제도에 의해 등록된 디자인은 실체적 등록요건을 심사하지 않고 등록된 것이므로 이의신청제도를 두고 있다. 따라서 디자인일부심사 이외의 분류에 해당하는 심사제도에 의해 출원된 디자인은 이의신청제도가 없다.

일부심사로 등록된 디자인권에 대하여는 누구든지 설정등록이 있는 날부터 디자인일부심사등록 공고일 후 3개월이 되는 날까지 이의신청을 할 수 있으며, 이의신청이 이유가 있다고 인정될 때에는 등록디자인권이 취소된다. 특허와 실용신안에서는 이의신청제도가 없다. 상표는 이의신청 기간이 2개월이다.

3) 비밀디자인 출원

(1) 비밀디자인 내용

디자인은 모방이 용이하고 유행에 민감하며 라이프 사이클이 짧으므로 출원인은 등록디자인을 비밀로 할 것을 청구할 수 있다.

- 복수디자인등록 출원된 디자인에 대하여는 출원된 디자인의 전부 또는 일부에 대하여 청구할 수 있다.
- 비밀디자인 신청은 심사 또는 일부심사 출원 모두 가능하다.

(2) 비밀디자인의 비밀유지 기간

디자인권의 설정등록일부터 최대 3년 이내에서 기간을 단축하거나 연장할 수 있다. 출원인이 출원공개신청을 한 경우에는 비밀 청구는 철회된 것으로 본다.

4) 동적디자인 출원

물품의 형태가 변화하고 그 변화가 시각에 의해 감지될 수 있는 디자인이다. 화상디자인에서 화상의 변화를 동적디자인으로 출원하는 디자인도 가능하다.

㉑ 강아지 완구에서 누르면 튀어 나오는 강아지의 동작 디자인, 일출동작을 나타내는 화상디자인

5) 복수디자인등록 출원

(1) 복수디자인 내용

복수디자인등록출원으로 할 수 있는 물품은 어느 물품류이든지 '같은 물품류'에 속하는 것으로서 100개 이내의 디자인을 1디자인등록출원으로 할 수 있다. 복수디자인등록출원된 디자인 중 일부 디자인에만 거절이유가 있는 경우 거절이유가 있는 일부디자인에 대하여만 거절된다.

복수디자인의 경우에도 디자인마다 하나의 등록번호가 부여된다.

(2) 복수디자인제도 개선

- 구법: 무심사출원(현행 일부심사출원)의 범위 내에서 20 이내의 디자인으로 한정
- 현행법: 같은 물품류 내에서 일부심사출원에 상관없이 100 이내의 디자인으로 한정

6) 한 벌 물품의 디자인등록 출원

(1) 한 벌 물품의 디자인 내용

'한 벌의 옷', '한 벌의 식기 세트' 등과 같이 2 이상으로 이루어지는 물품의 조합에 관한

디자인을 하나의 디자인으로 출원하는 것을 말한다. 전체로서 하나의 디자인권이 발생하므로 일반 디자인 등록된 권리보다 '권리범위가 좁다'.

(2) 한 벌 물품의 디자인의 요건

❶ 한 벌의 물품을 구성하는 물품이 적합할 것

예 "한 벌의 전문 운동복 세트", "한 벌의 가방 세트"의 구성물품

❷ 각 구성물품의 형상 · 모양 · 색채가 한 벌 전체로서 통일성이 있다고 인정되는 것

예 한 벌의 흡연용구 세트에서 재떨이, 담배함, 탁상용 라이터 및 받침대가 상호 집합되어 하나의 거북이 형상을 표현한 것 등

예 "토끼와 거북이"의 동화를 그림으로 한 디자인

7) 부분디자인등록 출원

- '냉장고의 손잡이 부분' 등과 같이 물품의 어느 부분에 관한 디자인을 하나의 디자인으로 등록받을 수 있는 것을 말한다.
- 부분디자인의 도면은 부분디자인으로 등록을 받으려고 하는 부분을 실선으로 표현하고, 나머지 부분은 파선 등을 사용하여 표현하여야 한다. 색채를 달리할 수도 있다.
- 한 벌의 물품의 부분에 관한 디자인은 부분디자인의 대상이 아니다.
- 부분 디자인의 권리범위가 일반 디자인 또는 한 벌 물품의 디자인보다 넓다.

8) 관련디자인등록 출원

(1) 관련디자인 내용

자기의 등록디자인 또는 출원디자인(동일자 출원 포함, 이하 "기본디자인")과만 유사한 디자인에 대하여 등록받을 수 있는 것을 말한다.

(2) 관련디자인 상호 간의 신규성

관련디자인등록출원은 그 디자인이 기본디자인 이외의 자기의 선행하는 공지디자인과 유사할지라도 신규성에 의하여 거절되지 않는다.

(3) 관련디자인의 특징

- 관련디자인등록출원은 기본디자인 출원일부터 1년 이내에 출원해야 한다.
- 기본디자인과는 별도로 독자적인 권리범위가 인정된다.
- 권리의 존속기간은 독자적으로 존속 가능하나, 기본디자인 존속기간 만료시는 소멸된다.
- 권리이전은 기본디자인과 함께 관련디자인도 이전된다.

- 전용실시권 설정시 관련디자인이 여러 개인 경우 동일인에게 동시 설정해야 한다.
- 등록된 관련디자인에 대하여 독자적으로 무효심판 청구대상이 될 수 있다. 또한, 기본디자인이 무효 되더라도 관련디자인은 별도로 존속 가능하다.

(4) 관련디자인제도 도입 관련

현행법은 종전의 유사디자인 제도를 폐지하고, 관련디자인에 독자적인 권리범위와 권리존속기간을 부여함으로써 창작자의 권리보호를 강화하였다.

9) 화상디자인등록 출원

(1) 화상디자인 내용

'컴퓨터의 아이콘 부분' 등과 같이 물품의 표시화면을 통하여 표현되는 디자인을 하나의 디자인으로 등록받을 수 있는 것을 말하며, 화상디자인은 그 화상이 표현되는 물품의 부분디자인으로 등록을 받아야 한다. 또한 화상디자인이 움직임이 있는 동적디자인인 경우 그 움직임에 따라 화상이 연속적으로 변화하는 형태를 도면에 표현하여야 한다.

(2) 화상디자인의 종류

❶ 그래픽사용자인터페이스(GUI[26]), 아이콘(Icon), 그래픽 이미지(컴퓨터 모니터의 화면보호, 캐릭터, 이모티콘, 배터리의 잔량표시, 수신 상태표시 등)

예 **[물품명: 화상디자인이 표시된 컴퓨터 모니터]**[등록번호 30-05501380000]

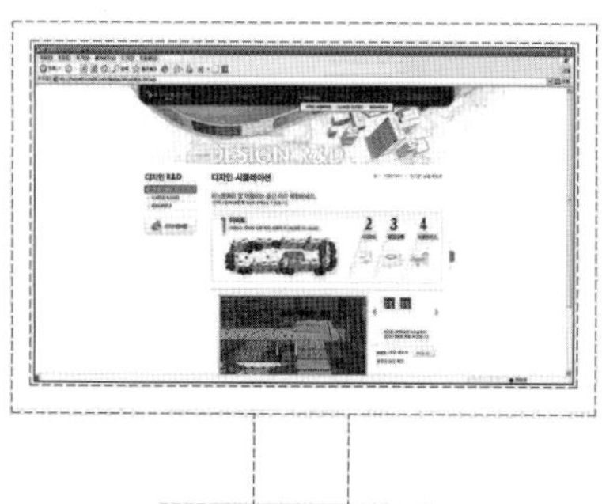

❷ 부분디자인과 동적디자인과 화상디자인이 결합된 예

26 Graphic User Interface

예 **[디자인의 설명][물품명: 화상디자인이 표시된 디스플레이 패널]**(디자인등록번호: 30-0735000), 실선으로 표현된 부분이 부분디자인으로서 디자인등록을 받고자 하는 부분임.

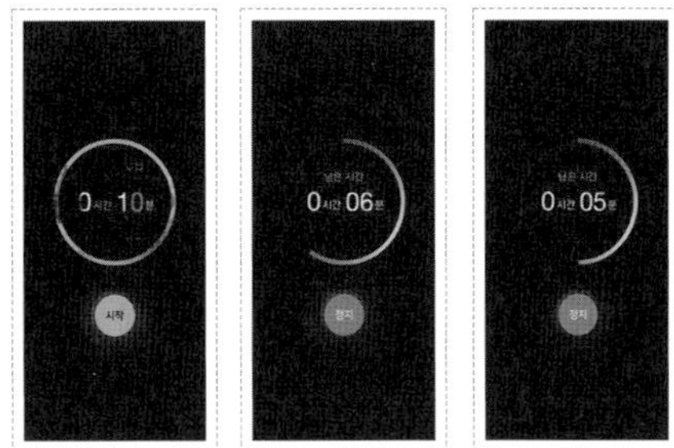

10) 글자체 디자인등록 출원

(1) 글자체디자인 내용

글자체는 그 자체가 독립성이 있는 구체적인 물품으로서의 유체동산에 해당되지 않지만, 디자인보호법은 글자체를 물품으로 간주하고 있다.

글자체디자인은 기록이나 표시 또는 인쇄 등에 사용하기 위한 것으로, "한글 글자체" 또는 "숫자 글자체" 등과 같이 한 벌로 이루어진 글자꼴로서 한 벌 전체로서 공통적인 특징을 가진 형태로 만들어야 한다.

- 출원시【지정글자 도면】,【보기문장 도면】,【대표글자 도면】을 도시해야 함.

예 **[물품명: 한글글자체]**[디자인등록번호: 30-05534190001]

예 **[물품명: 숫자 글자체]**[디자인등록번호: 30-07560660000]

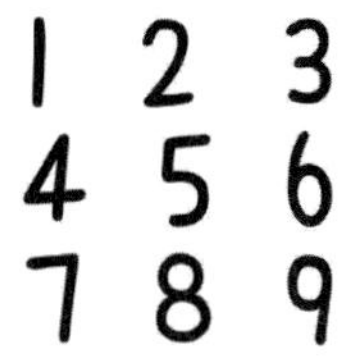

(2) 글자체디자인의 성립요건

- 기록이나 표시 또는 인쇄 등에 사용하기 위한 것일 것
- 공통적인 특징을 가진 형태로 만들어진 것일 것
- 한 벌의 한글 · 한자 · 영문자 · 외국문자 · 숫자 · 특수기호 글자꼴일 것

(3) 글자체디자인권의 효력범위

글자체디자인권의 일반적인 효력범위 중 출판 · 인쇄 등 분야의 일반사용자에게 미치는 영향이 큰 글자체의 통상적인 '사용'에 대하여는 디자인권의 효력이 미치지 않는다. 디자인권 침해는 생산 · 사용 · 양도 · 대여 · 수입하는 행위에 해당하여야 하며, 유통되는 글자체를 사용하는 경우는 통상적인 '사용'에 해당되어 침해가 아니다. 그러나 "글자체 자체"를 '생산'하기 위하여 등록된 타인의 글자체디자인을 '사용'하는 것은 침해이다.

5. 디자인 해외출원

1) 해외출원의 개요

지식재산권은 속지주의이므로 한 나라에서 획득한 권리는 해당 국가에서만 독점 배타적으로 행사할 수 있다. 해외에 디자인출원을 하는 방법은 다음과 같다.

첫째, **파리조약 우선권주장을 하면서 출원하는 방법**: 파리협약에 의한 우선권을 주장하면서 출원하며, 출원하는 국가의 법과 절차에 따라야 한다. 우선권을 주장하기 위해서는 선출원의 출원일로부터 6개월 이내에 해당 국가에 출원해야 한다.

둘째, **공동으로 하나의 지식재산권 기구를 가진 국가인 경우 이들 기구에 출원하는 방법**: 유럽상표디자인청(OHIM), 아프리카지역산업재산권기구(ARIPO) 등이 있다.

셋째, **세계지식재산기구(WIPO)의 헤이그 국제출원 시스템을 이용하는 방법**: 하나의 출원서로 협정 가입 국가 중 하나 또는 여러 국가에 동시에 디자인 출원을 할 수 있다. 헤이그 국제출원 시스템이 가장 편리한 방법이다.

개별국 직접출원과 헤이그 국제출원 비교

개별국 직접출원(파리조약루트)	WIPO의 헤이그 국제출원
다수의 국가에 출원서 제출	하나의 출원서
다수의 언어	하나의 언어(영어)
다수의 통화(수수료)	하나의 통화(스위스 프랑 CHF) ※ 미국 달러가 아님에 주의!
다수의 등록	하나의 국제등록(국제등록부)
다수의 갱신절차	하나의 갱신절차(WIPO 갱신료)
다수의 변경등록절차	하나의 변경등록절차(권리이전, 성명 · 주소 변경, 감축, 포기 등)
다수의 대리인(출원시)	대리인 선임 불필요(거절이유에 대한 대응시 필요)

2) 헤이그 국제출원 대상 국가

국제출원제도는 모든 국가에 적용되는 것은 아니며, 우리나라는 1999년 협정체약 국가이므로 1999년 협정에 가입한 체약당사자 국가만을 지정하여 국제출원을 할 수 있다. 따라서 1999년 협정의 체약당사자가 아닌 국가에서 디자인권을 획득하고자 하는 경우 출원인은 "파리조약루트에 의한 개별 출원"을 통해서만 가능하다. 우리나라는 2014.7.1일부터 시행되고 있다.

3) 국제출원의 내용 및 언어

국제출원서는 출원인이 직접 국제기구에 출원하는 경우는 영어, 프랑스어, 스페인어 중 하나로 작성하여 제출할 수 있으나, 우리나라 특허청을 통하여 출원할 경우 영어만을 사용해야 한다.

4) 헤이그 국제디자인출원제도 도입

개정법에서 「산업디자인의 국제등록에 관한 헤이그협정」에 따른 국제출원 및 국제디자인등록출원 절차를 도입하였다. 이에 따라 신속 · 간편한 해외 디자인권의 확보, 출원 · 등록 관리의 효율화, 해외 출원시 현지대리인 선임이 필요 없으므로 대리인 선임 비용을 절감할 수 있게 되었다.

TIP

산업재산권 국제출원 비교

특허 · 실용신안	디자인	상표
국제출원(PCT)	헤이그 국제출원	마드리드시스템

※ 특허와 디자인은 선행하는 국내출원이나 등록이 필요하지 않지만, 상표는 필요하다. 모든 국제출원 제도는 '출원일만'을 확보하기 위한 제도이고, 등록은 각국의 특허청에 별도로 진입하여 절차를 밟아 등록을 받아야 한다. 따라서 국제특허, 국제디자인, 국제상표는 없다.

요약

- 심사등록출원(심사주의): 디자인성립요건, 등록요건을 모두 심사
- 일부심사등록출원: 디자인등록의 요건 중 신규성, 창작성 등에 대하여 심사하지 않는 것. 제2류(의류 및 패션잡화 용품), 제5류(섬유제품, 인조 및 천연 시트직물류), 제19류(문방구, 사무용품, 미술재료, 교재)에 속하는 물품의 디자인
- 출원서류: 출원서, 도면
- 디자인의 보호범위: 출원서 기재사항, 도면 · 사진 · 견본 및 디자인의 설명에 의하여 정해짐.
- 디자인물품 분류제도: 로카르노 분류와 한국분류 겸용
- 출원공개제도: 공개신청은 출원인의 선택 사항

  * 특허제도: 특허출원은 출원일로부터 1년 6개월이면 의무 공개

- 조약우선권주장: 국내출원한 후 6개월 이내에 디자인을 외국에 출원하면 우선권주장인정

  * 특허제도 우선권주장 기간: 1년

- 1디자인 1디자인등록출원으로 인정되는 물품: 신사복(상, 하), 투피스(상, 하), 찻잔과 받침접시, 유 · 무선 전화기 등 한 벌의 물품은 1디자인 출원으로 가능
- 이의신청제도: 디자인일부심사제도에 의해 등록된 디자인에 대하여만 이의신청제도가 있음.
- 비밀디자인: 디자인등록일로부터 3년 이내에 기간을 정하여 비밀유지 청구가능
- 디자인출원의 형태: 디자인일부심사등록 출원, 비밀디자인 출원, 동적디자인 출원, 복수디자인등록 출원, 한 벌 물품의 디자인등록 출원, 부분디자인등록 출원, 관련디자인등록 출원, 화상디자인등록 출원, 글자체 디자인등록 출원
- 동적디자인 출원: 강아지 완구 또는 화상디자인에서와 같이 움직임이 있는 디자인
- 복수디자인등록 출원: '같은 물품류'에 속하는 것으로서 100개 이내의 디자인
- 부분디자인등록 출원: '냉장고의 손잡이'와 같은 물품의 어느 부분에 관한 디자인
- 관련디자인등록 출원: 기본디자인과만 유사한 디자인으로 1년 이내에 출원, 독자적인 권리범위 인정, 독자적으로 권리존속 가능(기본디자인 존속기간 만료시는 소멸), 권리이전은 기본디자인과 함께 이전, 전용실시권은 관련디자인이 여러 개인 경우 동일인에게 동시 설정

- 화상디자인등록 출원: '컴퓨터의 아이콘 부분' 등과 같은 물품의 표시화면
- 글자체 디자인등록 출원: "한글 글자체", "숫자 글자체" 등 한 벌로 이루어진 글자꼴로서 한 벌 전체로서 공통적인 특징을 가진 형태의 디자인
- 디자인 해외출원 방법: 파리조약, 유럽상표디자인청(OHIM), 아프리카지역산업재산권기구(ARIPO), 세계지식재산기구(WIPO)의 헤이그 국제출원 시스템을 이용하는 방법
- 세계지식재산기구(WIPO)의 헤이그 국제출원 시스템은 2014.7.1일부터 도입됨.
- 우리나라의 디자인 국제출원 언어: 영어(특허는 한국어로도 가능함)
- 산업재산권 국제출원 비교

특허 · 실용신안	디자인	상표
국제출원(PCT)	헤이그 국제출원	마드리드시스템

제6-2절 연습문제

1. 다음 중 디자인등록 출원 시 필요하지 않은 것은?

❶ 출원서

❷ 출원인의 성명 및 주소

❸ 최초로 창작했다는 기재

❹ 디자인의 대상이 되는 물품 및 물품류의 기재

❺ 디자인의 설명

정답: ❸.

설명: 최초로 창작했다는 기재는 필요하지 않다.

2. 디자인등록 출원의 공개에 대한 설명 중 틀린 것은?

❶ 출원 후 1년 6개월이 지나면 저절로 공개된다.

❷ 디자인등록출원에 대한 공개를 출원인의 의사에 따라 신청할 수도 있다.

❸ 복수디자인등록출원의 경우 출원공개신청은 디자인의 전부 또는 일부에 대하여 할 수 있다.

❹ 출원공개가 있은 후 그 디자인등록출원된 디자인을 업(業)으로서 실시한 자에게 디자인등록출원된 디자인임을 서면으로 경고할 수 있다.

❺ 선량한 풍속에 어긋나거나 공공질서를 해칠 우려가 있는 경우에는 출원공개를 하지 않을 수 있다.

정답: ❶.

설명: ❶은 특허에서 공개제도에 대한 설명이다.

3. 디자인등록 출원에 대한 설명 중 틀린 것은?

❶ 파리조약에 의한 우선권주장 기간은 6개월 이내이다.

❷ 디자인등록출원은 1디자인마다 1디자인등록출원으로 해야 한다.

❸ 디자인일부심사제도로 출원할 수 있는 물품을 일반심사제도로 출원할 수도 있다.

❹ 디자인일부심사제도로 출원되어 등록된 디자인권에 대하여만 이의신청이 가능하다.

❺ 비밀디자인청구에 의해 비밀로 할 수 있는 기간은 디자인권의 설정등록일부터 최대 3년 이내이다.

정답: ❸.

설명: 디자인일부심사제도로 출원할 수 있는 물품분류는 일반심사제도로 출원할 수 없다.

4. 다음 중 디자인보호제도에 있어서 디자인특유제도에 해당하는 것은 몇 개인가?

> 글자체 디자인 등록출원, 디자인일부심사 등록출원, 한 벌 물품의 디자인 등록출원, 복수디자인 등록출원, 비밀디자인 등록출원, 동적디자인 등록출원, 화상디자인 등록출원, 관련디자인 등록출원

❶ 4개 ❷ 5개 ❸ 6개
❹ 7개 ❺ 8개

정답: ❺.

설명: 모두 해당한다.

5. 디자인의 해외 출원에 대한 설명 중 틀린 것은?

❶ 해당 국가에 직접 출원하는 방법이 있다.

❷ 해외출원시는 파리조약루트를 이용하는 것이 직접 출원하는 것보다 유리할 수 있다.

❸ 유럽상표디자인청(OHIM)에 직접 출원하면 유럽연합체 전체에 출원하는 효과를 갖는다.

❹ 다수국가에 출원 시 세계지식재산기구(WIPO)의 헤이그 국제출원 시스템을 이용하는 방법이 유리하다.

❺ 디자인권은 국제주의를 택하고 있으므로 세계지식재산기구(WIPO)에서 등록받으면 다른 국가에 별도로 등록받지 않아도 권리를 행사할 수 있다.

정답: ❺.

설명: 디자인권뿐 아니라 모든 산업재산권은 속지주의를 채택하고 있으므로 권리를 행사하기 위해서는 각국에 등록을 받아야 한다.

6. 디자인의 세계지식재산기구(WIPO)를 통한 헤이그 국제출원에 대한 설명 중 틀린 것은?

❶ 하나의 출원서로 출원이 가능하다.

❷ 영어, 프랑스어, 스페인어 중 하나로 작성하여 제출할 수 있으나, 우리나라는 영어로만 출원이 가능하다.

❸ 수수료는 미국 달러로 납부하여야 한다.

❹ 하나의 국제등록부로 관리를 한다.

❺ 출원시에는 대리인 선임이 불필요하므로 대리인 비용이 소요되지 않는다.

정답: ❸.

설명: 수수료는 스위스 프랑(CHF)으로만 납부하여야 한다.

제3절 디자인 심사관련 제도

1. 디자인등록출원 심사

❶ 디자인일부심사등록 출원인 경우 → 간단한 일부심사절차 → 등록결정 → 이의신청 → 이의결정

❷ 디자인심사등록 출원인 경우 → 모든 심사요건 구비 → 등록결정

> **TIP**
> 특허 · 실용신안제도에서는 심사청구 순서에 따라 심사 착수함에 비하여, 디자인제도 · 상표제도에서는 심사청구제도가 없으므로 심사순서는 출원일 순서에 따른다.

디자인 심사 절차 흐름도

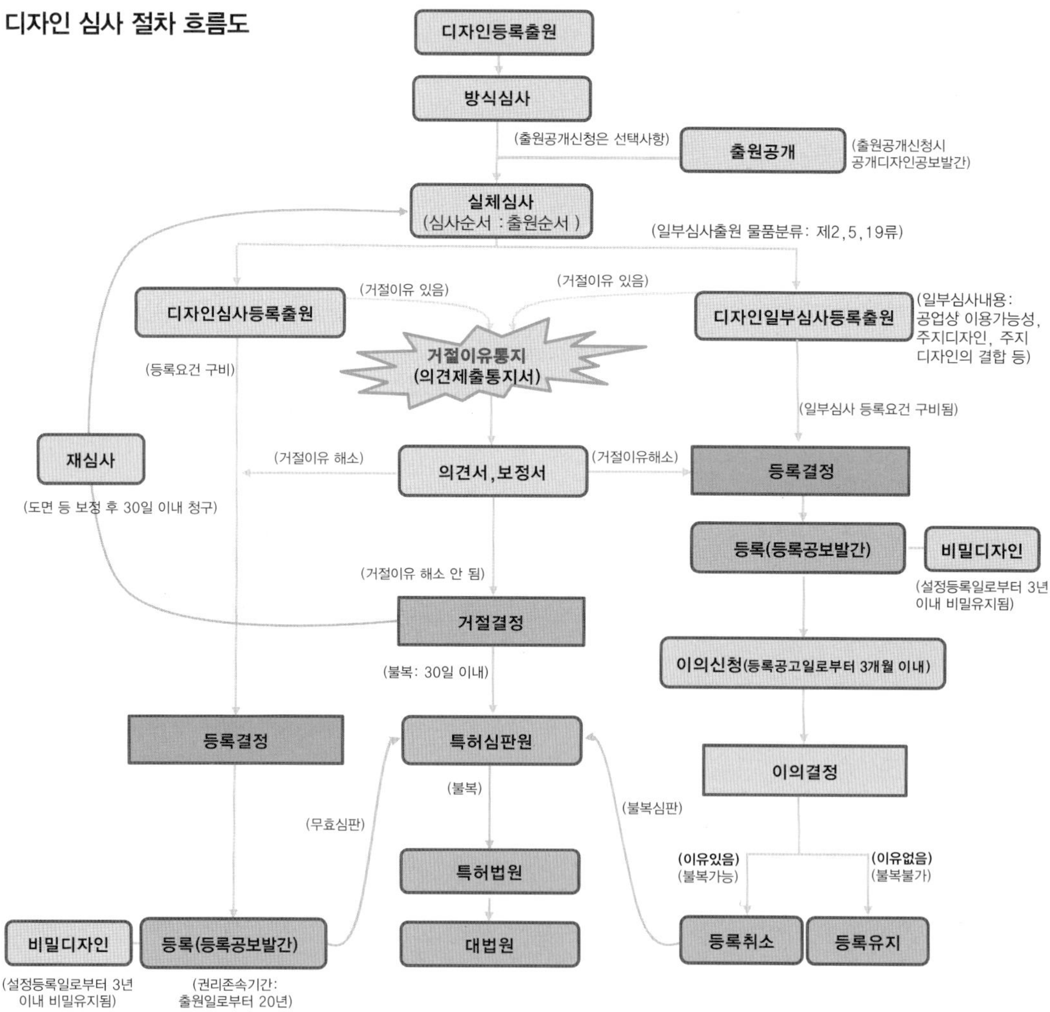

1) 방식심사

출원 서류가 방식에 맞는지를 심사하는 것이다.

2) 실체심사

디자인일부심사등록 출원은 성립요건 등 일부만 심사하고, 디자인심사등록 출원은 디자인등록의 요건을 모두 심사한다. 거절이유가 있을 경우 출원인에게 거절이유를 통지하여 반드시 의견제출 기회를 부여해야 한다.

- 디자인심사등록 출원의 심사내용
  ❶ 소극적 등록요건: 부등록 사유에 해당하는지 여부
  ❷ 적극적 등록요건: 디자인의 성립요건(물품성, 형태성, 시각성, 심미성), 등록요건(공업상 이용가능성, 신규성, 창작성 등)

2. 우선심사제도

우선심사 대상은 다음과 같다.

- 출원공개 후 디자인등록출원인이 아닌 자가 업으로서 디자인등록출원된 디자인을 실시하고 있다고 인정되는 경우
- 긴급하게 처리할 필요가 있다고 인정되는 경우: 방위산업 출원, 녹색기술, 수출 촉진 관련 출원, 국가 · 지방자치단체 · 국공립학교 전담조직 출원, 벤처 출원, 국가 신기술개발지원 출원 등 특허에서의 우선심사대상과 동일하다.

3. 디자인일부심사등록출원 심사

1) 디자인일부심사등록출원을 할 수 있는 디자인

유행성이 강한 물품인 제2류(의류 및 패션잡화용품), 제5류(섬유제품, 인조 및 천연 시트직물류), 제19류(문방구, 사무용품, 미술재료, 교재)에 해당하는 물품류의 디자인은 반드시 일부심사등록출원으로 해야 한다.

2) 디자인일부심사등록출원에 대한 심사 범위

(1) 디자인일부심사등록 출원의 심사하지 않는 사항

신규성, 용이 창작 중 공지디자인에 의한 용이 창작, 확대된 선출원, 관련디자인에서 자기의 관련디자인과만 유사한 디자인 인지 여부, 선출원에 대하여는 심사하지 않는다.

(2) 디자인일부심사등록 출원의 심사내용(등록요건)

❶ 디자인 성립요건(물품성, 형태성, 시각성, 심미성)

❷ 공업상 이용가능성

❸ 부등록사유

❹ 국내 또는 국외에서 널리 알려진 형상 · 모양 · 색채(주지디자인 포함) 또는 이들의 결합에 의한 용이 창작에 해당하는 경우 등 소정의 요건을 만족시키고 있는지 여부

(3) 정보제공이 있는 경우

제3자의 정보제공이 있는 경우 그 증거자료에 근거하여 실체심사를 한다.

4. 디자인일부심사등록 이의신청 심사

1) 이의신청 내용

'디자인일부심사등록'에 대하여 누구든지 디자인등록의 요건에 위반되어 등록받을 수 없다는 취지의 이의신청을 할 수 있다. 이의신청 기간은 디자인권이 설정등록된 날부터 디자인일부심사등록공고일 후 3개월이 되는 날까지이다. 복수디자인등록출원에 따른 디자인등록에 대해서는 각 디자인마다 이의신청을 하여야 한다.

2) 이의신청 심사 절차

- 이의신청 → 이의심사 ⇒

❶ 이유 있으면 디자인등록취소결정 → 디자인출원인의 불복신청

❷ 이유 없으면 이의신청기각결정 → 이의신청인은 불복신청 불가(대신, 등록 이후 무효심판 청구 가능)

5. 재심사

1) 재심사 청구 대상

디자인등록거절결정 등본을 송달받은 날부터 30일 이내에 출원서 기재사항, 도면의 기재사항 및 도면, 사진이나 견본을 보정하여 재심사를 청구할 수 있다. 재심사를 청구할 수 없는 경우는 재심사에 따른 거절결정이 있거나, 디자인등록거절결정 또는 디자인등록취소결정에 대한 심판에 따른 거절결정불복심판의 청구가 있는 경우에는 재심사를 청구할 수 없다.

2) 재심사가 청구된 출원의 심사

보정서가 심사관에게 이송된 날로부터 1개월 이내에 재심사를 착수한다.

3) 재심사 청구사유 확대 관련

보정가능 사항 전부에 대하여 보정이 가능하고, 의견서를 제출할 수 있다.

6. 일괄심사제도

일괄심사제도는 기업의 사업전략에 따라 동일 출원인에 의한 다수의 출원을 출원인이 원하는 시기에 맞추어 심사해주는 제도로서 특허 · 실용신안 · 상표 · 디자인 모두 일괄 신청이 가능하다. 이 제도를 이용하게 되면 산업재산권을 한꺼번에 심사를 받을 수 있어, 기업의 특허전략 수립과 시기적절한 신제품의 지식재산권 보호에 유용한 제도이다.

7. 출원의 보정제도

1) 보정가능 기간

- 디자인등록여부결정의 통지서가 발송되기 전까지
- 재심사를 청구할 때
- 디자인등록거절결정 또는 디자인등록취소결정에 대한 심판에 따라 심판을 청구하는 경우 그 청구일로부터 30일 이내

2) 출원의 요지변경

보정은 당초 서류 등의 오기나 불명확한 기재 등을 '최초 출원'의 '요지를 변경'하지 않는 범위 안에서 해야 한다. 요지변경이란 출원서에 기재된 디자인의 대상이 되는 물품, 출원서에 첨부된 도면 및 도면의 기재사항 등을 종합적으로 판단하여 최초에 출원된 디자인과 보정된 디자인 간에 동일성이 유지되지 않는 것을 말한다.

요지변경으로 되는 경우

예 출원서에는 10개의 디자인에 대한 출원으로 표시되어 있으나 도면은 9개의 디자인에 대한 것만 첨부된 출원에 있어 1개 디자인에 대한 도면을 추가로 제출하는 경우

예 물품명을 "접시"에서 "재떨이"로 변경하는 경우

3) 심사관에 의한 직권보정

심사관은 디자인등록결정을 하고자 할 때 디자인등록출원의 기재에 명백한 오기가 있는 경우에 직권으로 보정할 수 있다.

직권보정을 한 경우에는 그 내용이 출원인에게 통지되며, 출원인이 그 내용을 받아들일 수 없다는 의견서를 제출할 경우에는 직권보정이 없었던 것으로 본다. 그러한 경우, 디자인등록결정은 취소되고 처음부터 다시 심사가 진행된다.

TIP

디자인보호법에서 2014.7월 직권보정제도의 도입은 이미 특허법 · 실용신안법과 상표법에서 규정하고 있는 제도로서 다른 산업재산권법과 동일하게 조화를 이루게 되었다.

8. 분할출원제도

2이상의 디자인을 1디자인등록출원으로 분할, 또는 복수디자인등록출원의 일부를 1이상의 디자인등록출원으로 분할하여 디자인등록출원을 할 수 있다.

분할출원 대상이 되는 경우

예 "오토바이 및 오토바이완구"와 같이 둘 이상의 물품명을 기재한 것

예 "한 벌의 태권도복 세트"를 출원하면서 태권도복 상의와 등산복 하의 도면을 제출한 경우

TIP

분할출원제도는 다른 산업재산권법에도 있으나, 변경출원제도는 디자인보호법에만 없다.

TIP

변경출원제도

- 특허와 실용신안 간에는 서로 변경출원할 수 있다.
- 상표제도: 상표등록출원, 단체표장등록출원(지리적 표시 단체표장등록출원은 제외), 증명표장등록출원(지리적 표시 증명표장등록출원은 제외) 간에는 서로 변경출원할 수 있다.

9. 정보제공제도

누구든지 출원디자인이 디자인등록거절결정 사유에 해당하여 등록될 수 없다는 취지의 정보를 특허청에 제공할 수 있다.

10. 심사관 면담신청 제도

특허청으로부터 의견제출통지서를 받은 경우 의견서나 보정서를 제출하기 전에, 심사관을 면담하여 의견제출통지서에 기재된 거절이유를 묻고 답변하여 등록을 받을 수 있도록 보정하는 방법이다.

11. 디자인의 동일 · 유사 여부 판단 기준

1) 물품 유사여부의 구체적 판단방법

- 동일하거나 유사한 물품 간에만 디자인의 유사여부를 판단한다. 「동일물품」이란 '용도'와 '기능'이 동일한 것을 말한다.

  예 "볼펜"과 "만년필"

- 용도상 혼용될 수 있는 것은 유사품으로 볼 수 있다.

  예 "수저통"과 "연필통"

- 완성품과 부품은 용도가 서로 다른 비유사물품이다.

  예 "빵틀"과 "빵"

- 글자체 간 유사여부 판단: 한글 글자체, 한자 글자체, 영문자 글자체, 그 밖의 외국문자 글자체, 숫자 글자체, 특수기호 글자체 상호간은 유사한 물품으로 보지 않는다.

2) 디자인 유사여부 판단의 일반원칙

(1) 디자인의 유사여부 판단은 디자인의 대상이 되는 물품이 유통과정에서 일반수요자를 기준으로 관찰하여 다른 물품과 혼동할 우려가 있는 경우에는 유사한 디자인으로 본다.

예 옛날부터 흔히 사용된 수저, 식기, 포장 용기, 편지지, 자전거, 쌍안경, 운동화, 양복, 한복 등은 유사의 폭을 비교적 좁게 보고 판단한다.

예 새로운 물품, 특이한 형상 또는 모양은 유사의 폭을 넓게 본다.

(2) 유사여부는 전체적으로 관찰하여 종합적으로 판단한다. 지배적인 특징이 유사하다면 세부적인 점에 다소 차이가 있을지라도 유사한 것으로 본다.

TIP

기능, 구조, 정밀도, 내구력, 제조방법 등은 그 자체가 '외관'으로 표현되지 않는 한 유사여부 판단의 요소가 될 수 없다. 이러한 요소들은 '기술적 사상'이므로 특허 또는 실용신안으로 보호를 받는다.

3) 형상, 모양 및 색채에 의한 유사여부

(1) 형상이나 모양 중 어느 하나가 유사하지 않으면 원칙적으로 유사하지 않은 디자인으로 본다. 색채는 모양을 구성하지 않는 한 유사여부 판단의 요소로 고려하지 않는다.

(2) 물품의 구매 시 일반수요자가 중요하게 생각하는 부분 즉, 잘 보이는 면에 유사여부 판단의 비중을 둔다.

예 텔레비전, 에어컨 등은 6면 중 정면에 비중을 많이 둔다.

(3) 물품 중 당연히 있어야 할 부분은 그 중요도를 낮게 평가하고 다양한 변화가 가능한 부분을 주로 평가한다.[27]

예 수저의 경우에는 손잡이 부분의 형태에 비중을 두고 판단한다.

4) 특이 디자인의 유사여부

- 장기짝, 트럼프, 화투, 조립완구와 같은 합성물 디자인은 구성 각 편이 모아진 전체를 하나의 디자인으로 보아 동일유사를 대비 판단한다.
- 한 벌 물품의 디자인의 유사여부는 한 벌의 물품 전체로서 판단한다.
- 동적디자인 상호간에는 그 정지 상태, 동작의 내용 및 동작 중의 기본적인 주체를 이루는 자태 등을 전체로서 비교하여 유사여부를 판단한다.

27 대법원 2005.10.14, 선고, 2003후1666, 판결.

요약

- 디자인등록출원 심사: 디자인제도 · 상표제도에서 심사순서는 출원일 순서, 특허 · 실용신안제도에서는 심사청구 순서에 따라 심사 착수
- 우선심사제도: 출원공개 후 다른 사람이 출원된 디자인을 실시하는 경우, 긴급하게 처리할 필요가 있다고 인정되는 경우
- 정보제공제도: 디자인등록출원에 대하여 제3자가 디자인등록될 수 없다는 정보를 제공
- 디자인이의신청제도: 디자인일부심사등록에 대하여 누구든지 디자인등록의 요건에 위반되어 등록받을 수 없다는 취지의 이의신청. 특허제도에서는 없는 제도임.
- 재심사제도: 디자인거절결정을 받은 날부터 30일 이내에 보정하여 재심사 청구
- 일괄심사제도: 산업재산권을 일괄하여 출원인이 원하는 시기에 심사를 하는 제도(사업자가 사업 시작할 경우 이용시 편리)
- 보정제도: 출원서 기재사항, 도면, 사진 · 견본 · 도면의 기재사항을 보정하는 제도
- 심사관에 의한 직권보정: 경미한 오탈자를 심사관이 직접 보정하는 제도
- 분할출원제도: 2 이상의 디자인 또는 복수디자인등록출원을 분할하여 출원할 수 있음.
- 변경출원제도: 특허와 실용신안 간에는 서로 변경출원할 수 있으며 디자인제도에는 없음.
- 디자인의 유사여부 판단: 물품이 유통과정에서 일반수요자를 기준으로 관찰하여 다른 물품과 혼동할 우려가 있는지 여부를 기준으로 판단, 전체적으로 관찰하여 종합적으로 판단
- 유사물품의 예: "수저통"과 "연필통"
- 형상, 모양 및 색채에 의한 유사여부
  ❶ 형상이나 모양 중 어느 하나가 유사하지 않으면 원칙적으로 유사하지 않은 디자인에 해당
  ❷ 일반수요자가 중요하게 생각하는 부분, 잘 보이는 면을 주로 평가
  ❸ 당연히 있어야 할 부분은 그 중요도를 낮게 평가, 변화가 가능한 부분을 주로 평가

- 장기짝, 트럼프, 화투, 조립완구와 같은 합성물 디자인은 구성 각 편이 모아진 전체를 하나의 디자인으로 보아 동일유사를 대비 판단
- 한 벌 물품의 디자인 유사여부는 한 벌의 물품 전체로서 판단
- 동적디자인 상호간에는 그 정지 상태, 동작의 내용 및 동작 중의 기본적인 주체를 이루는 자태 등을 전체로서 비교하여 유사여부를 판단

제6-3절 연습문제

1. 디자인 우선심사 신청에 대한 설명 중 가장 거리가 먼 것은?

❶ 사업을 시작하기 위해 신속하게 등록을 받을 필요성이 있는 경우 우선심사를 신청하면 우선하여 심사를 받을 수 있다.

❷ 복수디자인등록출원에 대하여 우선심사를 하는 경우에는 일부 디자인만 우선심사할 수는 없다.

❸ 출원공개 후 디자인등록출원인이 아닌 자가 업으로서 디자인등록출원된 디자인을 실시하고 있다고 인정되는 경우에는 우선심사 신청을 할 수 있다.

❹ 우선심사신청은 출원인은 물론, 일부 출원을 제외하고 누구든지 신청할 수 있다.

❺ 선행디자인 조사 전문기관에 선행디자인 조사를 의뢰한 출원은 우선심사신청을 할 수 있다.

정답: ❷.

설명: ❷ 일부 디자인만 우선심사할 수 있다. ❹ 예외적으로, 국가 또는 지자체 출원, 국공립학교 전담조직에 의한 출원은 출원인만 우선심사를 신청할 수 있다.

2. 다음 중 디자인일부심사 등록출원의 심사내용이 아닌 것은?

❶ 디자인 성립요건(물품성, 형태성, 시각성, 심미성)에 해당하는지 여부

❷ 공업상 이용가능성이 있는지 여부

❸ 부등록사유에 해당하는지 여부

❹ 국내 또는 국외에서 널리 알려진 형상 · 모양 · 색채를 만족시키고 있는지 여부

❺ 신규성이 있는지 여부

정답: ❺.

설명: 신규성이 있는지 여부에 대하여는 심사하지 않는다.

3. 디자인 심사에 대한 설명 중 틀린 것은?

❶ 디자인등록 거절결정 등본을 받은 경우 출원인은 재심사를 신청할 수 있다.

❷ 재심사 신청시 도면 등을 보정하지 않아도 재심사를 신청할 수 있다.

③ 재심사 신청기간은 거절결정을 송달받은 날부터 30일 이내에 신청해야 한다.
④ 재심사에 따른 거절결정이 있는 경우 다시 재심사를 신청할 수 없다.
⑤ 보정가능 사항 전부에 대하여 보정할 수 있다.

정답: ②.

설명: 재심사는 보정사항이 있어야 신청할 수 있다.

4. 다음 내용이 설명하고 있는 제도는?

> 이 제도는 기업의 사업전략에 따라 동일 출원인에 의한 다수의 출원을 출원인이 원하는 시기에 맞추어 심사해주는 제도로서 특허 · 실용신안 · 상표 · 디자인 모두 신청이 가능하다. 이 제도를 이용하게 되면 산업재산권을 한꺼번에 심사를 받을 수 있어, 기업의 특허전략 수립과 시기적절한 신제품의 지식재산권 보호에 유용한 제도이다.

① 총괄심사제도 ② 일괄심사제도 ③ one-stop 심사제도
④ 심사하이웨이제도 ⑤ 우선심사제도

정답: ②.

설명: 일괄심사제도에 대한 설명이다.

5. 디자인제도에서 출원의 보정에 대한 설명 중 틀린 것은?

① 심사관은 디자인등록결정을 하고자 할 때 디자인등록출원의 기재에 명백한 오기가 있는 경우에 직권으로 보정할 수 있다.
② 요지변경이란 최초에 출원된 디자인과 보정된 디자인 간에 동일성이 유지되지 않는 것을 말한다.
③ 보정이 인정되면 출원 당시에 제출된 것으로 본다.
④ 물품명을 "접시"에서 "재떨이"로 변경하는 경우는 요지변경에 해당한다.
⑤ 신규사항을 추가하는 것은 모두 요지변경에 해당한다.

정답: ⑤.

설명: 특허제도에서는 보정시 신규사항을 추가해서도 안 된다. 디자인제도에서는 신규사항을 추가하더라도 요지변경에 해당하지 않은 경우도 있다.

6. 디자인의 동일유사 판단에 대한 설명 중 틀린 것은?

❶ 동일물품이란 '용도'와 '기능'이 동일한 것을 말한다.
❷ 유사물품이란 용도가 동일하고 기능이 다른 것을 말한다.
❸ "볼펜"과 "만년필"은 동일유사 물품으로 볼 수 있다.
❹ "수저통"과 "연필통"은 동일유사 물품으로 볼 수 있다.
❺ 한글 글자체와 영문자 글자체 상호간은 유사한 물품으로 볼 수 있다.

정답: ❺.

설명: 한글 글자체, 한자 글자체, 영문자 글자체, 그 밖의 외국문자 글자체, 숫자 글자체, 특수기호 글자체 상호간은 유사한 물품으로 보지 않는다.

7. 디자인의 동일유사 판단 시 형상, 모양 및 색채에 의한 유사여부 판단에 대한 설명 중 틀린 것은?

❶ 시계와 같은 것은 6면 중 정면에 비중을 많이 두고 판단한다.
❷ 색채는 모양을 구성하지 않는 한 유사여부 판단의 요소로 고려하지 않는다.
❸ 형상이나 모양 중 어느 하나가 유사하지 않으면 원칙적으로 유사하지 않은 디자인으로 판단한다.
❹ 도면의 잘 보이지 않는 면에도 유사여부 판단 시 동일하게 고려하여 판단한다.
❺ 수저의 경우에는 손잡이 부분의 형태에 비중을 두고 판단한다.

정답: ❹.

설명: 물품의 구매 시 일반수요자가 중요하게 생각하는 부분 즉, 잘 보이는 면에 유사여부 판단 비중을 둔다.

8. 특이 디자인의 유사여부 판단에 대한 설명 중 틀린 것은?

❶ 장기짝, 트럼프, 완구와 같은 합성물 디자인은 구성 각 편의 각각에 대하여 동일유사를 대비 판단한다.
❷ 한 벌 물품의 디자인의 유사여부는 한 벌의 물품 전체로서 판단한다.
❸ 동적디자인 상호간에는 그 정지 상태, 동작의 내용 등을 전체로서 비교하여 유사여부를 판단한다.

❹ 화상디자인이 표시된 표시부를 갖는 물품에 관한 디자인의 유사여부는 동일 · 유사한 물품 간에만 판단한다.

❺ 화상디자인의 유사여부 판단은 디자인에 관계되는 모양의 유사여부 판단과 동일하게 판단한다.

정답: ❶.

설명: 장기짝, 트럼프, 화투, 완성 형태가 단일한 조립완구와 같은 합성물 디자인은 구성 각편이 모아진 전체를 하나의 디자인으로 보아 동일유사를 대비 판단한다.

제4절 디자인권

1. 디자인권의 발생과 소멸

1) 디자인권의 발생

디자인권의 발생은 설정등록에 의하여 발생한다. 최초 등록료(연차료)는 3년분을 동시에 납부하고, 이후부터는 1년 단위로 납부할 수 있다. 납부기간이 경과된 날부터 6개월 이내에 납부(납부료 가산됨)할 수 있다.

2) 디자인권의 포기

디자인권자는 디자인권을 포기할 수 있다. 복수디자인은 각 디자인권마다 분리하여 포기할 수 있다. 다만, 디자인권자는 전용실시권자 · 질권자 및 통상실시권자의 동의를 받지 않으면 디자인권을 포기할 수 없다.

2. 디자인권 보호기간 및 보호범위

1) 디자인권 보호기간

- 디자인권은 설정등록한 날부터 발생하여 디자인등록출원일 후 20년이 되는 날까지 존속한다.
- 관련디자인으로 등록된 디자인권의 존속기간 만료일은 그 기본디자인의 디자인권 존속기간 만료일과 같다.
- 무권리자가 디자인등록을 받은 경우, 정당한 권리자에 의한 디자인권 존속기간은 무권리자의 디자인등록출원일 다음 날부터 기산한다.

2) 디자인 보호범위와 효력

(1) 디자인 보호범위(권리범위)

디자인의 보호범위는 출원서의 기재사항, 첨부된 도면(전개도, 단면도 및 확대도) · 사진 · 견본 및 도면에 기재된 디자인의 설명에 의하여 정하여진다.

주의할 점!

사용상태도 등 참고도면은 디자인을 이해하는 데 도움을 주기 위한 도면일 뿐 디자인의 권리범위를 판단하는 기초가 되지 않는다.

(2) 디자인권의 효력

디자인권자는 업으로서 등록디자인 또는 이와 유사한 디자인을 실시할 권리를 독점한다. 다만, 그 디자인권에 관하여 전용실시권을 설정하였을 때에는 디자인권자는 실시할 권리가 없다.

(3) 디자인권의 효력 제한

- 디자인권의 효력이 미치지 않는 범위는 다음과 같다.
  ❶ 연구 또는 시험을 하기 위한 등록디자인 또는 이와 유사한 디자인의 실시
  ❷ 국내를 통과하는 데에 불과한 선박 · 항공기 · 차량 또는 이에 사용되는 기계 · 기구 · 장치, 그 밖의 물건
  ❸ 디자인등록출원 시부터 국내에 있던 물건

- 글자체 디자인권은 다음과 같은 경우에는 디자인권의 효력이 미치지 않는다.
  ❶ 타자 · 조판 또는 인쇄 등의 통상적인 과정에서 글자체를 사용하는 경우
  ❷ 타자 · 조판 또는 인쇄 등의 통상적인 과정에서 글자체의 사용으로 생산된 결과물

(4) 타인의 산업재산권(디자인권 · 특허권 · 실용신안권 · 상표권), 저작권과의 관계

- 디자인권이 다른 산업재산권(특허 · 실용신안 · 디자인 · 상표)과 동일 또는 유사하여 이용 · 저촉 관계에 있는 경우 다른 산업재산권자의 허락을 받지 않거나, 통상실시권 허락을 받지 않고는 자기의 등록디자인을 업으로서 실시할 수 없다.
- 디자인권과 타인의 저작물과의 관계에서 디자인권자 등은 타인의 저작물을 이용하거나 저촉되는 경우 저작권자의 허락을 받지 않고는 자기의 디자인을 업으로서 실시할 수 없다.

3. 디자인권의 이전

- 디자인권은 이전할 수 있으며, 복수디자인등록된 디자인권은 각 디자인권마다 분리하여 이전할 수 있다.

- 디자인권이 공유인 경우 단독으로 실시할 수 있지만, 다른 공유자의 동의를 받지 않으면 그 지분에 대한 실시권의 설정, 이전 또는 질권을 설정할 수 없다.
- 기본디자인의 디자인권과 관련디자인의 디자인권(또는 전용실시권)은 같은 자에게 함께 이전(전용실시권인 경우는 설정)하여야 한다.

4. 디자인권에 대한 실시권

1) 전용실시권

- 디자인권자는 그 디자인권에 대하여 타인에게 전용실시권을 설정할 수 있다.
- 전용실시권자는 그 설정행위로 정한 범위에서 그 디자인을 업으로서 실시할 권리를 '독점'한다.
- 전용실시권자는 실시사업과 같이 이전하는 경우 또는 상속이나 그 밖의 일반승계의 경우를 제외하고는 디자인권자의 동의를 받지 않으면 그 전용실시권을 이전할 수 없다.
- 전용실시권을 설정하면 디자인권자도 실시할 수 없다.
- 디자인권이나 전용실시권의 이전 · 설정(상속 등 일반승계에 의한 경우는 제외), 포기에 의한 소멸 또는 처분의 제한은 등록하지 않으면 효력이 발생하지 않는다.

2) 통상실시권

- 디자인권자는 그 디자인권에 대하여 타인에게 통상실시권을 허락할 수 있다.
- 통상실시권을 설정하면 통상실시권자는 설정행위로 정한 범위에서 그 디자인을 업으로서 실시할 수 있는 권리를 가진다.
- 통상실시권은 실시사업과 같이 이전하는 경우 또는 상속이나 그 밖의 일반승계의 경우를 제외하고는 디자인권자(또는 전용실시권자)의 동의를 받지 않으면 이전할 수 없다.
- 통상실시권을 등록한 경우에는 그 등록 후에 디자인권 또는 전용실시권을 취득한 자에 대하여도 그 효력이 발생한다.
- 통상실시권의 이전 · 변경 · 소멸 · 처분, 질권의 설정 등은 등록하지 않으면 제3자에게 대항할 수 없다.
- 법률상 당연히 발생하는 선사용에 따른 통상실시권, 선출원에 따른 통상실시권, 무효심판청구 등록 전의 실시에 의한 통상실시권 등은 등록이 없더라도 효력이 발생한다.

TIP

통상실시권은 전용실시권과는 달리 디자인권자도 실시할 수 있고, 여러 명에게 동시에 통상실시권을 설정해 줄 수도 있다.

3) 법률상 당연히 발생하는 통상실시권

- 선사용에 따른 통상실시권: 디자인등록출원 시에 그 디자인등록출원된 디자인의 내용을 알지 못하고 사업의 준비 또는 실시를 하고 있는 자는 등록된 디자인권에 대하여 통상실시권을 가진다.
- 선출원에 따른 통상실시권: 타인의 디자인등록출원된 디자인의 내용을 알지 못하고 그 디자인을 창작하거나 그 디자인의 실시사업을 하거나 그 사업의 준비를 하고 있는 자는 통상실시권을 갖는다.
- 무효심판청구 등록 전의 실시에 의한 통상실시권: 자기의 등록디자인이 무효사유에 해당하는 것을 알지 못하고 사업의 준비 또는 실시를 하고 있는 경우에는 그 디자인권에 대하여 통상실시권을 가진다.
- 디자인권 등의 존속기간 만료 후의 통상실시권: 선출원된 디자인권의 만료시 후출원된 특허 · 실용신안 · 디자인에 대하여 통상실시권을 갖는다.

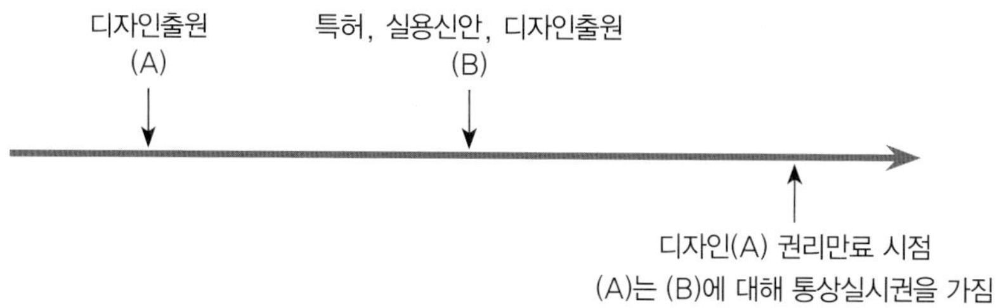

TIP

- 선사용과 선출원에 따른 통상실시권: 대가를 지불하지 않아도 됨
- 무효심판청구 등록전의 실시에 의한 통상실시권, 디자인권 등의 존속기간 만료 후의 통상실시권: 대가지급

요약

- 디자인권의 발생: 설정등록에 의하여 발생, 최초 등록료(연차료)는 3년분 일괄 납부
- 디자인권 보호기간: 설정등록한 날부터 디자인등록출원일 후 20년이 되는 날까지
- 디자인 보호범위(권리범위): 출원서의 기재사항, 첨부된 도면(전개도, 단면도 및 확대도) · 사진 · 견본 및 도면에 기재된 디자인의 설명에 의하여 정하여짐.
- 디자인권의 효력: 디자인권자는 등록디자인 또는 이와 유사한 디자인을 실시할 권리를 독점, 전용실시권을 설정하였을 때에는 디자인권자는 실시할 권리가 없음.
- 디자인권의 효력 제한
  ❶ 연구 또는 시험을 하기 위한 등록디자인 또는 이와 유사한 디자인의 실시
  ❷ 단순히 국내를 통과하는 선박 · 항공기 · 차량 · 이에 사용되는 기계 · 기구 · 장치 등
  ❸ 디자인등록출원 시부터 국내에 있던 물건
- 글자체 디자인권 효력제한: 타자 · 조판 또는 인쇄 등의 통상적인 과정에서 글자체를 사용하는 경우와 그 생산된 결과물
- 자기의 디자인권과 타인의 디자인권 · 특허권 · 실용신안권 · 상표권 · 저작권과의 관계에서 이용 · 저촉관계에 있는 경우 자기의 디자인을 실시할 수 없음.
- 기본디자인의 디자인권과 관련디자인의 디자인권은 같은 자에게 함께 이전하여야 함.
- 전용실시권을 설정받은 전용실시권자는 그 설정행위로 정한 범위에서 그 등록디자인 또는 이와 유사한 디자인을 업으로서 실시할 권리를 '독점'함.
- 디자인권 및 전용실시권 등록은 등록에 의하여 효력발생
- 통상실시권의 설정: 디자인권자의 본인 실시 가능, 여러 사람에게 통상실시권을 설정 가능
- 법률상 당연히 발생하는 통상실시권
  ❶ 선사용에 따른 통상실시권
  ❷ 선출원에 따른 통상실시권
  ❸ 무효심판청구 등록 전의 실시에 의한 통상실시권

제6-4절 연습문제

1. 디자인권의 발생과 소멸에 대한 설명 중 맞는 것은?

❶ 디자인권의 발생은 반드시 설정등록하지 않아도 권리의 효력이 발생한다.

❷ 디자인권은 설정등록한 날부터 발생하여 디자인등록출원일 후 10년이 되는 날까지 존속한다.

❸ 복수디자인은 각 디자인권마다 분리하여 포기할 수 있다.

❹ 디자인의 보호범위를 정할 때 도면은 참고사항이다.

❺ 디자인권 등록 시 최초 등록료(연차료)는 1년분을 납부해야 한다.

정답: ❸.

설명: ❶ 반드시 설정등록을 해야 한다. ❷ 10년이 아니라 20년으로 개정되었다. ❹ 보호범위는 도면은 필수 고려사항이며, 특허제도에서는 도면이 참고사항에 불과하다. ❺ 1년이 아니라 3년이다.

2. 디자인권의 효력에 대한 설명 중 틀린 것은?

❶ 보호범위는 출원서의 기재사항, 첨부된 도면 · 사진 · 견본 및 도면에 기재된 디자인의 설명에 의하여 정하여진다.

❷ 타인의 저작권에 저촉되는 경우에도 디자인권은 별도로 독점권을 갖는다.

❸ 디자인권자는 업으로서 등록디자인 또는 이와 유사한 디자인을 실시할 권리를 독점한다.

❹ 글자체 디자인권은 타자 · 조판 또는 인쇄 등의 통상적인 과정에서 글자체를 사용하는 경우에는 그 효력이 미치지 않는다.

❺ 다른 산업재산권(특허 · 실용신안 · 디자인 · 상표)과 이용 · 저촉관계에 있는 경우는 다른 산업재산권자의 허락을 받지 않고는 자기의 등록디자인을 업으로서 실시할 수 없다.

정답: ❷.

설명: 저작권자의 허락을 받지 않고는 자기의 등록디자인 또는 이와 유사한 디자인을 업으로서 실시할 수 없다.

3. 디자인권의 실시 및 이전에 대한 설명 중 틀린 것은?

❶ 기본디자인의 디자인권과 관련디자인의 디자인권은 같은 자에게 함께 이전할 필요는 없다.

❷ 복수디자인등록된 디자인권은 각 디자인권마다 분리하여 이전할 수 있다.

❸ 디자인권이 공유인 경우 등록디자인 또는 이와 유사한 디자인을 단독으로 실시할 수 있다.

❹ 전용실시권을 설정하면 디자인권자도 실시할 수 없다.

❺ 통상실시권을 설정하면 디자인권자도 실시할 수 있다.

정답: ❶.

설명: 기본디자인의 디자인권과 관련디자인의 디자인권은 같은 자에게 함께 이전해야 한다.

제5절 디자인권의 보호

1. 디자인권의 심판

1) 거절결정 불복심판, 디자인등록취소결정에 대한 심판

- 거절결정 불복심판: 심사관의 거절결정에 대한 불복심판 청구
- 디자인등록취소결정 불복심판: 디자인일부심사 등록결정에 대한 이의신청의 결과 이의신청이 받아들여져 디자인등록을 취소한 것에 대한 불복심판 청구
- 심판청구기간: 결정등본을 송달받은 날부터 30일 이내

> **TIP**
> 특허제도에는 있는 '정정심판'이 디자인제도에는 없다.

2) 무효심판

- 무효심판의 대상: 성립요건(물품성, 형태성, 시각성, 심미성), 등록요건(공업상 이용가능성, 신규성, 창작성 등)을 구비하지 못한 등록된 디자인
- 무효심판을 청구할 수 있는 자: 이해관계인 또는 심사관
- 무효심판 청구기간: 디자인권이 소멸된 후에도 청구가능
- 무효심판의 효력: 무효심결 확정시 그 디자인권은 처음부터 없었던 것으로 본다.

3) 권리범위 확인심판

디자인권자 · 전용실시권자 또는 이해관계인은 등록디자인의 보호범위를 확인하기 위하여 디자인권의 권리범위 확인심판을 청구할 수 있다. 복수디자인등록출원된 디자인등록에 대하여는 각 디자인마다 청구하여야 한다.

- 소극적 권리범위 확인심판: 디자인권 침해자가 디자인권리자를 상대로 청구하는 심판
- 적극적 권리범위 확인심판: 디자인권리자가 디자인권 침해자를 상대로 청구하는 심판

4) 통상실시권 허락의 심판

디자인권자(전용실시권자 또는 통상실시권자 포함)는 해당 등록디자인 또는 그와 유사한 디자인이 타인의 등록디자인 등과의 이용저촉 관계에 해당하여 실시 허락을 받으려는 경우에 그 타인이 정당한 이유 없이 허락하지 않거나 허락을 받을 수 없을 때는 통상실시권 허락의 심판을 청구할 수 있다. 통상실시권을 허락받으면 디자인권자한테 대가를 지급해야 한다.

2. 디자인권자의 보호

1) (민사적 구제) 디자인권 침해 금지청구권

❶ 디자인권자 또는 전용실시권자는 자기의 권리를 침해한 자 또는 침해할 우려가 있는 자에 대하여 그 침해의 금지 또는 예방을 청구할 수 있다.

❷ 디자인권자 또는 전용실시권자는 침해행위를 조성한 물품의 폐기, 침해행위에 제공된 설비의 제거, 그 밖에 침해의 예방에 필요한 행위를 청구할 수 있다.

2) (민사적 구제) 권리침해에 대한 손해배상청구권

❶ 디자인권자 또는 전용실시권자는 고의나 과실로 자기의 디자인권 또는 전용실시권을 침해한 자에 대하여 그 침해에 의하여 자기가 입은 손해의 배상을 청구할 수 있다.

❷ 디자인권 또는 전용실시권을 침해한 자는 그 침해행위에 대하여 과실이 있는 것으로 추정한다.

❸ 비밀디자인으로 등록된 디자인권이나 그 전용실시권을 침해한 경우에는 과실이 있는 것으로 추정하지 않는다.

3) (형사적 구제) 침해죄

❶ 디자인권 또는 전용실시권을 침해한 자는 7년 이하의 징역 또는 1억 원 이하의 벌금에 처한다.

❷ 침해죄에 대하여는 권리자의 고소가 있어야 공소를 제기할 수 있는 친고죄이다.

요약

- 거절결정 불복심판: 디자인등록 거절결정에 대한 불복심판 청구
- 디자인등록취소결정 불복심판: 디자인일부심사 등록결정에 대한 이의신청의 결과 이의신청이 받아들여져 디자인등록을 취소한 것에 대한 불복심판 청구
- 무효심판: 성립요건(물품성, 형태성, 시각성, 심미성), 등록요건(공업상 이용가능성, 신규성, 창작성 등)을 구비하지 못한 등록된 디자인에 대하여 무효심판 청구 가능
- 권리범위 확인심판: 등록디자인의 보호범위를 확인하기 위하여 권리범위 확인심판 청구
- 통상실시권 허락의 심판: 등록된 디자인에 대하여 통상실시권 허락 심판 청구
- '정정심판'은 특허제도에는 있으나 디자인제도에는 없음.
- 디지인권 침해에 대한 민사적 구제: 디자인권 침해 금지청구권, 손해배상청구권
- 형사적 구제: 침해죄 등

TIP

특허법과 상표법에 비하여 디자인보호법에 없는 제도:

자동 공개제도, 심사청구제도, 국방관련 디자인제도, 변경출원제도, 국내우선권제도, 존속기간연장등록출원제도, 갱신등록제도, 디자인 불실시에 대한 강제실시권제도, 정정심판제도

제6-5절 연습문제

1. 디자인권의 심판에 대한 설명 중 틀린 것은?

❶ 거절결정 불복심판은 심사관의 거절결정에 대한 불복심판 청구이다.

❷ 디자인등록취소결정 불복심판은 모든 심사가 완료된 등록 디자인에 대하여 취소를 구하는 심판이다.

❸ 결정계 심판청구기간은 결정등본을 송달받은 날부터 30일 이내에 해야 한다.

❹ 거절결정에 대한 불복심판 청구가 이유 있다고 인정될 때에는 거절결정을 취소한다.

❺ 디자인제도에는 정정심판이 없다.

정답: ❷.

설명: 디자인등록취소결정 불복심판이란, 디자인일부심사 등록결정에 대한 이의신청의 결과 이의신청이 받아들여져 디자인등록을 취소한 것에 대한 불복심판 청구를 말한다.

2. A는 디자인권자로부터 현재 실시하고 있는 디자인은 본인의 디자인권을 침해한 것이므로 침해하지 말라는 경고장을 받았다. A가 해야 하는 조치 중 가장 적절하지 못한 것은?

❶ 무효심판을 청구한다.

❷ 권리범위 확인심판을 청구한다.

❸ 디자인등록취소심판을 청구한다.

❹ 통상실시권 허락의 심판을 청구한다.

❺ 타인이 보유한 선디자인권에 대하여 전용실시권을 설정한다.

정답: ❸.

설명: 디자인등록취소심판은 없는 제도이다.

3. 다음 중 디자인권의 침해에 대한 구제에서 민사적 구제가 아닌 것은?

❶ 과태료
❷ 침해금지청구권 및 예방청구권
❸ 가처분
❹ 신용회복조치청구권
❺ 손해배상청구권

정답: ❶.

설명: 과태료는 민사적 구제에 해당하지 않는다.

CHAPTER 07

(기초, 창출, 보호편) 상표권

제1절 개요

1. 상표법의 목적

'상표를 보호'함으로써 '상표사용자의 업무상의 신용유지'를 도모하여 '산업발전에 이바지'함과 아울러 '수요자의 이익을 보호함'을 목적으로 한다.

- 상표의 보호
- 상표 사용자의 업무상 신용유지
- 산업발전 도모
- 수요자의 이익 보호 및 부정경쟁방지

2. 상표의 종류 및 정의

1) 상표

"상표"란 자기의 상품(지리적 표시가 사용되는 상품의 경우를 제외하고는 서비스 또는 서비스의 제공에 관련된 물건을 포함)과 타인의 상품을 식별하기 위하여 사용하는 표장(標章)을 말한다. 여기서, "표장"이란 기호, 문자, 도형, 소리, 냄새, 입체적 형상, 홀로그램 · 동작 또는 색채 등으로서 그 구성이나 표현방식에 상관없이 상품의 출처(出處)를 나타내기 위하여 사용하는 모든 표시를 말한다.[28]

(1) 기호 · 문자 · 도형, 입체적 형상 또는 이들을 결합하거나 이들에 색채를 결합한 것

"기호상표", "문자상표", "도형상표", "입체상표", "결합상표"가 있다.

- 기호상표: 문자나 기호, 부호 등을 도안화하여 만든 상표

  예 ,

- 문자상표: 한글, 한자, 로마자, 외국문자, 숫자로 이루어진 상표

  예 삼성, 엘지, SK, KT

- 도형상표: 로고, 동식물, 자연물 등을 도형으로 하여 만든 상표

  예 ,

- 입체상표: 평면이 아닌 입체적인 형상 자체로 이루어진 상표

  예 코카콜라 병, 바나나맛 우유 병 , 대한항공 비행기 , KFC 할아버지 형상

- 결합상표: 문자, 도형, 기호 등이 결합된 상표

  예 SM5

(2) 다른 것과 결합하지 않은 색채 또는 색채의 조합, 홀로그램, 동작 또는 그 밖에 시각적으로 인식할 수 있는 것

"색채상표", "동작상표"가 있다.

- 색채상표: 오랫동안 동일한 색채를 사용하여 누구든지 그 색채가 특정인의 상표라고 인식될 때 인정

  예 노란색 포스트잇 , 보라색 수술용 장갑 , 크리스찬 루부탱 구두 밑의 빨간색 

28 2016년 전면개정 이전에는 상표와 서비스표로 구분하여 사용하였으나, 개정법에서는 상표로 통일하여 서비스표라는 용어는 이제 사용하지 않게 되었다. 단, 서비스표에 관한 경과조치로서, 2016년 전면개정 법 시행 당시 종전의 규정에 따라 서비스표로 등록출원되었거나 등록된 경우에 대해서는 종전의 규정에 따라 서비스표를 사용할 수 있다.

- 동작상표

예

(지구가 연속적으로 돌아가는 동작)

(3) 소리 · 냄새 등 시각적으로 인식할 수 없는 것 중 기호 · 문자 · 도형 또는 그 밖의 시각적인 방법으로 사실적(寫實的)으로 표현한 것

"소리상표", "냄새상표"가 있다.

- 소리상표

예 오토바이 엔진소리, MS윈도우의 컴퓨터 시작음

- 냄새상표

예 프린터 토너의 레몬향

2) 서비스 명칭으로서의 상표

서비스업을 영위하는 자가 자기의 서비스업을 타인의 서비스업과 식별되도록 하기 위하여 사용하는 표장을 상표로서 등록받을 수 있다.

예

3) 단체표장

상품을 생산 · 제조 · 가공 또는 판매하는 것 등을 업으로 영위하는 자나 서비스업을 영위하는 자가 공동으로 설립한 법인이 직접 사용하거나 그 감독 하에 있는 소속단체원으로 하여금 자기 영업에 관한 상품 또는 서비스업에 사용하게 하기 위한 표장

(1) 증명표장

상품이나 서비스업의 품질, 원산지, 생산방법이나 그 밖의 특성의 증명을 업으로 하는 자가 상품의 생산 · 제조 · 가공 또는 판매를 업으로 하는 자의 상품이나 서비스업을 영위하는 자의 서비스업이 정하여진 품질, 원산지, 생산방법이나 그 밖의 특성을 충족하는 것을 증명하는 데 사용하게 하기 위한 표장

예 (울마크로서 100% 양모인 경우에 단체가 증명표장을 부여)

(2) 지리적 표시 증명표장

상품의 품질, 원산지, 생산방법이나 그 밖의 특성의 증명을 업으로 하는 자가 상품의 생산 · 제조 또는 가공을 업으로 하는 자의 상품이 정하여진 지리적 특성을 충족하는 것을 증명하는 데 사용하게 하기 위한 지리적 표시로 된 증명표장

예 (태안군에서 생산된 농산물에 대한 증명표장)

(3) 지리적 표시 단체표장

특정 품질 · 명성 또는 그 밖의 특성이 본질적으로 특정 지역에서 비롯된 경우, 지리적 표시를 사용할 수 있는 상품을 생산 · 제조 또는 가공하는 것을 업으로 영위하는 자만으로 구성된 법인이 직접 사용하거나 그 감독 하에 있는 소속단체원으로 하여금 자기 영업에 관한 상품에 사용하게 하기 위한 단체표장

예

4) 업무표장

영리를 목적으로 하지 않는 업무를 영위하는 자가 그 업무를 나타내기 위하여 사용하는 표장

예 ,

대한적십자사, YMCA, YWCA, 보이스카우트

3. 상표의 기능

- 본질적 기능: 자타상품식별기능, 출처표시기능, 품질보증기능
- 파생적 기능: 광고선전 기능, 재산적 기능

> **TIP**
> 상표는 품질을 보증하는 기능은 있지만, 상품(제품)의 '기능' 자체를 설명하는 기능은 없다.

❶ 자타상품식별기능: 자타 상품을 식별하는 기능이며 가장 본질적인 기능

❷ 출처표시기능: 동일상표가 부착된 상품은 출처가 동일하다는 기능

❸ 품질보증기능: 동일상표가 부착된 상품은 동일한 품질
❹ 광고 선전 기능: 상품의 품질, 출처 등의 신용을 제공하는 광고기능
❺ 재산적 기능: 무형 재산권으로서의 기능

4. 상표의 사용

"상표의 사용"이란 다음과 같은 행위를 하는 경우를 말한다.

- 표시행위: 상품 또는 상품의 포장에 상표를 표시하는 행위
- 유통행위: 상품 또는 상품의 포장에 상표를 표시한 것을 양도 또는 인도하거나 그 목적으로 전시 · 수출 또는 수입하는 행위
- 광고행위: 상품에 관한 광고 · 정가표 · 거래서류 · 간판 또는 표찰에 상표를 표시하고 전시 또는 반포하는 행위
- 입체적 사용행위: 상품, 상품 포장, 광고, 간판 또는 표찰을 표장의 형식으로 하는 것을 포함하는 행위

TIP

다른 사람의 상표를 사용했을 경우, 위 행위와 같은 상표의 사용(상표의 침해)에는 해당하지 않을지라도 '부정경쟁방지법'에 위배될 수 있다.

요약

- 상표법의 목적: '상표를 보호'함으로써 '상표사용자의 업무상의 신용유지'를 도모하여 '산업발전에 이바지'하고, '수요자의 이익을 보호함'
- 상표의 종류: 기호상표, 문자상표, 도형상표, 입체상표, 결합상표, 색채상표, 동작상표, 소리상표, 냄새상표
- 상표법으로 보호되는 표장: 상표, 단체표장, 업무표장
- 단체표장: 증명표장, 지리적 표시 증명표장, 지리적 표시 단체표장
- 업무표장: 대한적십자사, YMCA, 보이스카우트
- 상표의 기능: 자타상품식별기능, 출처표시기능, 품질기능, 광고선전 기능, 재산적 기능
- 상표의 사용: 표시행위, 유통행위, 광고행위, 입체적 사용행위

제7-1절 연습문제

1. 다음 중 상표법의 목적이라고 볼 수 없는 것은?

❶ 상표 사용자의 업무상 신용유지
❷ 산업발전 도모
❸ 수요자의 이익 보호 및 부정경쟁방지
❹ 상표의 보호
❺ 상표의 기능 보증

정답: ❺.

설명: 상표의 기능 보증은 상표제도의 목적이 아니다.

2. 다음 중 상표로서 등록받을 수 있는 것은 몇 개인가?

오토바이 엔진소리, MS윈도우의 컴퓨터 시작음, 노란색 포스트 잇, 프린터 토너의 레몬향, 바나나맛 우유 병

❶ 1개 ❷ 2개 ❸ 3개
❹ 4개 ❺ 5개

정답: ❺.

설명: 모두 등록받을 수 있다.

3. 상표에 대한 설명 중 틀린 것은?

❶ 상표란 서비스업을 영위하는 자가 자기의 서비스업을 타인의 서비스업과 식별되도록 하기 위하여 사용하는 표장을 포함한다.
❷ 단체표장에는 증명표장, 지리적 표시 증명표장, 지리적 표시 단체표장, 업무표장이 있다.
❸ 증명표장은 품질, 원산지, 생산방법을 충족하는 것을 증명하는 데 사용하게 하기 위한 표장을 말한다.

❹ 지리적 표시 증명표장이란 상품이 정하여진 지리적 특성을 충족하는 것을 증명하는 데 사용하게 하기 위한 표장을 말한다.

❺ 지리적 표시 단체표장이란 특정 품질 · 명성이 본질적으로 특정 지역에서 비롯된 경우, 지리적 표시를 사용할 수 있는 상품을 소속단체원으로 하여금 사용하게 하기 위한 표장을 말한다.

정답: ❷.

설명: ❷ 단체표장에는 업무표장이 포함되지 않는다.

4. 다음 중 상표의 기능이라고 볼 수 없는 것은?

❶ 기능설명기능
❷ 재산적 기능
❸ 품질보증기능
❹ 광고 선전 기능
❺ 자타상품식별기능

정답: ❶.

설명: ❶ 상표는 상품의 기능을 설명하는 기능은 없다.

5. 다음 중 상표의 사용에 해당되어 상표법에 침해가 되는 행위라고 볼 수 없는 것은?

❶ 상품 또는 상품의 포장에 상표를 표시하는 행위

❷ 상품 또는 상품의 포장에 상표를 표시한 것을 양도 또는 인도하거나 그 목적으로 전시 · 수출 또는 수입하는 행위

❸ 부정한 목적으로 도메인 이름으로 상표를 등록하는 행위

❹ 상품에 관한 광고 · 정가표 · 거래서류 · 간판 또는 표찰에 상표를 표시하고 전시 또는 반포하는 행위

❺ 상품, 상품 포장, 광고, 간판 또는 표찰을 표장의 형식으로 하는 것을 포함하는 행위

정답: ❸.

설명: ❸은 상표권 침해는 아니며 타인의 도메인 이름을 상표로 출원시 거절된다. 또한 부정경쟁방지법 위반에도 해당한다.

6. 다음 중 자기의 영업에 관한 상품이나 서비스업에 사용하려는 경우, 등록을 받을 수 없는 것은?

❶ 증명표장
❷ 지리적 표시 단체표장
❸ 업무표장
❹ 서비스 이름
❺ 기호상표

정답: ❶.

설명: ❶ 증명표장은 자기의 영업에 관한 상품이나 서비스업에 사용하려는 경우에는 등록을 받을 수 없다. 증명표장은 증명을 업으로 하는 자가 증명에 해당하는 조건을 충족하는 자에게 부여하는 것이다.

7. 다음 중 개인이 아닌 해당 지역의 단체만이 등록 받을 수 있는 것은?

❶ 증명표장
❷ 지리적 표시 단체표장
❸ 업무표장
❹ 서비스 이름
❺ 지리적 표시 업무표장

정답: ❷.

설명: ❷ 지리적 표시 단체표장이다. ❺ 지리적 표시 업무표장이라는 표장은 없다.

제2절 등록요건

1. 상표 등록요건(적극적 요건)

우리나라는 원칙적으로 상표 사용 사실과 관계없이 등록하면 상표로서 보호하는 등록주의이며, 일부 사용주의를 가미하고 있다.

상표법 제33조(상표등록의 요건)

❶ 다음 각호의 1에 해당하는 상표를 제외하고는 상표등록을 받을 수 있다.

1. 그 상품의 보통명칭을 보통으로 사용하는 방법으로 표시한 표장만으로 된 상표
2. 그 상품에 대하여 관용(慣用)하는 상표
3. 그 상품의 산지(産地) · 품질 · 원재료 · 효능 · 용도 · 수량 · 형상 · 가격 · 생산방법 · 가공방법 · 사용방법 또는 시기를 보통으로 사용하는 방법으로 표시한 표장만으로 된 상표
4. 현저한 지리적 명칭이나 그 약어(略語) 또는 지도만으로 된 상표
5. 흔히 있는 성(姓) 또는 명칭을 보통으로 사용하는 방법으로 표시한 표장만으로 된 상표
6. 간단하고 흔히 있는 표장만으로 된 상표
7. 제1호부터 제6호까지에 해당하는 상표 외에 수요자가 누구의 업무에 관련된 상품을 표시하는 것인가를 식별할 수 없는 상표

❷ 제1항제3호부터 제6호까지에 해당하는 상표라도 상표등록출원 전부터 그 상표를 사용한 결과 수요자 간에 특정인의 상품에 관한 출처를 표시하는 것으로 식별할 수 있게 된 경우에는 그 상표를 사용한 상품에 한정하여 상표등록을 받을 수 있다.

❸ 제1항제3호(산지로 한정한다) 또는 제4호에 해당하는 표장이라도 그 표장이 특정 상품에 대한 지리적 표시인 경우에는 그 지리적 표시를 사용한 상품을 지정상품으로 하여 지리적 표시 단체표장등록을 받을 수 있다.

1) 보통명칭 상표

상품의 일반적인 보통명칭을 해당 상품에 사용하는 것으로서 보통상표만으로 된 상표는 절대 상표등록을 받을 수 없다.

예 자동차류에 "Car"를 상표로 출원하거나, 피복류에 "청바지", 호두로 만든 과자류에 "호두과자", 유산균 발효류에 "YOGURT", 복사기에 "Copyer", 해열제에 "ASPIRIN"을 상표로 출원하는 것은 등록받을 수 없다.

2) 관용 상표

관용 상표란 해당 상품을 취급하는 동업자들 사이에 어떤 표장을 그 상품의 명칭 등으로 일반적으로 사용한 결과 자타상품의 식별력을 상실한 표장을 말한다.

예 "정종"(청주), "나폴레온"(꼬냑), "인단"(구중청량제), "TEX · LON · RAN"(직물), "깡"(과자), "VASELLINE"(콜드크림), "cyber · web · com · net"(통신업), "가든 · 성 · 장 · 각"(요식법)

3) 성질표시 상표(기술적(記述的) 표장)

(1) 산지표시

상품의 생산지를 표시하는 하는 것은 상표로 등록받을 수 없다.

예 "대구"(사과), "영광"(굴비) 등

(2) 품질표시

상품에 품질상태 또는 우수성을 직접적으로 표시하는 것은 상표로 등록받을 수 없다.

예 "품질보증", "특선", "원조", "특급", "명품", "STANDARD", "GENUINE", "SUPER", "ACE", "SPECIAL", "ULTRA", "청정", "BIO", "GREEN", "무공해", "상 · 중 · 하"

(3) 원재료

상품에 원재료를 해당 상품에 현실적으로 사용하고 있거나 사용할 수 있는 것은 상표로 등록받을 수 없다.

예 "WOOL"(양복), "STEEL"(금고), "SILK"(블라우스), "알루미늄"(창문틀), "콩"(두부)

(4) 효능표시

물품 성능 또는 효과를 직접적으로 표시하는 것은 상표로 등록받을 수 없다.

예 "보들보들"(화장품), "우아미"(가구), "원터치"(전자렌지)

(5) 용도표시

지정 상품의 용도를 직접적으로 표시하는 것은 상표로 등록받을 수 없다.

예 "원예"(비료), "DIET COLA"(콜라), "KICKERS"(축구화), "프로용"(운동용 용품)

(6) 수량표시

지정 상품에 수량과 수량표시로 인식되는 것은 상표로 등록받을 수 없다.

예 "2짝", "100그램", "10봉지", "30리터"(일반상품), "200자"(원고지)

(7) 형상표시

상품 또는 그 포장의 외형, 모양, 규격, 무늬를 나타내는 것은 상표로 등록받을 수 없다.

예 "소형", "대형", "SLIM"(일반상표), "4각표"(연필), "265mm"(신발), "캡슐"(의약품)

(8) 가격표시

상품의 가격 또는 가격 표시로 인식되고 있는 단위를 표시하는 것은 상표로 등록받을 수 없다.

예 "100원", "백원", "₩500", "100￥", "1$"

(9) 생산방법 · 가공방법 · 사용방법 표시

상품의 제조, 재배, 양식, 조립, 가공방법이나 push, pull, switch와 같이 표시하는 것은 상표로 등록받을 수 없다.

예 "훈제"(햄), "조립"(책상), "정밀가공"(시계), "수제"(구두), "멕시칸"(치킨전문점), "자연농법"(농축산업)

(10) 시기표시

계절상품에 봄 · 여름 · 가을 · 겨울의 표시, 상품 특성상 오전, 오후, 낮, 밤, 맑은 날, 비 오는 날, 전천후 등과 같이 표시하는 것은 상표로 등록받을 수 없다.

예 "전천후 · Four Season"(타이어), "Summer shirt"(의류), "식전 · 식후"(약품)

(11) 소리 · 냄새 등의 성질표시

소리 · 냄새 등의 표현이 지정상품의 원재료 · 용도 · 목적 등의 성질표시를 직접적으로 나타내는 것은 상표등록을 받을 수 없다.

예 "현금출납기 소리"(소매업), "자동차 소리"(자동차수리업), "바닐라 향기, 허브향"(향수)", "나무냄새"(목재가공업), "고무향"(타이어)

(12) 서적 및 정기간행물의 제호(題號, Title)

서적 제목이 직접 서적의 내용을 표시하는 경우 상표등록을 받을 수 없다.

예 식별력이 없는 것(상표등록 불가): "민법총칙", "경제학", "한영사전", "상표법"

식별력이 있는 것(상표등록 가능): "빙점", "태백산맥", "삼화영한사전"

4) 현저한 지리적 명칭, 지도

현저한 지리적 명칭 · 그 약어 또는 지도만으로 된 상표는 등록을 받을 수 없다. 다만, 개인이 아닌 해당 지역의 단체가 "지리적 표시 단체표장"으로는 등록 받을 수 있다. 국가 이름, 서울특별시, 광역시, 도의 이름, 시 · 군 · 구의 이름, 저명한 외국 수도, 유적지, 관광지 등이 해당된다.

예 "OXFORD", "MANHATTAN", "GEORGIA", "TOKOY TOWN", "상제리제", "핀란디아", "빛고을"(광주), "한밭"(대전), "한라산", "충주호", "진도", "남대문", "동대문", "현충사", "홍천뚝배기", "함흥냉면"

5) 흔한 성 또는 명칭

흔한 성 또는 명칭으로만 된 상표는 등록을 받을 수 없다.

예 "윤씨농방", "종로학원"

6) 간단하고 흔한 표장

간단하고 흔한 표장만으로 된 상표는 등록을 받을 수 없다.
동작상표는 소리가 1음(하나의 음표) 또는 2음[29]으로 구성되어 있으면 등록받을 수 없다.

예

식별력이 없는 예(상표등록 불가)	식별력이 있는 예(상표등록 가능)
가, 나, 다	닭, 별, 달
AB, FA, MT, Ltd., Co, E PRINTER, OMEGA(Ω), ALPHA(α)	A&B, AC-BD, ACD
12345, 11-10, 22133, 50/2, ninety-nine, second, A1, 원 쓰리	123&45, 22&33, 50&2, 777, 999, FIVE ONE THREE

7) 기타 식별력이 없는 표장

누구의 업무에 관련된 것인가를 식별할 수 없는 상표는 등록을 받을 수 없다.

29 "K2"는 간단한 표장에 해당하지만 오랫동안 사용한 결과 누구의 상표인지 식별력을 얻어 등록된 것이다.

예 "http://", "www", "@", "CYBER", "TEL", "WEB", "NEWS", "NET", "MART", "LAND", "CLUB", "BANK"

8) 사용에 의한 식별력 취득

식별력이 없는 상표라 하더라도 상표출원 전에 상표를 사용한 결과 수요자들이 그 상표 및 상품의 출처를 인식할 수 있다고 인정할 수 있는 정도면 상표로 등록받을 수 있다. 법 개정 이전에는 "현저하게 인식"되어 있는 경우에 한해 사용에 의한 식별력을 인정하였다.

2. 상표 등록을 받을 수 없는 상표(소극적 요건)

1) 국기 등과 동일하거나 유사한 상표: 대한민국의 국기(國旗), 국장(國章), 군기(軍旗), 훈장, 포장(褒章), 기장(記章), 대한민국 또는 공공기관의 감독용이나 증명용 인장(印章) 또는 기호와 동일하거나 이와 유사한 상표는 등록을 받을 수 없다. 대한민국 또는 공공기관이 증명용 인장, 기호를 증명표장으로 출원하는 경우는 받을 수 있다.

2) 인종, 민족, 종교, 고인과의 관계 허위 표시 상표

예 "양키"는 특정 국가를 모욕하는 행위에 해당하여 등록불가, "인디안"은 상표등록 가능

예 "허준本家"는 저명한 고인인 허준과의 관계를 허위로 표시한 것으로 등록불가

3) 공익단체의 표장

예 YMCA, 보이스카우트

4) 공공질서, 선량한 풍속에 어긋나는 표장

예 "사기꾼", "소매치기", "새치기", "뇌물", "가로채기"

5) 박람회의 표장

6) 저명한 타인의 성명 · 명칭 또는 상호 · 초상 · 서명 · 인장 · 아호 · 예명 · 필명 또는 이들의 약칭을 포함하는 상표

7) 선출원에 의한 타인의 등록상표와 동일 또는 유사한 상표로서 그 지정상품과 동일

또는 유사한 상품에 사용하는 상표

8) 선출원에 의한 타인의 지리적 표시 등록단체표장과 동일 또는 유사한 상표로서 그 지정상품과 동일하거나 동일하다고 인식되어 있는 상품에 사용하는 상표

9) 수요자 간에 현저하게 인식되어 있는 타인의 상품이나 영업과 혼동을 일으키게 하거나 그 식별력 또는 명성을 손상시킬 염려가 있는 상표

10) 타인의 상품을 표시하는 것이라고 수요자간에 현저하게 인식되어 있는 상표와 동일 또는 유사한 상표로서 그 타인의 상품과 동일 또는 유사한 상품에 사용하는 상표

11) 수요자 간에 현저하게 인식되어 있는 타인의 상품이나 영업과 혼동을 일으키게 하거나 그 식별력 또는 명성을 손상시킬 염려가 있는 상표

12) 상품의 품질을 오인하게 하거나 수요자를 기만할 염려가 있는 상표

13) 부정한 목적을 가지고 사용하는 상표

14) 포도주 및 증류주의 산지에 관한 지리적 표시로서 구성되거나 동 표시를 포함하는 상표로서 포도주 · 증류주 또는 이와 유사한 상품에 사용하려는 상표
다만, 정당한 사용자가 지리적 표시 단체표장 등록출원을 한 때에는 등록받을 수 있다.

15) 상표등록을 받으려는 상품 또는 그 포장의 기능을 확보하는 데 불가결한 입체적 형상, 색채, 색채의 조합, 소리 또는 냄새만으로 된 상표

16) 동업 · 고용 등 계약관계나 업무상 거래관계 또는 그 밖의 관계를 통하여 타인이 사용하거나 사용을 준비 중인 상표임을 알면서 그 상표와 동일 · 유사한 상표를 동일 · 유사한 상품에 등록출원한 상표

17) 동업 · 고용 등 계약관계나 업무상 거래관계 또는 그 밖의 관계를 통하여 타인이 사용하거나 사용을 준비 중인 상표임을 알면서 그 상표와 동일 · 유사한 상표를 동일 · 유사한 상품에 등록출원한 상표

18) 외국 상표권자의 국내대리점, 총판 등 대리인이나 대표자가 동일, 유사한 상표를 무단으로 출원한 상표

19) 외국 상표권자의 국내대리점, 총판 등 대리인이나 대표자가 외국 상표권자의 상표와 동일, 유사한 상표를 무단으로 출원한 상표

TIP

위 17)은 방송프로그램, 연예인 명칭 등을 무단으로 등록하여 정당한 권리자의 권리행사를 침해하는 등 신의칙에 반하는 상표를 거절할 수 있는 근거 규정이다.

요약

- 등록받을 수 없는 상표(적극적 요건)
  ❶ 그 상품의 보통명칭을 보통으로 사용하는 방법으로 표시한 표장만으로 된 상표
  ❷ 그 상품에 대하여 관용하는 상표
  ❸ 그 상품의 산지 · 품질 · 원재료 · 효능 · 용도 · 수량 · 형상(포장의 형상을 포함한다) · 가격 · 생산방법 · 가공방법 · 사용방법 또는 시기를 보통으로 사용하는 방법으로 표시한 표장만으로 된 상표
  ❹ 현저한 지리적 명칭 · 그 약어 또는 지도만으로 된 상표
  ❺ 흔히 있는 성 또는 명칭을 보통으로 사용하는 방법으로 표시한 표장만으로 된 상표
  ❻ 간단하고 흔히 있는 표장만으로 된 상표
  ❼ 수요자가 누구의 업무에 관련된 상품을 표시하는 것인가를 식별할 수 없는 상표

- 등록받을 수 없는 상표(소극적 요건)
  ❶ 국기 등과 동일하거나 유사한 상표
  ❷ 인종, 민족, 종교, 고인과의 관계 허위 표시 상표
  ❸ 공익단체의 표장, 공공질서에 반하는 표장
  ❹ 상품의 품질을 오인하게 하거나 수요자를 기만할 염려가 있는 상표, 부정한 목적을 가지고 사용하는 상표 등

- 사용에 의하여 식별력을 획득한 경우 상표등록 가능

제7-2절 연습문제

1. 다음 중 우리나라 상표제도에서 채택하지 않은 것은?

❶ 1상표 다류 1출원제도 ❷ 선출원제도
❸ 심사제도 ❹ 등록제도
❺ 출원공개제도

정답: ❺.

설명: 우리나라에서 채택하고 있는 상표제도는 서면주의, 1상표 다류 1출원제도(1류~45류까지), 선출원주의, 심사주의, 등록주의, 출원공고제도, 이의신청제도 등이다. 선출원주의의 반대는 선등록제도 또는 선사용주의 제도이다. 선출원주의 원칙이지만, 일부 사용주의를 채택하고 있다. 상표에서 출원공개 제도는 없다. 특허와 실용신안은 1년 6개월 후에 자동 공개되고, 디자인은 공개가 출원인의 선택사항이다.

2. 우리나라는 상표등록출원에서 선출원주의 원칙이지만, 일부 사용주의를 가미하고 있다. 다음 중 맞는 것은?

❶ 일부 사용주의는 식별력이 있어야 등록을 받을 수 있다.
❷ 보통명칭 상표도 특정인이 계속 사용하여 식별력이 있으면 상표로 등록받을 수 있다.
❸ 피복에 오랫동안 "청바지"라는 상표를 사용하여 식별력이 발생하면 등록받을 수 있다.
❹ 색채상표는 식별력이 있더라도 상표로서 등록받을 수 없다.
❺ 간단한 영문자 두 개의 문자로 된 상표로는 식별력이 발생하여도 상표로서 등록받을 수 없다.

정답: ❶.

설명: ❷, ❸ 보통명칭 상표가 식별력이 있다고 해서 아직까지 상표등록을 받은 사례는 없다. ❹, ❺ 색채상표나 간단한 문자로 이루어진 상표를 오랫동안 사용하여 식별력이 발생한 경우에는 상표로서 등록받을 수 있다. 예 "K2"

3. 다음 중 상표등록요건에 위배되지 않는 것은?

❶ 보통명칭 상표
❷ 관용 상표
❸ 성질표시 상표
❹ 자기의 이름으로 출원된 상표
❺ 현저한 지리적 명칭으로 된 상표

정답: ❹.

설명: ❹ 자기의 이름으로 출원된 상표는 등록요건에 위배되지 않는다.

4. 다음 예시된 상표 중, 상표를 받을 수 없는 것은 모두 몇 개인가?
( ) 속의 기재내용은 지정상품을 의미한다.

"SPECIAL"(스마트폰), "GREEN"(주류), "원조"(식품), "WOOL"(피복), "STEEL"(금고), "우아미"(가구), "KICKERS"(축구화), "200자"(원고지), "100￥"(컵), "천연고무향"(지우개)

❶ 6개
❷ 7개
❸ 8개
❹ 9개
❺ 10개

정답: ❺.

설명: 모두 상표를 받을 수 없다.

5. 다음 중 상표 등록을 받을 수 있는 것은?

❶ 국기 등과 동일하거나 유사한 상표
❷ 인종, 민족, 종교, 고인과의 관계 허위 표시 상표
❸ 동작상표
❹ 공익단체의 표장
❺ 상품의 품질을 오인하게 하거나 수요자를 기만할 염려가 있는 상표

정답: ❸.

설명: ❸ 동작상표는 상표로서 등록받을 수 있다.

6. 다음 중 표 안에 기재된 상표와는 관계가 없는 제3자가 상표를 출원했을 때 상표를 받을 수 있는 것만으로 묶여진 것은?

a. 새치기	b. 순천국제정원박람회		c. 김연아 스마트폰
d. 허준本家	e. 인디안	f. 양키	g. K&K

❶ a, b, c ❷ e, g ❸ d, e, f, g

❹ b, c, d ❺ c, e, g

정답: ❷.

설명: ❷ 인디안은 상표로 등록이 가능하다. 영문 두 자를 & 등의 특수기호와 함께 사용하면 등록이 가능하다.

제3절 출원 및 등록절차

1. 상표 등록출원

1) 출원인 적격

(1) 상표등록을 받을 수 있는 자

국내에서 상표를 사용 또는 사용하고자 하는 자(자연인, 법인). 단, 상속 또는 유증의 경우를 제외하고는 특허청 직원은 재직 중 상표등록을 할 수 없다.

(2) 단체표장의 등록을 받을 수 있는 자

상품을 생산 · 제조 · 가공 또는 판매하는 것 등을 업으로 영위하는 자나 서비스업을 영위하는 자가 공동으로 설립한 "법인"

(3) 증명표장의 등록을 받을 수 있는 자

상품이나 서비스업의 품질, 원산지, 생산방법 등의 특성을 업으로서 증명하고 관리할 수 있는 자. 다만, '**자기의 영업**'에 관한 상품이나 서비스업에 사용하려는 경우에는 증명표장의 '**등록을 받을 수 없다**'.

(4) 업무표장의 등록을 받을 수 있는 자

국내에서 영리를 목적으로 하지 않는 업무를 영위하는 자

2) 출원절차

(1) 출원 전 상표 검색

선행상표가 있는지를 검색한 후에 상표를 출원하는 것이 시간적, 경제적으로 유리하다.

(2) 출원서 작성

서면주의이므로 출원서를 작성하여 특허청장에 제출한다.

(3) 1상표 1출원주의 원칙

- 상품류 구분 내에서 상표를 사용할 1 또는 2개 이상의 상품을 지정하여 상표마다 출원하여야 한다(하나의 출원서로 동시에 2 이상의 상표를 출원하는 것이 허용되지 않음).
- "1상표 1류 1출원주의" 제도를 폐지하고 "1상표 다류 1출원주의"를 채택('98. 3. 1)하여 상표와 서비스업도 동시에 지정하여 출원할 수 있다.

(4) 상표를 사용할 상품의 지정

상표를 사용할 상품을 1개류 또는 다류의 상품을 지정할 수 있다. 제1류부터 제34류까지 34개류의 상품류와, 제35류부터 제45류까지 11개류의 서비스업류로 되어 있다.

(5) 지정상품추가등록출원

상표등록출원 시에 1 또는 2개 이상의 상품을 일시에 지정할 수 있으나, 상표등록출원 후 또는 상표등록 후에 지정상품을 추가할 필요가 있을 경우 별도로 지정상품의 추가등록출원서를 제출하여 지정상품을 추가할 수 있다.

3) 선출원주의

(1) 다른 날에 출원된 경우

다른 날에 2개 이상의 동일한 상표등록출원이 있는 때에는 먼저 출원한 자만이 그 상표에 관하여 상표등록을 받을 수 있다.

(2) 같은 날에 출원된 경우

같은 날에 2개 이상의 동일한 상표등록출원이 있는 때에는 협의하고, 협의가 안 된 경우는 특허청장의 추첨에 의하여 하나의 상표만 등록을 받을 수 있다. 다른 산업재산권은 협의가 안 되면 모두 권리를 받을 수 없다.

2. 상표등록출원 관련 제도

1) 분할출원

출원인은 2개 이상의 상품을 지정상품으로 하여 상표등록출원한 경우에는 보정을 할 수 있는 기간 내에 2개 이상의 상표등록출원으로 분할할 수 있다.

분할출원이 있는 경우 그 분할출원은 최초에 상표등록출원을 한 때에 출원한 것으로 본다.

2) 변경출원

출원인은 상표등록출원, 단체표장등록출원(지리적 표시 단체표장등록출원을 제외), 증명표장등록출원(지리적 표시 증명표장등록출원은 제외) 상호간에는 상표등록이 결정되기 전까지는 변경출원을 할 수 있다.

3. 상표의 해외출원

1) 파리조약에 의한 상표출원

(1) 내용

제1국에 상표등록출원을 하고 6개월 이내에 제1국 출원을 기초로 우선권을 주장하여 제2국에 출원하는 경우 출원일 선후원 판단 시 제1국에 출원한 날로 인정받을 수 있다. 1국가 1출원시스템이다.

(2) 파리조약에 의한 해외출원의 단점

- 출원하고자 하는 나라의 언어로 출원서를 작성해야 한다.
- 각국의 대리인에 의하여야 하고, 각국의 화폐로 수수료를 납부해야 한다.
- 각 국가별 절차에 의해 진행되므로 비용과 시간이 많이 소요된다.

(3) 파리조약의 3대 원칙

❶ 속지주의(상표독립의 원칙)

❷ 내외국인평등 원칙

❸ 우선권제도

2) 마드리드 국제상표등록출원

(1) 내용

국내의 상표등록 또는 상표등록출원을 기초로 하여 보호받고자 하는 국가를 지정한 국제출원서를 본국관청(특허청)을 경유하여 WIPO에 제출하면 방식심사를 한 후 국제등록부에 등재한다. 따라서 반드시 국내에 기초가 되는 등록상표 또는 출원상표가 있어야 한다.

(2) 마드리드 국제상표등록의 특징

❶ 간단한 해외 상표출원절차: 하나의 출원서로 같은 날짜에 다수 국가에 출원하는 효과가 있다. 영어, 불어 또는 스페인어 중 하나의 언어(우리나라는 영어만)로 작성한다.

❷ 다국가 1출원 시스템: 하나의 국제출원으로 하나의 수수료를 납부함으로써 하나의 번호로 된 국제등록을 획득하고 다수의 국가에서 보호를 받으며, 한 번의 갱신절차에 의하여 갱신을 한다.

❸ 비용 절감: 거절이유 없이 등록되면 현지 대리인의 선임이 필요하지 않기 때문에 대리인 비용을 절감할 수 있다.

❹ 상표권리취득 여부 파악 용이: 본국관청(특허청) 또는 국제사무국을 통하여 국제상표출원서를 제출하면 일정기간 내에 출원상표의 등록 가능성을 각 지정국 별로 알 수 있어 권리 취득 여부를 명확히 알 수 있다.

❺ 지정국의 추가 가능: 출원시 지정하지 않았던 국가에 대하여 사후지정 절차를 통하여 지정국가를 간편하게 확장할 수 있다.

❻ 상표권 관리의 일원화: 마드리드 국제상표출원 시스템은 WIPO 국제사무국에서 국제등록부에 의해 일괄하여 관리하므로 상표권의 갱신, 명의변경, 주소변경, 양도 등을 한 번의 절차로 해결할 수 있다. 즉, 국제등록부만 변경하면 모든 지정국에 자동으로 반영이 되어 편리하다.

❼ 각국 특허청은 자국법에 따라 심사하여 등록여부를 결정한다. '국제상표'는 없다.

3) 기타 상표의 해외출원

- 유럽공동체상표청(OHIM: Office for Harmonization in the Internal Market): EU 전역에서 유효한 단일 권리로서의 공동체상표의 등록 및 관련 업무를 수행하는 기구, 유럽 27개국에 동시 출원효과
- 아프리카지역산업재산권기구(ARIPO)에 대한 출원

4. 상표 등록 심사절차

우리나라 상표법은 "심사주의"를 채택하고 있으며, 심사 후 거절이유가 없으면 출원공고 후 등록결정을 하고 출원인은 등록("등록주의")함으로써 상표권의 효력이 발생한다.

1) 심사착수

상표 심사는 출원한 순서에 따라 심사한다. 다만, 우선심사가 있는 경우는 우선심사 신청일에 따라 심사한다.

TIP

특허는 심사청구제도가 있어서, 출원순서로 심사에 착수하지 않고, 반드시 심사청구 순서로 심사를 착수한다. 단, 우선심사가 있는 경우에는 우선심사신청에 따른다.

상표 심사 절차 흐름도

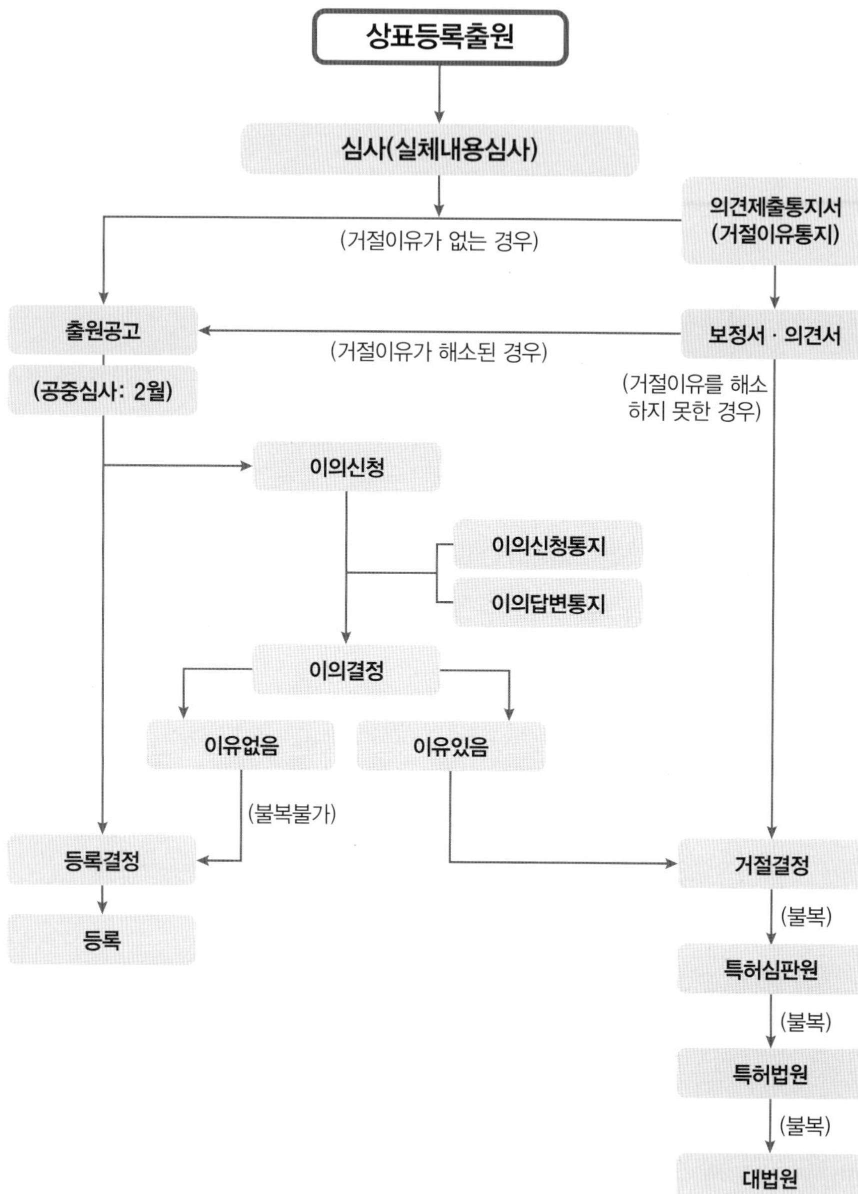
상표등록출원
심사(실체내용심사)
의견제출통지서
(거절이유통지)
(거절이유가 없는 경우)
출원공고
(공중심사: 2월)
보정서 · 의견서
(거절이유가 해소된 경우)
(거절이유를 해소
하지 못한 경우)
이의신청
이의신청통지
이의답변통지
이의결정
이유없음
이유있음
(불복불가)
등록결정
등록
거절결정
(불복)
특허심판원
(불복)
특허법원
(불복)
대법원

2) 우선심사

- 상표등록출원 후 타인이 출원된 상표와 동일 또는 유사한 상표를 동일 또는 유사한 지정상품에 사용하고 있는 경우
- 긴급한 처리가 필요하다고 인정되는 경우

3) 거절 이유 통지 및 거절결정

거절이유가 있는 경우 심사관은 반드시 거절 이유를 출원인에게 통지하여 의견제출 기회를 제공하여야한다. 출원인은 거절이유통지를 받은 후 2개월 이내에 의견서와 보정서를 제출하여 거절이유를 해소한다. 거절 이유가 해소되지 않으면 거절결정한다.

상표등록을 받을 수 없는 상표 여부의 판단시기에 있어서[30] 지리적 표시를 부정한 목적으로 출원하거나, 저명한 타인의 상표를 사용하는 경우, 동업 · 고용 등 계약관계 등의 상표 출원 중임을 알면서도 출원하는 경우에 대하여는 출원 시를 기준으로 하여 상표등록을 받을 수 있는지 여부를 판단하고, 그 외의 경우에는 거절결정할 때를 기준으로 판단한다.

4) 출원보정

- 자진 보정: 상표출원 후 출원서 등에 흠결이 있을 경우 그 흠결을 바로잡기 위하여 자진 보정을 한다.
- 의견서 제출기간 내의 보정: 심사관의 거절 이유 통지서에 따른 의견서 제출기간 내에 보정할 수 있다.
- 출원의 요지변경: 지정상품의 범위의 감축, 오기의 정정, 불명료한 기재의 석명, 상표의 부가적인 부분의 삭제에 해당하는 경우에는 상표등록출원의 요지를 변경하지 않는 것이다.

예 **요지변경의 예**

(보정 전 상표)		(보정 후 상표)
VICTORY	⇒	VICTORY 빅토리

- 보정각하: 보정이 요지변경에 해당하면 그 보정은 각하된다.

---

30 상표법 제34조제2항

5) 출원공고

- 거절이유가 없으면 출원공고된다.
- 손실보상 청구권: 본인의 상표임을 경고한 출원인은 경고 후 상표권 설정 등록까지의 기간에 발생한 손실보상금 지급을 청구할 수 있다. 보상금 지급청구의 행사는 등록된 이후가 아니면 할 수 없다.

6) 직권 보정

심사관은 출원공고결정을 할 때에 상표등록출원서 기재에 단순 오탈자, 지정상품 또는 그 류구분(類區分)에 명백한 오기 등이 있는 경우 직권으로 보정할 수 있다. 직권보정의 전부 또는 일부가 처음부터 없었던 것으로 보는 경우 이미 결정된 출원공고결정도 취소된 것으로 본다.

7) 정보제공제도

출원된 상표에 대하여 등록되어서는 안 된다는 취지로 누구든지 정보를 제공할 수 있다.

8) 이의신청제도

출원공고가 있는 때에는 누구든지 출원공고일부터 2개월 이내에 특허청장에게 상표등록이의신청을 할 수 있다.

TIP

이의신청제도는 상표와 디자인일부심사제도에만 있고, 특허 · 실용신안, 디자인심사제도에는 없다. 디자인일부심사의 경우 "설정등록이 있는 날부터 등록공고일 후 3개월"이다.

5. 상표의 동일유사 판단

1) 상표의 유사여부 관찰 방법

❶ "전체적, 객관적, 이격적" 관찰을 원칙으로 하되 상표 구성 중 인상적인 부분(요부)에 대하여 중점적으로 비교하는 것으로 한다. 이격적 관찰이란 지역적으로 멀리 떨어져서 하루는 이곳에서 다음날은 다른 곳에서 보았을 때 두 상표에 식별력이 있는지 여부를 판단하는 것을 말한다.

❷ 상표의 유사판단은 원칙적으로 상표의 "칭호, 외관, 관념" 중 어느 하나가 유사하여 거래상 상품출처의 오인, 혼동의 우려가 있는 상표는 유사한 것으로

본다. 다만, 칭호, 외관, 관념 중 어느 하나가 유사하더라도 전체적으로 현격한 차이가 있어 거래상 상품출처의 오인, 혼동을 일으킬 염려가 없는 때에는 그러하지 않는다.

2) 칭호, 외관, 관념이 유사한 표장

(1) 외관이 유사한 표장

예 HOP=HCP, 白花=百花

상표의 유사 사례[31]

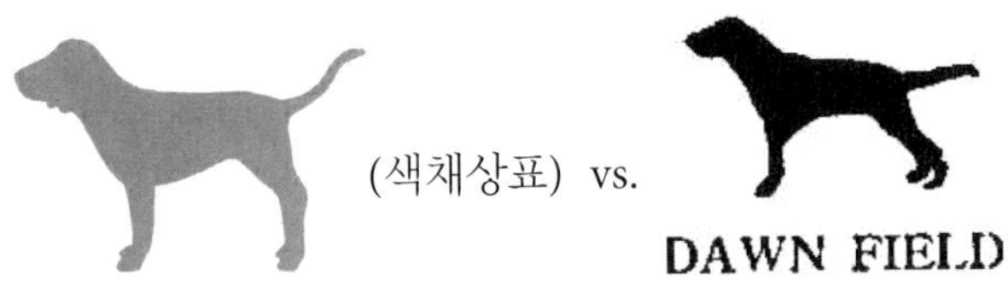

(2) 칭호가 유사한 표장

예 INTERCEPTOR=인터셉트, REVILLON=REVLON, 千年=天然, TVC=TBC, Leeman=Riman, 에네르기=Energy, 알레르기=Allergy

(3) 관념이 유사한 표장

임금=王=KING, 平和=PEACE, VICTOR=VICTORY, 三進수랏상=수라

6. 등록절차

- 상표권은 등록료 납부 후 설정등록("등록주의")에 의하여 발생한다.
- 상표권의 설정등록, 지정상품의 추가등록 또는 상표권의 존속기간 갱신등록을 받으려는 자는 상표등록료를 납부하여야 한다. 이 경우 상표권의 설정등록 또는 존속기간 갱신등록을 받으려는 자는 상표등록료를 2회로 분할하여 납부할 수 있다.
- 이해관계인은 상표등록료를 납부하여야 할 자의 의사와 관계없이 상표등록료를 납부할 수 있다.
- 상표등록료 등의 반환: 상표등록출원 후 1개월 이내에 해당 상표등록출원을 취하하거나 포기한 경우 이미 납부된 수수료 중 상표등록출원료 및 상표등록출원의 우선권주장 신청료를 반환받을 수 있다.

31 특허법원, 2009허5165, 2009.10.30. 선고.

요약

- 상표등록을 받을 수 있는 자: 국내에서 상표를 사용 또는 사용하고자 하는 자
- 단체표장 등록을 받을 수 있는 자: 상품을 생산 · 제조 · 가공 · 판매하는 것 등을 업으로 하는 자나 서비스업을 하는 자가 공동으로 설립한 "법인"
- 증명표장 등록을 받을 수 있는 자: 상품 · 서비스업의 품질, 원산지, 생산방법 등의 특성을 업으로서 증명하고 관리할 수 있는 자. 다만, 자기의 영업에 관한 상품이나 서비스업에 사용하려는 경우에는 증명표장 등록 불가
- 업무표장 등록을 받을 수 있는 자: 국내에서 영리를 목적으로 하지 않는 업무를 영위하는 자
- 출원절차: 출원 전 상표 검색 ⇒ 출원서 작성 ⇒ 1상표 1출원주의 원칙 ⇒ 상표를 사용할 상품의 지정 ⇒ 상표출원
- 선출원주의: 먼저 상표를 출원한 자가 상표권을 받을 수 있음. 같은 날에 출원된 경우는 협의하고 협의가 안 되면 추첨
- 분할출원: 2 이상의 상품을 지정상품으로 하여 상표등록출원한 경우 분할가능
- 변경출원: 상표등록출원, 단체표장등록출원(지리적 표시 단체표장등록출원을 제외), 증명표장등록출원(지리적 표시 증명표장등록출원은 제외) 상호간 변경가능
- 파리조약: 해외 상표출원시 국내출원일로부터 6개월 이내에 출원하면 우선권주장 인정
- 마드리드 국제상표등록출원의 특징: 간단한 해외 상표출원절차, 다국가 1출원 시스템, 대리인 비용 절감, 상표권리취득 여부 파악 용이, 지정국 추가 가능, 상표권 관리의 일원화
- 기타 상표의 해외출원: 유럽공동체상표청(OHIM), 아프리카지역산업재산권기구(ARIPO)
- 상표 등록 심사절차: 심사주의, 등록주의, 우선심사제도
- 정보제공제도: 출원된 상표에 대하여 등록되어서는 안 된다는 취지로 누구든지 정보 제공 가능
- 이의신청제도: 출원공고가 있는 때에는 누구든지 출원공고일로부터 2개월 이내에 신청
- 상표의 동일유사 판단: 전체적, 객관적, 이격적 관찰

제7-3절 연습문제

1. 상표등록을 받을 수 있는 자에 대한 설명 중 틀린 것은?

❶ 국내에서 상표를 사용하고자 하는 자연인은 상표등록을 받을 수 있다.
❷ 특허청 직원은 재직 중 상표등록을 받을 수 있다.
❸ 상품을 생산 · 제조 · 가공 또는 판매하는 것 등을 업으로 영위하는 자나 서비스업을 영위하는 자가 공동으로 설립한 "법인"은 단체표장의 등록을 받을 수 있다.
❹ 상품이나 서비스업의 품질, 원산지, 생산방법 등의 특성을 업으로서 증명하고 관리할 수 있는 자는 증명표장의 등록을 받을 수 있다.
❺ 국내에서 영리를 목적으로 하지 않는 업무를 영위하는 자는 업무표장의 등록을 받을 수 있다.

정답: ❷.

설명: ❷ 특허청 직원은 재직 중 상속 또는 유증의 경우를 제외하고는 상표등록을 받을 수 없다.

2. 상표등록출원절차에 대한 설명 중 바람직하지 않은 것은?

❶ 상표를 사용할 상품의 지정은 반드시 해야 한다.
❷ 상표는 간단한 표장으로 된 이름 등이므로 굳이 선행상표가 있는지 검색할 필요는 없다.
❸ 출원서는 반드시 서면으로 작성해야 한다.
❹ 우리나라는 1상표 다류 1출원주의를 채택하고 있다.
❺ 상표등록 후에 지정상품을 추가할 필요가 있을 경우 별도로 지정상품의 추가등록출원서를 제출하여 지정상품을 추가할 수도 있다.

정답: ❷.

설명: ❷ 상표출원시 선행상표가 있는지 검색해야 시간적, 경제적으로 유리하다.

3. 상표등록에 대한 설명 중 틀린 것은?

❶ 2 이상의 상품을 지정상품으로 하여 상표등록출원한 경우에는 분할할 수 있다.
❷ 상표등록출원과 단체표장등록출원 상호간에 변경출원이 가능하다.
❸ 우리나라는 등록주의를 채택하고 있다.
❹ 상표는 먼저 출원한 자만이 상표등록을 받을 수 있다.
❺ 같은 날에 2 이상의 동일 또는 유사한 상표등록출원이 있는 때에는 협의하고 협의가 안 되면 모두 등록받을 수 없다.

정답: ❺.

설명: ❺ 협의가 성립되지 않으면 추첨한다.

4. 상표의 해외출원에 대한 설명 중 틀린 것은?

❶ 파리조약에 따른 우선권주장 기간은 1년이다.
❷ 파리조약은 1국가 1출원 시스템이다.
❸ 마드리드 국제상표등록출원은 특허의 국제출원(PCT)과 유사한 제도이다.
❹ 유럽에 상표를 출원하고자 하는 경우 유럽공동체상표청(OHIM)을 통해 출원하는 것이 유리하다.
❺ 아프리카에 상표를 출원하고자 하는 경우 아프리카지역산업재산권기구(ARIPO)를 통해 출원하는 것이 유리하다.

정답: ❶.

설명: ❶ 파리조약에 따른 우선권주장 기간에 있어서 상표와 디자인은 6개월이고, 특허는 1년이다.

5. 파리조약에 대한 설명 중 틀린 것은?

❶ 출원하고자 하는 나라의 언어로 출원서를 작성해야 한다.
❷ 각국의 대리인에 의하여야 하고, 각국의 화폐로 수수료를 납부해야 한다.
❸ 각 국가별 절차에 의해 진행되므로 비용과 시간이 많이 소요된다.
❹ 속지주의(상표독립의 원칙)를 규정하고 있다.
❺ 최혜국 대우의 원칙을 규정하고 있다.

정답: ❺.

설명: ❺ 최혜국 대우의 원칙은 TRIPs에서 규정하고 있다.

6. 다음 중 마드리드 국제상표등록출원 제도의 특징이 아닌 것은?

❶ 하나의 출원서로 같은 날짜에 다수 국가에 출원하는 효과가 있다.
❷ 상표를 갱신할 경우에는 국가별로 갱신을 해야 한다.
❸ 거절이유 없이 등록되면 현지 대리인의 선임이 필요하지 않기 때문에 대리인 비용을 절감할 수 있다.
❹ 상표권리취득 여부를 파악하기가 용이하다.
❺ 지정국의 추가가 가능하며, 상표권 관리의 일원화를 기할 수 있다.

정답: ❷.

설명: ❷ 상표를 갱신할 경우에도 단 한 번으로 모든 국가에 갱신이 된다.

7. 상표제도에 대한 설명 중 틀린 것은?

❶ 보정 시 상표등록출원의 요지를 변경해서는 안 된다.
❷ 출원된 상표에 대하여 등록되어서는 안 된다는 취지로 누구든지 정보를 제공할 수 있다.
❸ 이의신청기간은 3개월이다.
❹ 긴급한 처리가 필요하다고 인정되는 경우 우선심사를 신청할 수 있다.
❺ 상표 심사는 출원한 순서에 따라 심사한다.

정답: ❸.

설명: ❸ 이의신청기간은 2개월이다. 디자인일부심사의 경우 "설정등록이 있는 날부터 등록공고일 후 3개월"이다.

8. 상표의 동일유사 판단에 대한 설명 중 틀린 것은?

❶ 전체적, 객관적, 이격적 관찰을 원칙으로 한다.
❷ 소리 · 냄새 등은 사실적 표현을 기준으로 유사여부를 비교하여 판단한다.
❸ 인상적인 부분에 대하여 중점적으로 비교 판단한다.

❹ 칭호, 외관, 관념 모두 유사하여야 동일 유사라고 판단한다.
❺ 칭호가 유사한 표장의 예는 "에네르기"와 "Energy"를 들 수 있다.

정답: ❹.

설명: ❹ 칭호, 외관, 관념 중 어느 하나가 유사하더라도 동일 유사라고 판단한다.

9. 상표 등록절차에 대한 설명 중 틀린 것은?

❶ 상표권은 저작권과 같이 등록하지 않아도 권리가 발생한다.
❷ 상표권의 존속기간 갱신등록을 받으려는 자는 상표등록료를 납부하여야 한다.
❸ 이해관계인은 상표등록료를 납부하여야 할 자의 의사와 관계없이 상표등록료를 납부할 수 있다.
❹ 상표등록출원 후 1개월 이내에 출원을 취하하거나 포기한 경우 이미 납부된 수수료 중 우선권주장 신청료를 반환받을 수 있다.
❺ 지정상품의 추가등록을 할 경우에도 상표등록료를 납부하여야 한다.

정답: ❶.

설명: ❶ 상표권은 등록료 납부 후 설정등록("등록주의")에 의하여 발생한다.

제4절 상표권의 보호

1. 상표권 관련 제도

1) 상표권의 존속기간 및 갱신

상표권의 존속기간은 상표권의 설정등록이 있는 날부터 10년으로 하며, 존속기간 갱신등록신청에 따라 10년씩 갱신할 수 있다. 갱신등록신청은 상표존속기간 만료 전 1년 이내에 신청해야 한다.

2) 지정상품의 추가등록출원

상표권자 또는 출원인은 등록상표 또는 상표등록출원의 지정상품을 추가하는 지정상품의 추가등록을 받을 수 있다.

3) 상표권의 효력

상표권자는 지정상품에 관하여 그 등록상표를 사용할 권리를 독점한다.

4) 상표권의 효력이 미치지 않는 범위

❶ 자기의 성명 · 명칭 또는 상호 · 초상 · 서명 · 인장 등을 상거래 관행에 따라 사용하는 방법으로 표시하는 상표, 다만, 부정경쟁의 목적으로 자기의 성명 · 명칭 등을 사용하는 경우에는 효력이 미친다.

❷ 등록상표의 지정상품과 동일 또는 유사한 상품의 보통명칭 · 산지 · 품질 · 원재료 · 효능 · 용도 · 수량 · 형상 · 가격 또는 생산방법 · 가공방법 · 사용방법 및 시기를 보통으로 사용하는 방법으로 표시하는 상표

❸ 입체적 형상이 누구의 업무에 관련된 상품을 표시하는 것인지 식별할 수 없는 입체상표의 경우 입체적 형상과 동일 유사한 형상으로 된 상표

❹ 등록상표의 지정상품과 동일 유사한 상품에 대하여 관용하는 상표와 현저한 지리적 명칭 및 그 약어 또는 지도로 된 상표

❺ 상품의 포장의 기능을 확보하는 데 불가결한 형상, 색채, 색채의 조합, 소리 또는 냄새로 된 상표

❻ 진정상품을 병행수입한 상표

❼ 권리남용 · 부정경쟁에 해당하는 상표
❽ 등록된 상표보다 선출원된 타인의 특허 · 실용신안 · 디자인권 · 저작권에 저촉되는 상표

5) 상표권의 분할

- 상표권의 지정상품이 2 이상인 경우에는 그 상표권을 지정상품별로 분할할 수 있다.
- 무효심판이 청구된 경우 무효가 확정되기 전까지는 상표권이 소멸된 후에도 할 수 있다.

6) 상표권의 포기

- 상표권자는 상표권에 관하여 지정상품마다 이를 포기할 수 있다.
- 상표권자는 전용사용권자 · 통상사용권자 또는 질권자의 동의를 얻지 않으면 상표권을 포기할 수 없다.

7) 상표권 등의 이전 및 공유

- 상표권은 그 지정상품마다 분할하여 이전할 수 있다. 이 경우 유사한 지정상품은 함께 이전하여야 한다.
- 상표권이 공유인 경우에는 각 공유자는 다른 공유자 전원의 동의를 얻지 않으면 그 지분을 양도하거나 그 지분을 목적으로 하는 질권을 설정할 수 없다.
- 업무표장권, 증명표장권은 양도할 수 없다. 다만, 그 업무와 함께 양도하는 경우에는 양도할 수 있다.
- 단체표장권은 이전할 수 없다. 다만, 법인의 합병의 경우에는 특허청장의 허가를 받아 이전할 수 있다.

2. 상표 사용권

1) 전용사용권

- 상표권자는 타인에게 전용사용권을 설정할 수 있다. 다만, 업무표장권 · 단체표장권 또는 증명표장권에 관하여는 전용사용권을 설정할 수 없다.
- 전용사용권자는 상표를 사용할 권리를 독점하므로 상표권자도 사용할 수 없다.
- 전용사용권자는 상속 기타 일반승계의 경우를 제외하고는 상표권자의 동의를 얻지 않으면 그 전용사용권을 이전할 수 없다.

2) 통상사용권

- 상표권자는 그 상표권에 관하여 타인에게 통상사용권을 설정할 수 있다.
- 통상사용권자는 그 설정행위로 정한 범위 안에서 지정상품에 관하여 등록상표를 사용할 권리를 가지며, 통상사용권자는 다수가 될 수도 있고, 상표권자도 사용이 가능하다.

3) 선사용에 의한 상표 사용권

타인의 등록상표와 동일 유사한 상표를 그 지정상품과 동일 유사한 상품에 사용하는 자는 아래에 해당하는 경우 그 상표를 계속하여 사용할 권리를 가진다.

❶ 부정경쟁 목적이 없이 타인의 상표출원 전부터 국내에서 계속하여 사용하고 있고,

❷ 위에 따라 타인의 상표등록출원시에 국내 수요자 간에 그 상표가 특정인의 상품을 표시하는 것이라고 인식되어 있을 것

TIP

특허, 실용신안, 디자인제도에서는 실시권이라 하고, 상표제도에서는 사용권이라 한다.

3. 상표권자의 보호

1) 침해로 보는 행위

- 타인의 등록상표와 동일한 상표를 그 지정상품과 유사한 상품에 사용하거나 타인의 등록상표와 유사한 상표를 그 지정상품과 동일 또는 유사한 상품에 사용하는 행위
- 타인의 등록상표와 동일 또는 유사한 상표를 그 지정상품과 동일 또는 유사한 상품에 사용하거나 사용하게 할 목적으로 교부 · 판매 · 위조 · 모조 또는 소지하는 행위
- 타인의 등록상표를 위조 또는 모조하거나 위조 또는 모조하게 할 목적으로 그 용구를 제작 · 교부 · 판매 또는 소지하는 행위
- 타인의 등록상표 또는 이와 유사한 상표가 표시된 지정상품과 동일 또는 유사한 상품을 양도 또는 인도하기 위하여 소지하는 행위

2) 상표권 침해에 대한 구제

"상표권자 또는 전용사용권자"는 자기의 권리를 침해한 자 또는 침해할 우려가 있는 자에 대하여 그 침해의 금지 또는 예방을 청구할 수 있다.

(1) 민사적 구제

- 침해금지 청구, 손해배상 청구, 법정손해배상 청구, 신용회복조치 청구가 있다.
- 법정손해배상의 청구: '한미 FTA'에 의해 도입된 제도로서 소송에 의한 손해배상을 청구하는 대신 간략소송으로써 '5천만 원' 이하의 범위에서 상당한 금액을 손해액으로 하여 배상을 청구할 수 있다.

(2) 형사적 구제

- 침해죄: 상표권 및 전용사용권의 침해행위를 한 자는 7년 이하의 징역 또는 1억 원 이하의 벌금
- 위증죄
- 허위표시죄: 상표를 허위로 표시한 자는 3년 이하의 징역 또는 2천만 원 이하의 벌금
- 사위(거짓)행위의 죄
- 비밀유지명령 위반죄: 한미 FTA에서 도입된 것으로, 법원 등에서 상대방의 영업비밀을 알게 된 경우 법원은 영업비밀을 알게 된 자에게 비밀유지명령을 내릴 수 있고 이를 위반한 자를 처벌할 수 있음. 비밀유지명령 위반죄만 친고죄이다.
- 양벌규정: 사용자와 행위자를 모두 처벌
- 몰수

TIP

상표침해죄는 비친고죄(상표권자가 고소를 하지 않아도 죄가 성립됨)이다. 특허 · 실용신안 · 디자인권 침해죄는 모두 친고죄이다.

3) 상표권 희석화 방지

수요자간에 현저하게 인식되어 있는 타인의 상품이나 영업과 혼동을 일으키게 하거나 식별력이나 명성을 손상시킬 염려가 있는 상표에 대하여는 상표등록을 받을 수 없다.

4. 상표권자의 의무

- 정당사용 의무: 상표권자가 고의로 지정상품에 등록상표와 유사한 상표를 사용하거

나 지정상품과 유사한 상품에 등록상표 또는 이와 유사한 상표를 사용함으로써 수요자로 하여금 상품의 품질의 오인 또는 다른 상품과의 혼동을 생기게 해서는 안 된다.

- 상표사용 의무: 상표권자는 정당한 이유없이 국내에서 3년 이상 상표를 사용하지 않으면 안 된다.
- 감독의무: 단체표장에 있어서 소속단체원이 그 단체의 정관의 규정을 위반하지 않도록 감독하여야 한다.

요약

- 상표권의 존속기간은 상표권의 설정등록이 있는 날부터 10년이며, 10년씩 갱신할 수 있다.
- 상표권의 효력이 미치지 않는 범위
  ❶ 자기의 성명 · 명칭 또는 상호 · 초상 · 서명 · 인장 등을 보통으로 사용하는 방법으로 표시하는 상표
  ❷ 상품의 보통명칭 · 산지 · 품질 · 원재료 · 효능 · 용도 · 수량 · 형상 · 가격 또는 생산방법 · 가공방법 · 사용방법 및 시기를 보통으로 사용하는 방법으로 표시하는 상표
  ❸ 등록상표의 지정상품과 동일 유사한 상품에 대하여 관용하는 상표와 현저한 지리적 명칭 및 그 약어 또는 지도로 된 상표
  ❹ 상품의 포장의 기능을 확보하는 데 불가결한 형상, 색채, 색채의 조합, 소리 또는 냄새로 된 상표
  ❺ 등록상표보다 선출원된 타인의 특허 · 실용신안 · 디자인권 · 저작권에 저촉되는 상표

- 업무표장권은 양도할 수 없고, 단체표장권과 증명표장권은 이전할 수 없다.
- 전용사용권자는 상표를 사용할 권리를 독점하므로 상표권자도 사용할 수 없다.
- 통상사용권자는 다수가 될 수도 있고, 상표권자도 사용이 가능하다.
- 상표권 침해에 대한 민사적 구제: 금지청구, 손해배상의 청구, 법정손해배상의 청구, 신용회복조치의 청구
- 법정손해배상의 청구: 소송에 의한 손해배상을 청구하는 대신 간략소송으로써 5천만 원 이하의 범위에서 손해액으로 하여 배상을 청구할 수 있다.
- 상표권자의 의무: 정당사용 의무, 상표사용 의무, 감독의무

제7-4절 연습문제

1. 상표권에 대한 설명 중 틀린 것은?

   ❶ 상표권의 존속기간은 상표권의 설정등록이 있는 날부터 10년이다.
   ❷ 존속기간갱신등록신청에 따라 10년 또는 20년씩 갱신할 수 있다.
   ❸ 갱신등록신청은 반드시 상표존속기간 만료 전 1년 이내에 신청해야 한다.
   ❹ 지정상품의 추가등록은 상표가 등록된 이후에도 할 수 있다.
   ❺ 상표권자는 지정상품에 한하여 그 등록상표를 사용할 권리를 독점한다.

정답: ❷.

설명: ❷ 존속기간 갱신등록신청에 따라 10년씩 갱신할 수 있다.

2. 상표권의 효력이 미치지 않는 범위에 대한 설명 중 틀린 것은?

   ❶ 자기의 성명 · 명칭을 보통으로 사용하는 방법으로 표시하는 상표
   ❷ 상품의 가공방법이나 사용방법을 보통으로 사용하는 방법으로 표시하는 상표
   ❸ 입체상표의 경우 모든 입체적 형상과 동일 유사한 형상으로 된 상표
   ❹ 진정상품을 병행수입한 상표
   ❺ 등록된 상표보다 선출원된 타인의 특허 · 실용신안 · 디자인권 · 저작권에 저촉되는 상표

정답: ❸.

설명: ❸ 입체상표의 경우 모든 입체적 형상이 아니라, 누구의 업무에 관련된 상품을 표시하는 것인지 식별할 수 없는 경우에 효력이 미치지 않는다.

3. 상표제도에 대한 설명 중 틀린 것은?

   ❶ 상표권의 분할은 무효심판이 청구된 경우 무효가 확정되기 전까지는 상표권이 소멸된 후에도 할 수 있다.
   ❷ 상표권에 관하여 지정상품별로 포기해서는 안 된다.
   ❸ 상표권을 포기할 경우 전용사용권자 · 통상사용권자 등의 동의를 반드시 얻어야 한다.

④ 상표권은 그 지정상품마다 분할하여 이전할 수 있으나, 유사한 지정상품이 있을 경우 함께 이전하여야 한다.
⑤ 업무표장권, 증명표장권은 업무와 함께 양도하는 경우를 제외하고는 양도할 수 없다.

정답: ②.

설명: ② 상표권을 포기할 경우에는 상표권에 관하여 지정상품마다 포기할 수 있다.

4. 상표 사용권에 대한 설명 중 틀린 것은?

① 상표권자는 타인에게 전용사용권을 설정할 수 있다.
② 업무표장권 · 단체표장권 또는 증명표장권에 관하여는 전용사용권을 설정할 수 없다.
③ 전용사용권자는 그 전용사용권을 이전할 수 있다.
④ 상표권자도 상표사용을 하고자 할 경우에는 통상사용권을 설정해주어야 한다.
⑤ 우리나라는 선사용에 의한 상표 사용권을 인정하고 있다.

정답: ③.

설명: ③ 전용사용권자는 상속 기타 일반승계의 경우를 제외하고는 상표권자의 동의를 얻지 않으면 그 전용사용권을 이전할 수 없다.

5. 상표권의 침해에 대한 설명 중 틀린 것은?

① 등록상표를 위조 또는 모조하게 할 목적으로 그 용구를 소지하는 행위
② 등록상표가 표시된 지정상품과 동일 유사한 상품을 양도 또는 인도하기 위하여 소지하는 행위
③ 민사적 구제로는 권리침해에 대한 금지청구, 손해배상의 청구, 법정손해배상의 청구, 신용회복조치의 청구 등이 있다.
④ 형사적 구제로는 침해죄, 위증죄, 허위표시죄, 비밀유지명령 위반죄 등이 있다.
⑤ 통상사용권자는 자기의 권리를 침해한 자에 대하여 그 침해의 금지 또는 예방을 청구할 수 있다.

정답: ❺.

설명: ❺ 상표권의 침해에 대한 금지 또는 예방 청구는 상표권자와 전용사용권자만 가능하다.

6. 상표권자의 의무에 대한 설명 중 틀린 것은?

❶ 상표권자는 정당한 이유없이 국내에서 5년 이상 상표를 사용하지 않으면 안 된다.

❷ 단체표장에 있어서 소속단체원이 그 단체의 정관의 규정을 위반하지 않도록 감독하여야 한다.

❸ 상표권자가 고의로 지정상품에 등록상표와 유사한 상표를 사용하여 오인 혼동을 생기게 해서는 안 된다.

❹ 상표권자가 고의로 지정상품과 유사한 상품에 등록상표를 사용하여 오인 혼동을 생기게 해서는 안 된다.

❺ 상표권자가 고의로 지정상품과 유사한 상품에 등록상표와 유사한 상표를 사용하여 오인 혼동을 생기게 해서는 안 된다.

정답: ❶.

설명: ❶ 상표권자는 정당한 이유없이 국내에서 "3년 이상 계속"하여 상표를 사용하지 않으면 안 된다.

제5절 상표의 심판 및 소송

1. 거절결정 불복심판

상표등록거절결정, 지정상품의 추가등록거절결정 등을 받은 자가 불복할 때에는 거절결정등본을 송달받은 날부터 30일 이내에 거절결정 불복심판을 청구할 수 있다.

2. 무효심판

- 이해관계인 또는 심사관은 상표등록의 요건에 위배되어 등록된 상표에 대하여 무효심판을 청구할 수 있다.
- 등록상표의 지정상품이 2 이상 있는 경우에는 지정상품마다 청구할 수 있다.
- 무효심판은 상표권이 소멸된 이후에도 신청할 수 있다.
- 무효로 한다는 심결이 확정된 때에는 그 상표권은 '**처음부터 없었던 것으로 본다**'.

3. 취소심판

- 등록상표가 취소사유에 해당하는 경우에는 그 상표등록의 취소심판을 청구할 수 있다.
- 취소심판을 청구할 수 있는 자는 특별한 경우[32]를 제외하고는 아무나 가능하다.
- 지정상품이 2 이상 있는 경우 일부 지정상품에 관하여 취소심판을 청구할 수 있다.
- 취소심판은 상표권이 소멸된 이후에는 신청할 수 없다.
- 상표등록을 취소한다는 심결이 확정된 때에는 그 상표권은 취소가 확정된 때부터 소멸한다. 단, 3년 이내 정당한 사유없이 상표를 사용하지 않은 경우의 취소심판은 취소심판의 청구일로 소급하여 그 때부터 소멸된다.
- 취소사유

❶ 상표권자가 고의로 등록상표와 유사한 상표를 사용하거나, 지정상품과 유사한 상품에 등록상표 또는 이와 유사한 상표를 사용함으로써 수요자로 하여금 상품 품질의 오인 혼동을 생기게 한 경우(누구나 취소심판청구 가능)

32 업무표장, 단체표장, 증명표장은 이해관계인만이 취소심판청구가 가능하다.

❷ 상표권자가 정당한 이유없이 상표를 계속하여 3년 이상 국내에서 사용하지 않는 경우
❸ 업무표장권을 양도한 경우, 단체표장권 · 증명표장권을 이전한 경우
❹ 단체표장, 증명표장 등에 있어서 소속단체원이 그 단체의 정관의 규정 등을 위반하여 사용하여 출처에 대한 혼동을 초래하게 한 경우

TIP

무효심판은 상표출원시부터 등록될 수 없었던 상표가 잘못하여 등록된 경우이므로 무효심판이 확정되면 상표권은 처음부터 없었던 것으로 보는 반면, 취소심판은 상표출원시에는 등록요건에 아무런 문제가 없었으나 상표등록 이후에 취소사유가 발생하여 취소된 것이므로 취소심판이 확정된 그때부터 소멸된다.

4. 권리범위 확인심판

상표권자 · 전용사용권자 또는 이해관계인은 등록상표의 권리범위를 확인하기 위하여 상표권의 권리범위 확인심판을 청구할 수 있다. 지정상품이 2 이상 있는 경우에는 지정상품마다 청구할 수 있다.

5. 제척기간

제척기간제도는 일정기간이 경과하면 상표권의 안정성을 보장하기 위하여 무효심판이나 취소심판을 청구할 수 없도록 하기 위한 제도이다.

(1) 무효심판 제척기간

저명한 타인의 성명 · 명칭 등을 포함하는 상표에 해당하거나, 선출원 등에 해당하는 것을 사유로 하는 상표등록의 무효심판은 그 상표 등록일부터 5년이 경과한 후에는 상표등록 무효심판을 청구할 수 없다.

(2) 취소심판 제척기간

상표권자가 고의로 등록상표와 유사한 상표를 사용하거나, 단체표장에서 소속단체원이 그 단체의 규정을 위반하여 사용하여 오인 혼동을 생기게 하는 등의 사유에 해당하는 취소심판의 경우 취소사유에 해당하는 사실이 없어진 날부터 3년이 지난 후에는 취소심판을 청구할 수 없다. 단, 3년이상 상표 불사용 취소심판은 제척기간이 없다.

6. 상표 공유자에 대한 심판의 청구

공유인 상표권의 상표권자에 대하여 심판을 청구하는 때에는 공유자 전원을 피청구인으로 청구하여야 한다.

7. 재심

특허 심판원의 심결이 문서나 물건이 위조되거나 변조된 것인 때, 심결절차 등이 법률에 위배된 때, 심결에 영향을 미칠 중요한 사항에 관하여 판단을 누락한 때 등에 해당하는 경우에는 확정된 심결에 대하여 재심을 청구할 수 있다.

8. 심결취소소송

- 특허심판원의 심결에 대하여 불복할 경우 특허법원에 불복하는 심결취소소송을 제기할 수 있고, 특허법원의 판결에 불복하는 경우 대법원에 상고할 수 있다.
- 심결취소 소송은 심결의 등본을 송달받은 날부터 30일 이내에 제기하여야 한다. 이 기간은 불변기간이지만, 교통이 불편한 지역에 있는 자에 대하여 부가기간을 정할 수 있다.
- 결정계심판: 거절결정 불복심판의 심결에 대한 불복의 소는 특허청장을 피고로 하여야 한다.
- 당사자계심판: 상표등록 무효심판, 상표등록 취소심판, 권리범위 확인심판의 심결에 대한 소제기는 그 청구인 또는 피청구인을 피고로 하여야 한다.

요약

- 상표심판에는 거절결정 불복심판, 무효심판, 권리범위 확인심판, 취소심판 등이 있다. 정정심판은 특허(실용신안)제도에만 있다.
- 거절결정 불복심판은 상표출원에 대하여 거절결정이 있는 경우 이에 대한 불복 심판이며 거절결정등본을 송달받은 날부터 30일 이내에 청구할 수 있다.
- 무효심판은 상표등록의 요건에 위배되어 등록된 상표에 대하여 무효로 해 달라는 심판이며, 무효가 될 경우 처음부터 없었던 것으로 본다.
- 취소심판은 상표등록 당시에는 등록요건을 갖추어 등록된 상표에 대하여 상표등록 이후 취소되어야 할 사유가 발생한 경우 청구하는 심판이며, 취소가 될 경우 그때부터 소멸된다.
- 권리범위 확인심판은 이해관계인이 등록상표의 권리범위를 확인하기 위하여 심판을 청구한다.

제7-5절 연습문제

1. 상표심판에 대한 설명 중 틀린 것은?

❶ 거절결정 불복심판은 거절결정등본을 송달받은 날부터 30일 이내에 거절결정 불복심판을 청구할 수 있다.

❷ 대한민국 국민이라면 누구나 상표등록의 요건에 위배되어 등록된 상표에 대하여 무효심판을 청구할 수 있다.

❸ 무효심판은 상표권이 소멸된 이후에도 신청할 수 있다.

❹ 등록상표가 취소사유에 해당하는 경우에는 그 상표등록의 취소심판을 청구할 수 있다.

❺ 상표등록을 취소한다는 심결이 확정된 때에는 그 상표권은 그때부터 소멸된다.

정답: ❷.

설명: ❷ 이해관계인 또는 심사관만이 무효심판을 청구할 수 있다.

2. 다음 중 상표제도와 관련이 있는 심판은 몇 개인가?

거절결정 불복심판, 무효심판, 취소심판, 적극적 권리범위 확인심판, 정정심판, 상표권의 존속기간 갱신등록의 무효심판

❶ 1개 ❷ 2개 ❸ 3개
❹ 4개 ❺ 5개

정답: ❺.

설명: ❺ 정정심판은 특허제도에만 있는 심판이다.

3. 상표의 심판 소송에 대한 설명 중 틀린 것은?

❶ 제척기간제도는 일정기간이 경과하면 상표권의 안정성을 보장하기 위하여 무효심판이나 취소심판을 청구할 수 없도록 하기 위한 제도이다.

❷ 공유로 되어 있는 상표권에서 침해금지 청구를 신청한 상표권자에 대하여만 피청구인으로 하여 심판을 청구한다.

❸ 심결에 미칠 중요한 사항에 관하여 판단을 누락한 때에는 재심을 청구할 수 있다.

❹ 거절결정 불복심판의 심결에 대한 불복의 소는 특허청장을 피고로 하여야 한다.

❺ 소극적 권리범위 확인심판은 피권리자가 권리자를 상대로 심판을 청구하는 심판이다.

정답: ❷.

설명: ❷ 공유로 되어 있는 상표권은 공유자 전원을 상대로 심판을 청구해야 한다.

제6절 상표와 상호 · 병행수입 · 부정경쟁방지와의 관계

1. 상표와 상호

- 상표는 자타상품을 식별하기 위하여 상품에 부착하는 "표장"으로서 상품의 동일성을 표시하는 기능을 갖는다.
- 상호는 상인(법인 · 개인)이 영업상 자기를 표시하는 "명칭"으로서 영업의 동일성을 표시하는 기능을 갖는다.
- 상표는 기호, 문자, 도형 등과 이들의 결합 또는 이들과 색채의 결합으로 구성된다.
- 상호는 문자로 표현되고 호칭된다.
- 저명한 타인의 상호는 상표로 등록 받을 수 없다.

상표와 상호의 비교표

	상표	상호
정의	타인의 상품과 식별되도록 하기 위하여 사용하는 표장	영업상 자기를 표시하기 위한 명칭
기능	자타상품식별기능, 출처표시기능, 품질보증기능, 광고 선전 기능, 재산적 기능	영업의 동일성 표시
표시방법	문자, 도형, 로고, 홀로그램 등	문자
보호범위	전국적으로 보호하므로 권리영역이 넓음	지방자치단체별로만 동종업종에서 동일상호 사용 금지

2. 상표와 도메인 이름

1) 상표

자기의 상품을 타인의 상품과 식별되도록 하기 위하여 사용하는 표장(기호 · 문자 · 도형 · 입체적 형상 · 색채 · 홀로그램 · 동작 · 냄새, 그 밖에 시각적으로 인식가능한 것)

(1) 상표의 기능

자타상품식별 기능, 출처표시 기능, 품질보증 기능, 광고선전 기능, 재산적 기능

(2) 상표권의 효력

본인의 상표를 독점할 권리, 침해금지청구권 · 손해배상청구권

2) 도메인

인터넷에서 다른 컴퓨터와의 통신을 하기 위한 IP주소(인터넷 주소, Internet Protocol)

예 특허청 IP주소: 10.133.102.51, 도메인 이름: www.kipo.go.kr 또는 http://특허청.한국

- 상표로 등록되면 독점적으로 사용할 수 있으며, 상표등록 여부는 일반상표와 동일하게 심사하여 등록된다.

3) 상표와 도메인 비교

상표와 도메인의 비교표

	상표	도메인
정의	타인의 상품과 식별되도록 하기 위하여 사용하는 표장	인터넷에서 다른 컴퓨터와의 통신을 하기 위한 IP주소
기능	자타상품식별기능, 출처표시기능, 품질보증기능, 광고 선전 기능, 재산적 기능	인터넷에 연결된 컴퓨터 상호간 통신을 하기 위한 컴퓨터의 위치 표시
보호범위	국내만 보호	인터넷상에서는 단 하나뿐임
등록원칙	선출원주의 등록요건 구비(동일성, 유사성)	선신청주의 동일성
존속기간	등록일로부터 10년, 갱신가능	등록비, 유지비 납부 시 계속 사용
효력	독점사용 유사상표 배척가능	독점사용 유사 도메인 네임 배척불가

4) 도메인 이름이 상표권을 침해할 경우 구제방법

(1) 상표법상 구제방법

타인의 등록상표와 동일 또는 유사한 상표를 그 지정상품과 동일 또는 유사한 상품에 사용하거나 사용하게 할 목적으로 교부 · 판매 · 위조 · 모조 또는 소지하는 행위에 해당하는 경우 상표권의 침해이다(상표법 제108조①항2호).

(2) 부정경쟁방지법상 구제방법

국내에 널리 인식된 타인의 성명, 상호, 표장(標章), 그 밖에 타인의 영업임을 표시하는 표지와 동일하거나 유사한 것을 사용하여 타인의 영업상의 시설 또는 활동과 혼동하게 하는 행위에 해당할 경우 부정경쟁행위로 보아 구제가 가능하다(부정경쟁방지법 제2조제1호).

※ 상표를 도메인 이름으로 사용하는 경우 이른바, 사이버스쿼팅의 경우 판례에서는 주로 부정경쟁방지법에 의해 처벌하고 있다.

(3) 도메인 이름에 대한 행정적 분쟁해결절차

인터넷주소분쟁조정위원회를 통하여 소송을 제기하지 않고 분쟁을 쉽게 해결할 수 있다.

3. 진정상품의 병행수입

1) 진정상품 병행수입이란?

동일 상표가 외국과 국내에 등록되어 있고, 국내 상표권자(또는 전용사용권자)에 의해서 국내에서 상품이 판매되고 있는데, 외국으로부터 동일상표가 부착된 진정상품이 제3자에 의해 국내로 병행해서 수입되는 것을 말한다.

2) 진정상품 병행수입 발생원인

일반적으로 국내에서 상품가격이 외국보다 비쌀 경우 외국에서 저렴한 가격으로 구입하여 국내로 들어오는 경우가 대부분이다.

3) 병행수입 금지 시 단점

- 자유로운 국제유통을 제한한다.
- 다국적기업은 국제시장을 지배하여 독점화가 되어 공정경쟁이 제한된다.
- 제품의 가격이 상승될 수 있다.
- 고액의 로열티가 해외로 유출된다.

4) 병행수입 허용시 장 · 단점

(1) 장점

- 소비자는 저렴한 가격으로 진정상품을 구매할 수 있게 된다.

(2) 단점

- 병행수입업자는 국내의 상표권자가 형성하는 데 들어간 노력에 대하여 무임승차하게 되어 부당한 이득을 취하게 된다.
- 진정상품이라 할지라도 국가별로 제품을 달리 제조하는 경우가 많아 품질이 다른 경우가 있다.

- 진정상품에 대하여 A/S를 받을 수 없다.
- 품질관리가 허술하게 된다.
- 정당권리자의 신용이 훼손될 수 있다.

5) 진정상품 병행수입 허용 조건

진정상품 병행수입의 허용 여부는 전면 허용 또는 전면 부정이 아닌 그 구체적인 사실관계에 따라 달라진다.

(1) 병행수입 허용 조건

❶ 국내 · 외 상표권자가 동일인 또는 동일인으로 볼 수 있는 관계(계약상 · 경제상의 결합관계)일 것

❷ 수입품이 진정상품일 것

❸ 수입품에 부착된 상표가 우리나라의 등록상표와 동일한 출처를 표시한 것으로 볼 수 있는 경우일 것

❹ 수입품과 국내 상품 간에 품질의 동일성이 만족될 것

(2) 병행수입 금지 조건

전용사용권자가 당해 상표부착 지정상품을 수입하지 않고, 전량 제조 · 판매하는 경우 제3자의 수입행위를 침해로 인정한다.

4. 상표법과 '부정경쟁방지 및 영업비밀보호에 관한 법률'과의 관계[33]

다음과 같은 행위를 하는 경우 부정경쟁 방지법의 침해행위에 해당한다. 국내에 널리 인식된 타인의 성명, 상호, 상표, 표지, 표장 등을 사용함으로써,

- 타인의 상품과 혼동하게 하는 행위
- 타인의 영업상의 시설 또는 활동과 혼동하게 하는 행위
- 타인의 표지의 식별력이나 명성을 손상(상표의 희석화)하는 행위
- 성명 · 상호 · 상표 등과 동일 유사한 도메인 이름을 등록 · 보유 · 이전 또는 사용하는 행위
- 원산지를 오인(誤認)하게 하는 행위
- 그 밖에 타인의 상당한 투자나 노력으로 만들어진 성과 등을 공정한 상거래 관행이나 경쟁질서에 반하는 방법으로 자신의 영업을 위하여 무단으로 사용함으로써 타인의 경제적 이익을 침해하는 행위

33 제10장 부정경쟁방지 및 영업비밀보호에 관한 법률(약칭: 부정경쟁방지법) 참조.

요약

- 상표는 기호, 문자, 도형으로 구성되어, 자타상품을 식별하기 위한 기능을 하며, 전국적으로 보호되는 반면,
- 상호는 문자만으로 구성되어, 상인이 영업상 자기를 표시하는 명칭으로서 상호 등기신청자의 소재지를 관할하는 지방법원 또는 지원등기소에서 등록하므로 전국적으로 보호를 받지 못한다.
- 국내에 널리 인식된 타인의 성명, 상호, 표장 등을 도메인 이름으로 사용하여 타인의 영업상의 시설 또는 활동과 혼동하게 하는 행위에 해당할 경우 부정경쟁행위에 해당한다.
- 진정상품의 병행수입이란 동일 상표가 외국과 국내에 등록되어 있고, 국내 상표권자(또는 전용사용권자)에 의해서 국내에서 상품이 판매되고 있는데, 외국으로부터 진정상품이 제3자에 의해 국내로 병행해서 수입되는 것을 말한다.
- 진정상품 병행수입 허용 조건은 국내외 상표권자가 동일인 또는 동일인 관계에 있을 것, 수입품과 국내상품이 동일할 것 등이다.

제7-6절 연습문제

1. 상표와 상호의 차이에 대한 설명 중 틀린 것은?

❶ 상표는 타인의 상품과 식별되도록 하기 위하여 사용하는 표장이며, 상호는 영업상 자기를 표시하기 위한 명칭이다.

❷ 상표는 자타상품식별기능, 출처표시기능, 품질보증기능 등이 있음에 비하여, 상호는 영업의 동일성을 표시한다.

❸ 상표는 문자, 도형, 로고, 홀로그램 등으로 표시되며, 상호는 문자로만 이루어진다.

❹ 상표와 상호의 보호범위는 전국적으로 모두 보호된다.

❺ 상호로 등기되어 있을지라도 상표로 등록받을 수 있다.

정답: ❹.

설명: ❹ 상표는 전국적으로 보호되지만, 상호는 등기한 지역에서만 보호된다.

2. 상표와 도메인 이름에 대한 설명 중 틀린 것은?

❶ 도메인은 인터넷에서 다른 컴퓨터와의 통신을 하기 위한 IP주소이다.

❷ 도메인 이름의 기능은 인터넷에 연결된 컴퓨터 상호간 통신을 하기 위한 컴퓨터의 위치 표시를 하는 기능을 한다.

❸ 도메인의 효력은 인터넷상의 동일한 도메인 이름은 단 하나밖에 없으며, 유사한 도메인 이름을 배척할 권리는 없다.

❹ 상표를 도메인 이름으로 사용할 경우 부정경쟁방지법으로 구제를 받을 수 있다.

❺ 사이버스쿼팅의 경우 판례에서는 주로 상표법에 의해 보호하고 있다.

정답: ❺.

설명: ❺ 사이버스쿼팅의 경우 판례에서는 주로 부정경쟁방지법에 의해 보호하고 있다. 사이버스쿼팅이란 유명상표를 도메인 이름으로 도용하여 점령한 후 이를 다시 상표권자에게 파는 것을 말한다.

3. 진정상품의 병행수입에 대한 설명 중 틀린 것은?

❶ 병행수입이란 국내에서 상품이 판매되고 있는데, 동일상표가 부착된 진정상품이 제3자에 의해 국내로 병행해서 수입되는 것을 말한다.

❷ 병행수입은 대부분 동일 상품에 대하여 국내와 국외에서의 가격 차이가 많을 때 발생한다.

❸ 병행수입을 금지할 경우 소비자는 저렴한 가격으로 진정상품을 구매할 수 있게 된다.

❹ 병행수입을 금지할 경우 고액의 로열티가 해외로 유출된다.

❺ 병행수입을 금지할 경우 제품의 가격이 상승될 수 있다.

정답: ❸.

설명: ❸ 병행수입을 "허락할 경우" 소비자는 저렴한 가격으로 진정상품을 구매할 수 있게 된다.

4. 진정상품의 병행수입에 대한 허용조건이 아닌 것은?

❶ 전용사용권자가 당해 상표부착 지정상품을 국내에서 전부 제조 · 판매하는 경우일 것

❷ 국내 · 외 상표권자가 동일인 또는 동일인으로 볼 수 있는 관계일 것

❸ 수입품이 진정상품일 것

❹ 수입품과 국내 상품 간에 품질의 동일성이 만족될 것

❺ 수입품에 부착된 상표가 우리나라의 등록상표와 동일한 출처를 표시한 것으로 볼 수 있을 것

정답: ❶.

설명: ❶ 전용사용권자가 당해 상표부착 지정상품을 수입하지 않고, 국내에서 "전량" 제조 · 판매하는 경우에 제3자의 수입행위를 침해로 인정한다.

5. 다음 법률 중, 상표의 식별력을 약화시키는 상표의 희석화에 대하여 구제받을 수 있는 법률은? (모두 고르시오.)

❶ 민법
❷ 상법
❸ 부정경쟁방지 및 영업비밀보호에 관한 법률
❹ 상표법
❺ 저작권법

정답: ❸, ❹

설명: ❸ "부정경쟁방지 및 영업비밀보호에 관한 법률"은 "부정경쟁방지"와 "영업비밀의 보호"를 규정하는 법률이다. ❹ 상표법에서도 희석화에 대하여 보호받을 수 있도록 최근 개정하였다.

STANDARD PROCEDURE OF

INTELLECTUAL PROPERTY MANAGEMENT

CHAPTER 08

(기초, 창출, 보호편) 저작권

제1절 저작물

1) 저작권법의 목적

저작자의 권리와 이에 인접하는 권리를 보호하고 저작물의 공정한 이용을 도모함으로써 문화 및 관련 산업의 향상발전에 이바지함을 목적으로 한다.

2) 저작물의 정의

"인간"의 "사상" 또는 "감정"을 표현한 "창작물"을 말한다.

3) 2차적 저작물

원저작물을 번역 · 편곡 · 변형 · 각색 · 영상제작 그 밖의 방법으로 작성한 창작물을 말하며, 독자적인 저작물로서 보호된다.

4) 편집저작물

저작물이나 부호 · 문자 · 음 · 영상 그 밖의 형태의 자료의 집합물을 말한다. 데이터베이스를 포함하며, 집합물의 선택 · 배열 또는 구성에 창작성이 있는 것을 말한다.

5) 업무상저작물

법인 · 단체 그 밖의 사용자의 기획하에 법인 등의 업무에 종사하는 자가 업무상 작성하는 저작물을 말한다.

6) 저작물의 종류

- 어문저작물: 소설 · 시 · 논문 · 강연 · 연설 · 각본 그 밖의 어문저작물
- 음악저작물
- 연극저작물: 연극 및 무용 · 무언극 그 밖의 연극저작물
- 미술저작물: 회화 · 서예 · 조각 · 판화 · 공예 · 응용미술저작물 그 밖의 미술저작물
- 건축저작물: 건축물 · 건축을 위한 모형 및 설계도서 그 밖의 건축저작물
- 사진저작물
- 영상저작물
- 도형저작물: 지도 · 도표 · 설계도 · 약도 · 모형 그 밖의 도형저작물
- 컴퓨터프로그램저작물

7) 보호받지 못하는 저작물의 종류

- 헌법 · 법률 · 조약 · 명령 · 조례 및 규칙
- 국가 또는 지방자치단체의 고시 · 공고 · 훈령 그 밖에 이와 유사한 것
- 법원의 판결 · 결정 · 명령 및 심판이나 행정심판절차 그 밖에 이와 유사한 절차에 의한 의결 · 결정 등
- 국가, 지방자치단체 또는 공공기관이 공표한 저작물 또는 계약에 따라 보유한 저작물
- 사실의 전달에 불과한 시사보도

제2절 저작권

1. 저작권의 발생과 보호기간

1) 저작권 발생

(1) 무등록주의, 무방식주의

저작권은 저작물을 창작한 때부터 발생하며 어떠한 절차나 형식의 이행을 필요로 하지 않는 무방식주의이다. 방식주의, 심사주의, 등록주의인 산업재산권과는 다르다.

(2) 등록할 경우의 효력

등록하지 않아도 효력이 발생하지만, 등록한 경우 다음과 같은 효력이 발생한다.

- 창작연월일 또는 공표연월일에 창작 또는 공표된 것으로 추정받게 된다.
- 저작재산권 침해 손해배상 청구시 그 침해 행위에 과실이 있는 것으로 추정한다.
- 저작재산권의 양도 등에 있어서 등록한 자가 제3자에 대하여 대항력을 갖게 된다.

2) 저작권 보호기간

- 원칙: 저작자의 생존 기간 및 사망 후 70년
- 무명 또는 이명저작물: 공표된 때로부터 70년
- 법인 등이 저작자인 업무상저작물: 공표된 때로부터 70년
- 영상저작물: 공표된 때로부터 70년
- 보호기간의 기산: 보호기간은 저작자가 사망하거나 저작물을 공표한 해의 다음 해 1월 1일부터 계산

2. 저작자

저작물을 창작한 자를 말하며, 원칙적으로 자연인이나, 예외적으로 업무상 저작물에 법인, 단체, 사용자를 저작자로 인정하고 있다.

3. 저작자의 권리

1) 저작인격권

- 공표권: 저작물을 일반에게 공표하거나 공표하지 않을 권리
- 성명표시권: 저작자 자신이 그의 저작물에 자신의 이름을 표시하거나 표시하지 않을 권리
- 동일성유지권: 저작물의 내용 · 형식 및 제호 등이 변경되지 않도록 금지할 수 있는 권리

  예외) 학교교육 목적상 변경하는 경우, 건축물의 증축 · 개축 그 밖의 변형, 프로그램을 다른 컴퓨터에 이용할 수 있도록 변경하는 경우
- 공동저작물의 저작인격권: 공동저작물은 저작자 전원의 합의 하에 행사 가능

2) 저작재산권

- 복제권: 저작자가 그의 저작물을 복제할 권리
- 공연권: 저작자가 그의 저작물을 공연할 권리
- 공중송신권: 저작자가 그의 저작물을 공중송신할 권리
- 전시권: 저작자가 미술저작물 등의 원본이나 그 복제물을 전시할 권리
- 배포권: 저작자가 저작물의 원본 · 복제물을 배포할 권리
- 대여권: 저작자가 판매용 음반이나 판매용 프로그램을 영리를 목적으로 대여할 권리
- 2차적 저작물 작성권: 저작자가 그의 저작물을 원저작물로 하는 2차적 저작물을 작성하여 이용할 권리

3) 저작재산권의 제한

- 재판절차, 입법 및 행정 목적 등을 위한 저작물의 복제
- 정치적 연설 등의 이용, 법정 · 국회 · 지방의회에서의 진술 등에서의 이용
- 공공저작물의 자유 이용
- 학교 교육 목적 등을 위한 이용(초중고에서 복제 · 배포 · 공연 · 방송 또는 전송을 하는 경우에는 보상금을 지급하지 않는다.)
- 시사보도를 위한 저작물의 이용
- 시사적인 기사 및 논설의 복제
- 공표된 저작물의 인용

- 영리를 목적으로 하지 않는 공연 · 방송
- 사적 이용을 위한 복제(다만, 공중의 사용에 제공하기 위하여 설치된 복사기기에 의한 복제는 그렇지 않다.)
- 도서관 등에서의 복제
- 시험문제로서의 복제
- 시각 · 청각장애인 등을 위한 복제
- 방송사업자의 일시적 녹음 · 녹화
- 미술저작물 등의 일정한 장소에서의 전시 또는 복제
- 저작물의 공정한 이용(저작자의 정당한 이익을 부당하게 해치지 않는 경우에는 보도 · 비평 · 교육 · 연구 등을 위하여 저작물을 이용할 수 있다.)
- 저작물의 번역 · 편곡 · 개작 이용(단, 재판절차, 학교교육, 사적이용, 공정한 이용 등의 경우에만 해당)

4. 저작인접권

1) 저작인접권자

(1) 실연자

- 저작물을 연기 · 무용 · 연주 · 구연 그 밖의 예능적 방법으로 표현하거나 실연을 하는 자(배우, 가수, 연주자 등)를 말하며 실연을 지휘, 연출 또는 감독하는 자를 포함
- 인격권: 성명표시권, 동일성유지권
- 재산권: 복제권, 배포권, 판매용 음반에 수록된 실연의 영리 목적을 위한 대여권, 공연권, 방송권, 전송권

(2) 음반제작자

- 음을 음반에 고정하는 데 있어 전체적으로 기획하고 책임을 지는 자
- 복제권, 배포권, 판매용 음반의 영리 목적을 위한 대여권, 전송권

(3) 방송사업자

- 방송을 업으로 하는 자
- 복제권, 동시중계방송권

(4) 데이터베이스제작자

- 데이터베이스의 제작에 인적 · 물적 투자를 한 자

- 복제권, 배포권, 방송권, 전송권

2) 저작인접권의 보호기간

- 실연: 실연을 한 때로부터 70년
- 음반: 음반을 발행한 때로부터 70년
- 방송: 방송을 한 때로부터 50년
- 데이터베이스: 데이터베이스의 제작을 완료한 때로부터 5년. 데이터베이스를 갱신한 때에는 갱신된 부분에 한하여 갱신을 완료한 때로부터 5년

5. 프로그램의 보호

1) 보호대상

프로그램 언어(프로그램을 표현하는 수단으로서 문자 · 기호 및 그 체계)

> **TIP**
>
> 기술적 사상에 대하여는 특허로 보호를 받고, 프로그램 언어 자체에 대하여는 저작권으로 보호를 모두 받을 수 있다. 특허는 기간이 짧은 대신 폭넓은 기술적 사상을 보호받을 수 있고, 저작권은 기간이 긴 대신 보호의 폭이 좁다.

2) 프로그램코드 역분석

호환에 필요한 정보를 쉽게 얻을 수 없고, 그 획득이 불가피한 경우에는 해당 프로그램의 호환에 필요한 부분에 한하여 프로그램의 저작재산권자의 허락을 받지 않고 프로그램코드 역분석을 할 수 있다.

3) 정당한 이용자에 의한 보존을 위한 복제

프로그램의 복제물을 정당한 권한에 의하여 소지 · 이용하는 자는 그 복제물의 멸실 · 훼손 또는 변질 등에 대비하기 위하여 필요한 범위에서 해당 복제물을 복제할 수 있다.

6. 기술적 보호조치의 무력화 금지

1) 기술적 보호조치의 무력화 금지

누구든지 정당한 권한 없이 고의 또는 과실로 기술적 보호조치를 제거 · 변경하거나 우

회하는 등의 방법으로 무력화하여서는 안 된다.

2) 저작권의 무력화 금지 종류

- 권리관리정보의 제거 · 변경 등의 금지
- 암호화된 방송 신호의 무력화 등의 금지
- 라벨 위조 등의 금지
- 영상저작물 녹화 등의 금지(영화관 등에서 몰래 촬영하는 도촬 등)
- 방송 전 신호의 송신 금지

3) 기술적 보호조치의 무력화 금지의 예외 사항

다음과 같은 행위는 무력화 금지의 예외에 해당한다.

- 암호 분야에서 연구를 위하여 필요한 범위에서 행하는 경우
- 미성년자에게 유해한 온라인상의 저작물 등에 미성년자가 접근하는 것을 방지하기 위한 경우
- 온라인상에서 개인 식별 정보를 수집 · 유포하는 기능을 무력화하기 위하여 필요한 경우
- 국가의 법집행, 교육기관, 도서관 등에서 합법적인 정보수집 또는 안전보장 등을 위하여 필요한 경우
- 다른 프로그램과의 호환을 위하여 필요한 범위에서 프로그램코드 역분석을 하는 경우
- 컴퓨터 또는 정보통신망의 보안성을 검사 · 조사 또는 보정하기 위하여 필요한 경우

7. 법정허락제도

누구든지 상당한 노력을 기울였어도 공표된 저작물(외국인의 저작물을 제외)의 저작재산권자나 그의 거소를 알 수 없어 그 저작물의 이용 허락을 받을 수 없는 경우에는 보상금을 공탁하고 저작물을 이용할 수 있다. 관련 업무는 "한국저작권위원회"가 하고 있다. 저작권(copyright) 반대개념으로, 카피레프트(copyleft, 저좌권 著左權)는 저작물의 무료공유개념이다.

제3절 침해에 대한 보호 및 저작권의 관리

1. 민사적 구제

침해예방, 침해정지, 부당이득반환, 명예회복, 손해배상청구, 법정손해배상청구(1천만 원 이하금액, 고의로 영리를 목적으로 침해한 경우는 5천만 원)

2. 형사적 구제

- 피해자의 고소가 있어야 검사가 공소(公訴)를 제기할 수 있는 친고죄. 다만, 영리를 목적으로 하거나 또는 상습적인 저작재산권 침해는 비친고죄
- 저작재산권을 침해하는 자는 5년 이하의 징역 또는 5천만 원 이하의 벌금, 저작인격권을 침해하는 자는 3년 이하의 징역 또는 3천만 원 이하의 벌금

3. 한국저작권위원회

1) 개요

저작권에 관한 사항을 심의하고 저작권에 관한 분쟁을 알선 · 조정하며, 저작권의 보호 및 공정한 이용에 필요한 사업을 수행한다. 위원은 문화체육관광부장관이 위촉한다.

2) 업무

- 분쟁의 알선 · 조정
- 저작권위탁관리업자의 수수료 및 사용료의 요율 또는 금액에 관한 사항
- 저작물 등의 이용질서 확립 및 저작물의 공정한 이용 도모를 위한 사업
- 저작권 정책의 수립 지원, 저작권 보호를 위한 국제협력
- 저작권 연구 · 교육 및 홍보
- 저작권의 침해 등에 관한 감정, 시정명령 요청

제4절 저작권관련 Q&A[27]

Q. 디자인이나 응용미술을 저작권으로 보호를 받을 수 있는지?

A. 응용미술저작물을 저작권법으로 보호한 사례

[디자인의 설명][물품명: 넥타이](디자인등록번호: 30−0331690)
공지된 넥타이의 형상에 태극문양 및 팔괘문양을 상하 좌우 연속 반복한 직물지로 만든 넥타이로서, 심미감을 극대화한 것을 창작내용의 요점으로 함.

※ 판례(대법원 2004.7.22.선고 2003도7572 판결): 도안은 '물품에 동일한 형상으로 복제될 수 있는 미술저작물'에 해당한다고 할 것이며, 또한 그 이용된 물품(이 사건의 경우에는 넥타이)과 구분되어 독자성을 인정할 수 있는 것이라면 저작권법에서 정하는 응용미술저작물에 해당한다고 할 것이다.
※ 일명 '히딩크 넥타이'는 저작권법과, 디자인보호법으로 모두 보호를 받을 수 있다.

Q. 우리나라에서 보호되는 외국인의 저작물은?

A. 우리나라에서 보호되는 외국인의 저작물은 우리나라가 가입한 국제협약에 따라 보호할 의무가 있는 저작물이고, 상호주의이다. 외국의 저작물 보호기간이 설령 우리나라보다 길더라도 우리나라에서는 저작자 사후 70년까지만 보호한다.

Q. 독일어의 원작이 영어로 번역된 것을 다시 한국어로 번역하려고 한다. 누구에게 허락을 받아야 하는가?

34 이하 내용은 문화체육관광부, 저작권위원회에서 2008년 발행한 "저작권 100"에서 발췌한 것이다.

A. 독일어 원작을 번역한 영어번역본을 한국어로 번역하고자 한다면, 독일어 원작자의 저작권자 허락을 받아야 함은 물론 영어본 번역자의 허락도 받아야 한다.

Q. 다른 사람의 저작물을 인용하여 평론하고 평론집을 간행하는 경우 저작권 침해인가?

A. 누구든지 보도 · 비평 · 교육 · 연구 등을 위하여 공표된 다른 사람의 저작물을 인용할 수 있다. 다만, 보도 · 비평 · 교육 · 연구 등을 위해서만 인용이 가능하며, 영리목적, 연예, 오락, 광고 등을 목적으로 하는 인용은 허용되지 않는다. 인용하더라도, "정당한 범위" 안에서 이루어져야 하며, 공정한 관행에 합치 되어야 한다.

Q. 영화 장면 포스터를 이용하여 정치나 사회현상을 풍자하는 패러디는 저작물로서 보호받을 수 있는가?

A. 원저작물의 저작인격권(동일성유지권)의 침해 문제가 제기될 수 있고, 원저작물의 2차적저작물로 보는 경향이 있으므로 원저작물의 저작재산권자의 허락을 받아야 한다.

Q. 신문사에서 보도 목적으로 보호되는 사진을 인용하면서 출처표시를 하지 않은 경우 사진에 대한 저작권 보호는?

A. 사진 저작재산권자의 허락 없이 공표된 저작물을 보도 · 비평 · 교육 · 연구 등을 위하여 정당한 범위 안에서 공정한 관행에 합치되게 인용할 수 있다. 공정한 관행에 합치되어야 한다는 것에는 출처표시가 포함된다. 출처표시를 하지 않는 경우 500만 원 이하의 벌금에 처한다.

Q. 공공 기관에서 방문객들을 위하여 무료로 DVD를 상영하려고 한다. 저작권 침해가 되는가?

A. 발행된 지 6개월이 경과하지 않은 판매용 DVD를 상영하기 위해서는 권리자의 허락이 필요하다.

Q. 시판중인 음반을 구입하여 백화점이나 음식점에서 틀고자 한다. 음반구입 시 대금을 지불하였는데 별도의 저작권료를 지불해야 하는가?

A. 유흥주점 같은 영업소에서 감상설비를 갖추고 음악이나 영상저작물을 감상하게 하는 것을 영업의 주요 내용의 일부로 하는 경우, 경마장, 골프장, 여객용항공기, 호텔, 대형마트, 백화점 등은 저작권료를 지불해야 한다.

Q. 실내에 대형 TV를 설치하여 손님들이 스포츠 경기 등 볼 수 있게 하였다. 저작권 침해가 되는가?

A. TV수상기를 공중이 볼 수 있도록 틀어주는 것은 공연에 해당하지만, 저작권법 상 영리를 목적으로 하지 않고 청중이나 관객으로부터 공연에 대한 반대급부를 받지 않는 한 공표된 저작물은 저작권자의 허락 없이 방송 · 공연할 수 있다.

Q. 출판사 을은 문제집을 제작하면서, A 대학 교수 갑의 기말고사 문제를 뽑아 이용하였다. 갑은 을을 상대로 저작권 침해를 주장할 수 있는가?

A. 학교의 입학시험 그 밖에 학식 및 기능에 관한 시험 또는 검정을 위하여 필요한 경우에는 그 목적을 위하여 정당한 범위에서 공표된 저작물을 복제 · 배포할 수 있다. 다만, 영리를 목적으로 하는 경우에는 저작권에 대한 침해이다. 법원은 대학본고사 입학시험문제(서울지법 1994. 8. 23. 선고 94카합6795 판결), 토플문제(서울고법 1995. 5. 4. 선고 93나47372 판결), 대학예비고사문제(대법원 1989. 1. 17. 선고 87도2604 판결), 고등학교 중간 및 기말고사 문제(서울지법, 2006. 10. 18. 선고. 05가합73377 판결) 등을 보호받는 저작물로 인정하였다. A대학 교수 갑은 자신이 출제한 기말고사 문제를 뽑아 문제집으로 발행한 출판사를 상대로 저작권 침해를 주장할 수 있다.

Q. 나미술 학생이 건물외벽에 그린 벽화를 어떤 회사에서 광고로 이용하고 있다. 이 학생은 저작권 침해를 주장할 수 있는가?

A. 공원 · 건축물의 외벽 등 개방된 장소에 항시 전시된 미술작품은 누구든지 복제하여 이용할 수 있다. 다만, ❶ 건축물을 건축물로 복제하거나, ❷ 조각품을 조각품으로 복제하거나, ❸ 가로 · 공원 · 건축물의 외벽 등 개방된 장소에 항시 전시하기 위하여 복제하거나, ❹ 판매의 목적으로 복제할 수는 없다. 예를 들어, 올림픽 공원에 전시된 조각품을 사진을 찍어 개인적으로 사용할 수는 있으나, 조형물을 축소하여 판매하거나 엽서로 만들어 판매하는 경우에는 저작권 침해이다. 따라서 벽화를 상업적 광고에 사용하는 것은 저작권에 위배된다.

Q. 저작물의 출처를 명시하여 이용하면 저작권 침해가 되지 않는가?

A. 저작물을 이용하기 위해서는 사전에 권리자의 허락을 받아야 하며, 출처를 표시했다고 해서 저작권 침해행위가 면책이 되는 것이 아니다. 다만, 학교교육 목적 등에의 이용, 시사적인 기사 및 논설의 복제, 공표된 저작물의 인용 등 법에서 규정하는 일부의 경우에는 권리자의 허락없이 이용이 가능하며, 이와 같은 경우에도 출처표시를 의무화하고 있다. 즉, 법에 한정된 경우에만 허락없이 이용이 가능하되 반드시 출처표시를 해야 하는 것이다. 출처명시의무를 위반할 경우에는 500만 원 이하의

벌금에 처해진다.

Q. 거리에서 노래를 부르거나, 오디오기기로 음악을 크게 틀어 타인에게 들려주는 것은 저작권 침해인가?

A. "영리를 목적으로 하지 아니하고 청중이나 관중 또는 제3자로부터 어떤 명목으로든지 반대급부를 받지 아니하는 경우에는 공표된 저작물을 공연 또는 방송할 수 있다. 다만, 실연자에게 통상의 보수를 지급하는 경우에는 그러하지 아니하다"라고 규정하고 있다(저작권법 제28조).

Q. 연극, 오페라 등을 촬영하여 영화로 만들거나 방송하는 경우 누구에게 허락받아야 하는가?

A. 연극이나 오페라를 촬영하여 영화로 만들거나 방송하는 경우에는 연극이나 오페라를 구성하는 각 저작물의 저작권자와 각 실연자의 허락을 받아야 한다.

Q. 방송국이 방영 드라마를 비디오로 제작 판매할 때, 방송작가가 이를 중지시킬 수 있는가?

A. 방송국이 방송을 위하여 제작한 영상저작물을 비디오나 DVD로 복제, 배포하기 위해서는 특약이 없는 한 저작권자의 허락을 받아야 한다.

Q. 영화 속의 명장면들을 편집하여 인터넷으로 제공할 경우 누구의 허락이 필요한가?

A. 영화의 명장면만을 이용하는 것도 영상저작물(영화)의 이용에 해당하므로, 영상제작자의 허락을 받아야 한다. 또한 영리 목적 이용이면 배우의 허락도 받아야 한다.

Q. 인터넷에서 저작물을 내려 받아 미니홈피나 블로그에 게재하는 것은 저작권 침해인가? 만약 침해라면, 내 미니홈피나 블로그에 타인이 저작물을 게재한 경우 누가 책임을 지는가?

A. 블로그 등이 공중이 자유롭게 접근할 수 있는 장소라면 그 장소가 개인이 관리하는 곳이라 할지라도 공개된 장소에 해당하므로 저작물을 무단으로 게재하는 것은 저작권 침해가 된다. 만약 누군가 자신의 미니홈피나 블로그에 다른 사람의 저작물을 올려 놓았다면 그에 대한 법적 책임은 우선 해당 저작물을 게재한 사람이고, 이 경우 미니홈피나 블로그를 운영하는 사람은 온라인서비스제공자로서의 책임을 진다. 온라인서비스제공자가 침해사실을 알고 불법 저작물을 삭제하거나 전송을 중단시킨 때에는 책임이 없는 것으로 본다.

Q. 좋아하는 음악을 골라 직접 연주곡을 만들어 홈페이지에 올리려 한다. 누구의 허락을 받아야 하는가?

A. 해당 음악저작물의 작사자, 작곡자 및 편곡자의 허락을 받아야 한다. 음악저작권자들을 개별적으로 찾아서 허락받기란 쉽지 않기 때문에 한국음악저작권협회를 통해 허락을 받으면 되지만, 협회에 음악저작권이 신탁되지 않은 경우 개별 권리자를 찾아서 허락을 받아야 한다.

Q. '펌' 글과 저작권에 있어서, 타인의 글을 퍼온다거나 하는 등으로 네티즌들이 게시판에 글을 올리는 경우가 많다. 네티즌들이 인터넷상에 올린 게시물을 적법하게 이용하는 방법은 무엇이 있는가?

A. 다른 사람이 작성한 글을 올린 것은 불법이다. 저작물을 이용하기 위해서는 저작권자의 허락을 받아야 한다.

Q. 매달 저작권료를 지불하고 P2P 프로그램을 통해 영화나 음악을 내려받고 있다. 저작권 침해에 해당하는가?

A. 비용을 지불하였으면 저작권 침해가 아니지만, 다른 이용자들과 저작물을 공유(업로드)할 경우 이는 저작권침해에 해당한다. 비영리 또는 개인적 이용 가정 및 이에 준하는 한정된 범위 안에서 이용하는 경우 저작물을 복제할 수 있다. 그러므로 홈페이지나 웹하드에서 저작물을 내려 받아 개인적인 목적으로 이용하는 것은 저작권을 침해한 것이 아니다. 그러나 일반적으로 P2P 프로그램을 통하여 저작물을 내려 받을 경우, 저작물을 내려 받음과 동시에 동일한 폴더 안의 저작물이 자동적으로 업로드 되게 된다. 이처럼 인터넷을 통해 저작물을 업로드하여 타인이 이용할 수 있도록 하는 것은 사적 복제에 해당하지 않는다. 결국 영화파일을 공유하는 행위가 비영리이고, 이러한 행위가 저작권 침해가 된다는 것을 알지 못했다 하더라도 저작재산권을 침해하는 경우가 생길 수 있다.

Q. DVD를 학생들의 교육을 위하여 학교에서 방영하려면 누구의 허락이 필요한가?

A. 원칙적으로 저작권자의 허락을 받아야 하지만, 영리를 목적으로 하지 않는 경우 청중이나 관중으로부터 공연에 대한 반대급부를 받지 않으면 저작권자의 허락 없이 공표된 저작물을 공연 또는 방송할 수 있다. 따라서 학교에서 학생들에게 DVD를 상영하는 것은 저작권 침해가 되지 않는다.

Q. 소장하고 있는 영화 DVD를 이용해 Divx 파일을 만들고, 이를 P2P 프로그램을 통해 다른 사람의 영화 파일과 공유하고 있다. 그런데 이것이 저작권 침해행위라며 해당 영화의 제작사들로부터 형사 고소를 하겠다는 경고를 받았다. 서로가 가진 DVD를 돌려보는 것과 다르지 않다고 생각하는데, 왜 저작권 침해에 해당하는가?

A. 영화 DVD를 Divx 파일로 만드는 것은 복제에 해당한다. 복제가 개인적 이용이면 괜찮지만, 복제한 Divx 파일을 P2P 프로그램을 통해 공유한다면 이는 법적으로 전송 행위에 해당하므로 저작권자의 허락을 받아야 한다. 구입한 DVD를 서로 돌려 보는 것은 법적으로 문제가 되지 않는다.

Q. 인터넷에 올라와 있는 사진이나 이미지들에 링크를 걸어 홈페이지에 이용하려고 한다. 이렇게 링크를 건 경우에도 저작권 침해가 되는가?

A. 단순 링크는 침해가 아니지만, 임베디드 링크(embedded link: 홈페이지를 열거나 링크를 클릭하면 링크한 홈페이지에 해당 링크음악이 자동으로 흘러나오는 경우)와 같은 경우에는 저작권 침해가 될 수 있다.

Q. 신문사에 근무하다 퇴직한 후 재직 당시 신문에 실었던 칼럼을 모아 책으로 발행하였다. 그런데 신문사가 저작권 침해라며 책의 판매를 중지하라고 요청해 왔다. 신문사의 주장은 타당한가?

A. 신문사 재직 당시 업무상 작성한 저작물로 칼럼을 쓴 개인을 저작자로 한다는 약정이 없고, 신문사의 이름으로 공표된 저작물이라면 그 칼럼의 저작자는 신문사이다.

Q. 시 한 편을 출판물에 사용하려고 하는데 저작권자를 찾을 수 없다. 추후 시의 저작권자가 나타나면 사례한다는 것을 발행 란에 표시하고 이용하면 문제가 없는가?

A. 어떤 저작물을 꼭 이용하고 싶은데 저작권자를 찾을 수 없는 경우 "법정허락제도"를 이용한다. 법정허락을 받기 위해서는 저작권자를 찾기 위한 '상당한 노력'을 했다는 사실을 입증해야 한다. 전국판 신문 또는 정보통신망과 저작권위원회 홈페이지에 저작권자를 찾는 공고를 하여야 한다. 법정허락제도를 활용하지 않고 저작권자를 찾을 수 없다는 이유로 출판물의 발행 란에 '추후 시의 저작권자가 나타나면 사례한다.'는 표시를 하고 이용하면 저작권 침해가 된다.

Q. 논문 저작권자가 온라인서비스제공자에게 논문 삭제를 요청했는데 온라인서비스제공자는 이를 방치한 채 해당 논문을 게재한 사람에게 논문을 삭제하라는 메일만 보낸 후, 게시판에는 '타인의 저작물을 침해하는 저작물은 게재하지 마십시오.'라는 문구만 적어놓았다. 온라인서비스제공자에게 법적 책임을 물을 수 있는가?

A. 법적 책임을 물을 수 있다. 초상권자로부터 게재된 초상사진의 삭제를 요청받고도 온라인 서비스제공자가 그 사진을 직접 삭제하지 않고 사진을 게재한 사람의 개인 홈피 방명록 란에 "초상권자로부터 사진 삭제의 요청이 들어왔으니 사진을 삭제해 달라"는 취지의 글만 남긴 사건에서, "… 피고는 원고의 초상권을 침해하는 이 사건

사진이 게시되고 원고로부터 이 사건 사진의 삭제요청을 받았을 때 적절한 대응을 하지 않음으로써 이 사건 사이트의 운영자로서의 주의의무를 다하지 못한 과실이 있다"고 판시하였다(서울서부지법 2007. 4. 19. 선고 2006나8560 판결).

Q. X사는 프로야구단 K선수 이름과 얼굴을 이용하여 게임을 제작하려 한다. X사는 K의 초상을 이용할 수 있는지, 또한 초상권 문제가 저작권법의 적용을 받는지?

A. 일반적으로 사인(私人)의 경우는 초상권의 보호가 두터운 편이고, 스포츠맨 · 연예인 등 공인(公人)의 경우는 초상권 보호가 엷은 편이다. 이미 알려진 공인들은 비영리 목적을 위한 초상의 이용에 대하여 용인하여야 하기 때문이다. 공인의 초상을 영리 목적으로 이용하지 않는 한 초상권침해가 성립되지 않는 경향이 있다. 따라서 프로야구 K선수를 상업적인 야구게임에서 이용하는 행위는 퍼블리시티권 침해이다.

- 초상권: 순수한 인격적 권리
- 퍼블리시티권: 재산적 권리로서의 초상권, 스포츠맨 · 연예인 그 밖의 공인 등과 같이 유명인의 얼굴, 성명, 목소리, 이력 등을 광고 등에 영리 목적으로 이용하는 것을 금지할 권리로서, 초상을 경제적으로 이용하는 것을 금지할 권리를 말한다. 본인 허락이 없이 촬영, 방송하는 것은 초상권 침해로 인정되어 그에 대한 침해정지 및 손해배상을 할 수 있다.

Q. '댓글' 등의 저작권에 있어서, 웹사이트 방명록이나 게시판에 네티즌들이 남긴 글, 상품평들도 저작물이 될 수 있는가?

A. 사이트 방명록이나 게시판에 네티즌들이 남기는 글이나 상품에 대한 평판 등은 대체로 짧고 간략한 편이라서 그 자체로서는 창작성이 있다고 보기 어려운 경우가 많다. 그러나 창작성이 있는 경우도 있으므로 사안별로 창작성 여부에 의하여 결정된다.

Q. 국제 행사에 사용할 목적으로 갑으로부터 조형물 납품 약정을 맺은 후 납품을 받았다. 이후 반응이 좋아 조형물의 크기를 축소하여 을에게 추가 제작하려고 하는데 갑의 허락 없이 가능한가?

A. 조형물을 축소 제작하는 것은 저작권법상 복제에 해당한다. 따라서 당초 갑과의 조형물 납품계약에서 저작재산권 또는 복제권을 양도받은 것으로 약정하지 않았다면 그 작품에 대한 저작재산권은 갑에게 남아 있으므로 추가제작을 위해서는 갑의 별도 허락을 받아야 한다.

요약

- 저작권법의 목적은 저작자의 권리를 보호하고 저작물의 공정한 이용을 도모함으로써 문화 및 관련 산업의 향상발전에 이바지함을 목적으로 한다.
- 저작물: "인간"의 "사상" 또는 "감정"을 표현한 "창작물"
- 2차적 저작물: 원저작물을 번역 · 편곡 · 변형 · 각색 · 영상제작 그 밖의 방법으로 작성한 창작물
- 편집저작물: 저작물이나 부호 · 문자 · 음 · 영상 그 밖의 형태의 자료의 집합물
- 업무상저작물: 법인 · 단체 그 밖의 사용자의 기획하에 법인 등의 업무에 종사하는 자가 업무상 작성하는 저작물
- 저작물의 종류: 어문저작물, 음악저작물, 연극저작물, 미술저작물, 건축저작물, 사진저작물, 영상저작물, 도형저작물, 컴퓨터프로그램저작물
- 보호받지 못하는 저작물: 헌법 · 법률 등 법원의 판결, 정부 또는 공공기관의 저작물, 사실전달 시사보도
- 저작물은 창작한 때부터 발생하며 등록이 필요없는 무방식주의이다. 등록할 경우의 효력은 창작연월일, 침해 행위에 과실 추정, 양도 등에 있어서 제3자에 대하여 대항력을 갖게 된다.
- 보호기간
  ❶ 원칙: 저작자의 생존 기간 및 사망 후 70년
  ❷ 무명 또는 이명저작물: 공표된 때로부터 70년
  ❸ 법인 등이 저작자인 업무상저작물: 공표된 때로부터 70년
  ❹ 영상저작물: 공표된 때로부터 70년
- 저작자의 권리: 저작인격권, 저작재산권
  ❶ 저작인격권: 공표권, 성명표시권, 동일성유지권
  ❷ 저작재산권: 복제권, 공연권, 공중송신권, 전시권, 배포권, 대여권, 2차적 저작물 작성권
- 저작재산권의 제한: 입법 · 행정 · 사법 · 정치적 이용, 학교 교육 목적 이용, 시사보도, 비영리 목적 이용, 사적 이용, 도서관에서의 복제, 시험문제, 장애인을 위한 이용 등
- 저작인접권자: 실연자, 음반제작자, 방송사업자, 데이터베이스제작자

- 프로그램 언어 자체에 대하여는 저작권으로 보호를 받는다.
- 법정허락제도는 공표된 저작물에 대하여 저작권자의 허락을 받을 수 없는 경우 한국저작권위원회에 공탁을 하고 이용할 수 있다는 제도이다.
- 저작권은 친고죄이다. 다만, 영리를 목적으로 하거나 상습적인 저작재산권 침해는 비친고죄이다.

제8장 연습문제

1. 다음 ( ) 속에 들어갈 단어를 차례대로 고른 것은?

저작물이란 ( )의 ( ) 또는 ( )(을)를 표현한 창작물을 말한다.

❶ 인간 또는 동물, 사상, 예술
❷ 인간, 사상, 감정
❸ 인간, 철학, 이성
❹ 인간, 예술, 학문
❺ 인간, 예술, 감정

정답: ❷.

설명: ❷ 저작물은 "인간"의 "사상" 또는 "감정"을 "표현"한 "창작물"을 말한다.

2. 다음 저작물 중에서, 부호 · 문자 · 음 · 영상 그 밖의 형태의 자료의 집합물에 해당하는 것은?

❶ 2차적 저작물 ❷ 도형저작물 ❸ 업무상저작물
❹ 편집저작물 ❺ 영상저작물

정답: ❹.

설명: ❹ 편집저작물이란 저작물이나 부호 · 문자 · 음 · 영상 그 밖의 형태의 자료의 집합물을 말하며, 데이터베이스를 포함하며, 집합물의 선택 · 배열 또는 구성에 창작성이 있는 것을 말한다.

3. 저작물에 대한 설명 중 틀린 것은?

❶ 코끼리가 그린 그림을 사서 복사하여 판매하는 것은 저작권법에 저촉되지 않는다.
❷ 초등학생이 쓴 산문도 창작성이 있는 저작물로 인정된다.
❸ 창작성은 작품의 도덕성이나 윤리성과 관계가 없다.
❹ 도덕적으로나 윤리적으로 비난받는 작품일지라도 창작성이 있으면 저작물

로 인정된다.

⑤ 머릿속에 아직 생각만으로 머물러 있다 하더라도 창작성이 있다면 저작물로 보호받을 수 있다.

정답: ⑤.

설명: ❶ 코끼리가 그린 그림은 인간의 창작물이 아니기 때문에 저작물이 아니므로 저작권법에 위배되지 않는다. ❷ 초등학생이 쓴 산문도 창작성이 있는 저작물로 인정된다. ❺ 겉으로 표현되지 않는 것은 저작물이 아니다.

4. 저작물에 대한 설명 중 가장 적절하지 못한 것은?

❶ 어문저작물: 소설 · 시 · 논문 · 강연 · 연설 · 각본 그 밖의 어문저작물

❷ 연극저작물: 연극 및 무용 · 무언극 그 밖의 연극저작물

❸ 미술저작물: 회화 · 서예 · 조각 · 판화 · 공예 · 응용미술저작물 그 밖의 미술저작물

❹ 건축저작물: 건축물 · 건축을 위한 모형 및 설계도서 그 밖의 건축저작물

❺ 컴퓨터프로그램저작물: 컴퓨터프로그램관련 기술적 사상

정답: ⑤.

설명: ❺ 컴퓨터프로그램저작물은 컴퓨터 등 정보처리능력을 가진 장치 내에서 직접 또는 간접으로 사용되는 일련의 지시 · 명령으로 표현된 창작물을 말한다. 컴퓨터프로그램 관련 기술적 사상은 특허로 보호받는다.

5. 저작물의 이름, 제목 등 제호에 대한 설명 중 틀린 것은?

❶ 사람의 이름이나 또는 단체의 명칭도 저작물이 될 수 있다.

❷ "또복이"라는 만화의 제호는 저작물로 인정받지 못한다.

❸ 저작물을 이용할 때 저작자의 허락 없이 제호를 변경하여 이용하면 저작인격권의 동일성유지권이 침해된다.

❹ 소설이나 가요 등과 같은 저작물을 그대로 이용하면서 제호만을 변경하면 저작권에 위배된다.

❺ "산업재산권법"이라는 서적의 이름은 저작권으로 보호받지 못한다.

정답: ❶.

설명: ❶ 사람의 이름이나 단체의 명칭은 저작권법으로 보호받지 못한다.

6. 시중에 유통되고 있는 유머집들을 모은 편집저작물에 대한 설명 중 틀린 것은?

❶ 일반화된 유머를 수집한 사람에게 저작권법상 권리를 줄 수 있는지 여부는 창작성이 있는지에 따라 달라진다.

❷ 단순히 유머를 수집한 경우라 할지라도 노력과 경비를 들여 어렵게 자료를 수집하였다면, 저작권으로 보호받을 수 있다.

❸ 시중에 알려진 공중이 자유롭게 이용할 수 있는 유머를 자신의 고유한 표현으로 다듬고 내용을 보다 짜임새 있게 구성하였다면, 저작권이 인정될 수 있다.

❹ 일반적으로 전해지는 유머 자체는 저작물로서 보호받을 가능성이 낮다.

❺ 유머들을 일정한 주제 기준에 따라 선별하고 정리, 배열하는 데에 창작성이 인정된다면 저작권으로 보호받을 수 있다.

정답: ❷.

설명: ❷ 단순히 유머를 수집한 경우 노력과 경비를 들여 어렵게 자료를 수집하였더라도, 저작권으로 보호받을 수 없다.

7. 여행정보, 차량정보, 음식점정보 등과 같은 객관적 사실을 설명하는 자료들에 대한 저작권 설명 중 틀린 것은?

❶ 사실적 성격이 강한 정보는 저작물이 될 수 없다.

❷ 내용을 글이나 그림 등으로 표현한 것은 그 표현이 저작권의 보호대상이 될 수 있다.

❸ 국내 관광정보를 외국인이 볼 수 있도록 인터넷 사이트에 기술한 여행정보는 저작권이 있다.

❹ 컴퓨터프로그램의 사용 방법을 설명한 글은 저작권이 있다.

❺ 병역특례를 받는 방법을 설명한 글은 저작권으로 보호받지 못한다.

정답: ❺.

설명: ❺ 병역특례를 받는 방법을 설명한 글은 저작권으로 보호받을 수 있다.(서울지법 2004.1.7., 선고 2002가단88234 판결)

8. 저작권에 대한 설명 중 틀린 것은?

❶ 주식시세 등과 같이 사상이나 감정의 표현이라고 할 수 없는 것은 저작권으로 보호받지 못한다.

❷ 보도기사라도 해설이나 의견이 포함된 논설이나 독자투고 등은 저작권이 있다.

❸ 외설, 음란물 등 부도덕하거나 위법한 반사회적인 것은 저작권법상 저작물로 보호받지 못한다.

❹ 무대장치, 배경, 조명, 의상 등 총체적 구성에 창작성이 있으면 미술저작물로서 보호될 수 있다.

❺ 특정 분야의 판결문을 독창적인 기준에 따라 선별하고 그 판결문을 독창적인 기준에 따라 배열하였다면 저작권으로 보호받을 수 있다.

정답: ❸.

설명: ❸ 부도덕하거나 위법한 부분이 포함되어 있더라도 저작권법상 저작물로 보호된다(대법원 1990.10.23. 선고 90다카8845 판결). 그러나 형법에 의하여 음화(淫畵)의 제조 또는 수입죄에 해당하여 처벌을 받을 수 있다.

9. 저작권의 보호기간에 대한 설명 중 틀린 것은?

❶ 보호기간의 원칙은 저작자의 생존 기간 70년이다.

❷ 무명 또는 이명저작물은 공표된 때로부터 70년이다.

❸ 법인 등이 저작자인 업무상저작물인 경우 공표된 때로부터 70년이다.

❹ 영상저작물은 공표된 때로부터 70년이다.

❺ 보호기간은 저작자가 사망하거나 저작물을 공표한 해의 다음 해 1월 1일부터 계산한다.

정답: ❶.

설명: ❶ 보호기간의 원칙은 저작자의 생존 기간뿐 아니라 "사망 후" 70년이다.

10. 저작자의 권리 중 저작재산권이 아닌 것은?

❶ 복제권 ❷ 공연권 ❸ 공표권
❹ 공중송신권 ❺ 전시권

정답: ❸.

설명: ❸ 공표권은 저작인격권에 속한다. 저작인격권: 공표권, 성명표시권, 동일성유지권

11. 다음 중 저작재산권의 제한에 해당하지 않는 것은?

❶ 재판절차, 입법 및 행정 목적 등을 위한 저작물의 복제
❷ 학교교육이나 재판절차에 이용하기 위한 저작물의 번역 · 편곡 · 개작 이용
❸ 시각 · 청각장애인 등을 위한 복제
❹ 방송사업자의 일시적 녹음 · 녹화
❺ 공중의 사용에 제공하기 위하여 설치된 복사 기기에서 사적인 복제

정답: ❺.

설명: ❺ 사적인 복제는 원칙적으로 저작재산권의 제한에 해당하지만, 공중의 사용에 제공하기 위하여 설치된 복사 기기에서 사적인 복제는 저작권에 저촉된다.

12. 저작인접권에 대한 설명 중 틀린 것은?

❶ 저작물을 연기 · 무용 · 연주하는 실연자는 저작인접권자이다.
❷ 음을 음반에 고정하는 데 있어 전체적으로 기획하고 책임을 지는 음반제작자는 저작인접권자이다.
❸ 방송을 업으로 하는 방송사업자는 저작인접권자이다.
❹ 프로그램 언어를 작성하거나 프로그램코드를 역분석한 프로그래머는 저작인접권자이다.
❺ 데이터베이스의 제작에 인적 · 물적 투자를 한 데이터베이스제작자는 저작인접권자이다.

정답: ❹.

설명: ❹ 프로그램관련은 저작인접권이 아니다. 저작인접권은 실연, 음반, 방송, 데이터베이스제작에 관련된 권리이다.

13. 기술적 보호조치의 무력화 금지에 해당하지 않는 것은?

❶ 권리관리정보의 제거 · 변경 등의 금지
❷ 암호화된 방송 신호의 무력화 등의 금지
❸ 온라인상에서 개인 식별 정보를 수집 · 유포하는 기능 무력화 금지
❹ 라벨 위조 등의 금지
❺ 영상저작물 녹화 등의 금지

정답: ❸.

설명: ❸ 온라인상에서 개인 식별 정보를 수집 · 유포하는 기능을 무력화시키는 것은 금지하고 있지 않다. 온라인상에서 개인 식별 정보를 수집 · 유포하는 것 자체가 불법이기 때문에 공익적 차원에서 금지하고 있지 않다.

14. 다음 내용이 설명하고 있는 것은?

> 저작권에 관한 사항을 심의하고 저작권에 관한 분쟁을 알선 · 조정하며, 저작권의 보호 및 공정한 이용에 필요한 사업을 수행하며, 위원은 문화체육관광부장관이 위촉한다.

❶ 한국저작권위원회
❷ 한국출판물위원회
❸ 산업재산권분쟁조정위원회
❹ 한국저작권위탁관리위원회
❺ 공정거래위원회

정답: ❶.

설명: ❶ 한국저작권위원회에 대한 설명이다.

15. 저작권 등록에 관한 설명 중 틀린 것은?

❶ 저작물을 법적으로 보호받기 위해서 'Copyright(저작권)'을 뜻하는 ⓒ 표시를 해야 한다.
❷ 저작권은 등록하지 않아도 보호받을 수 있다.
❸ 저작물을 등록하면 창작연월일 또는 공표연월일에 창작 또는 공표된 것으로 추정받게 된다.
❹ 저작물을 등록하면 저작재산권의 양도 등에 있어서 등록한 자가 제3자에 대하여 대항력을 갖게 된다.

❺ 저작물을 등록하면 저작재산권 침해 손해배상 청구에 있어서 그 침해 행위에 과실이 있는 것으로 추정한다.

정답: ❶.

설명: ❶ 'Copyright(저작권)'을 뜻하는 ⓒ 표시, 'Phonogram(음반)'을 뜻하는 ⓟ 표시를 하지 않아도 저작권으로 보호받을 수 있다.

16. 저작권의 귀속문제와 침해에 대한 설명 중 틀린 것은?

❶ 경매를 통하여 낙찰받은 미술품의 소유권과 함께 저작권도 이전된다.

❷ 홍작가는 영화대본을 소재, 기획을 일부 작성한 미완성 상태이며, 아직 공표되지 않았다. 이와 같은 것도 저작권법으로 보호받을 수 있다.

❸ 서점에서 책을 구매한 경우 저작권이 이전되지는 않는다.

❹ 라디오방송에서 시를 낭송할 때 시인을 밝히지 않았다면 저작권 중 성명표시권에 위배된다.

❺ 놀이공원을 설계한 설계자의 동의 없이 놀이공원을 변경한 것은 저작인격권 중 동일성유지권을 침해한 것이다.

정답: ❶.

설명: ❶ 낙찰받은 미술품의 소유권은 이전되지만 저작권은 이전되지 않는다. ❷ 미완성상태인 저작물도 창작성이 있으면 저작권법으로 보호받을 수 있다. ❸ 서점에서 책을 한 권 구매한 경우, 그 책을 선물로 주거나 할 수는 있지만, 그 책을 복사하여 배포하거나, 내용을 인터넷에 올리거나 하는 것은 저작권에 위배된다. ❺ 놀이공원을 설계한 설계자의 동의 없이 놀이공원을 변경한 것은 저작인격권 중 동일성유지권을 침해한 것이 된다.

CHAPTER 09

(기초, 보호편) 부정경쟁방지 및 영업비밀보호

제1절 부정경쟁방지

1. '부정경쟁방지 및 영업비밀보호에 관한 법률'의 목적

"국내에 널리 알려진 타인의 상표 · 상호 등을 부정하게 사용하는 등의 부정경쟁행위"와 타인의 "영업비밀을 침해하는 행위"를 방지하여 건전한 거래질서를 유지함을 목적으로 한다. 법률의 약칭은 "부정경쟁방지법"이다.

2. 부정경쟁행위

1) 국내에 널리 인식된 타인의 성명, 상호, 상표, 상품 표지와 동일 · 유사한 것을 사용하거나 판매 · 반포 또는 수입 · 수출하여 타인의 상품과 혼동하게 하는 행위, 또는 식별력이나 명성을 손상하는 행위
2) 국내에 널리 인식된 타인의 성명, 상호, 표장, 영업 표지와 동일 · 유사한 것을 사용하여 타인의 영업상의 시설 또는 활동과 혼동하게 하는 행위, 또는 식별력이나 명성을 손상하는 행위
3) 거짓으로 원산지 · 가공지를 표지하여 원산지 · 가공지를 오인하게 하는 행위

4) 상품의 품질, 내용, 제조방법, 용도 또는 수량을 오인하게 하는 행위

5) 국내에 널리 인식된 타인의 성명, 상호, 상표, 표지와 동일 · 유사한 도메인 이름을 등록 · 보유 · 이전 또는 사용하는 행위

6) 타인의 상품형태를 모방한 상품을 양도 · 대여 · 전시 · 수입 · 수출하는 행위

7) 타인의 투자나 노력으로 만들어진 성과 등을 공정한 상거래 관행이나 경쟁질서에 반하는 방법으로 자신의 영업을 위하여 무단으로 사용함으로써 타인의 경제적 이익을 침해하는 행위

3. 부정경쟁행위의 금지

- 국기 · 국장 등의 사용
- 자유무역협정에 따라 보호하는 지리적 표시의 사용

4. 부정경쟁행위에 대한 구제

- 부정경쟁행위 등의 금지청구권
- 부정경쟁행위 등에 대한 손해배상청구권
- 부정경쟁행위 등으로 실추된 신용회복청구권
- 위반행위의 시정권고

제2절 영업비밀

1. 영업비밀이란?

공공연히 알려져 있지 않고 독립된 경제적 가치를 가지는 것으로서, 상당한 노력에 의하여 비밀로 유지된 생산방법, 판매방법, 그 밖에 영업활동에 유용한 기술상 또는 경영상의 정보를 말한다.

예 코카콜라의 제조방법

2. 영업비밀의 형태

- 경영 및 업무기획에 대한 연구 분석 내용이 포함된 문서
- 신제품 개발관련 자료, 계획, 선전, 홍보 방법 등
- 거래처, 고객 리스트 등 마케팅 관련 자료
- '대외비(Confidential)', '부서한정'이라고 표기된 문서

3. 영업비밀과 특허

영업비밀은 외부에 알려지지 않는 한 영구적으로 유효하고, 특허출원과 같이 특허등록 요건을 갖추어야 하는 것이 아니다. 그러나 제품을 분해하여 기술을 알 수 있거나, 장래 표준으로 될 가능성이 있는 기술이라면 특허로서 보호를 받는 것이 유리하다.

4. 영업비밀 침해행위

1) 절취, 기망, 협박, 그 밖의 부정한 수단으로 영업비밀을 취득하는 행위 또는 그 취득한 영업비밀을 사용하거나 공개하는 행위
2) 영업비밀에 대하여 부정취득행위가 개입된 사실을 알거나 중대한 과실로 알지 못하고 그 영업비밀을 취득하는 행위 또는 그 취득한 영업비밀을 사용하거나 공개하는 행위
3) 영업비밀을 유지하여야 할 의무가 있는 자가 부정한 이익을 얻거나 그 영업비밀의 보유자에게 손해를 입힐 목적으로 그 영업비밀을 사용하거나 공개하는 행위

요약

- 부정경쟁행위
  ❶ 국내에 널리 인식된 타인의 성명, 상호, 상표, 상품 표지와 동일 · 유사한 것을 사용 · 판매 등을 함으로써 타인의 상품과 혼동하게 하는 행위, 또는 식별력이나 명성을 손상하는 행위
  ❷ 국내에 널리 인식된 타인의 성명, 상호, 표장, 영업 표지와 동일 · 유사한 것을 사용하여 타인의 영업 활동과 혼동하게 하는 행위, 또는 식별력이나 명성을 손상하는 행위
  ❸ 거짓으로 원산지 · 가공지를 표지하여 원산지 · 가공지를 오인하게 하는 행위
  ❹ 상품의 품질, 내용, 제조방법, 용도 또는 수량을 오인하게 하는 행위
  ❺ 국내에 널리 인식된 타인의 성명, 상호, 상표, 표지와 동일 · 유사한 도메인 이름을 등록 · 보유 · 이전 또는 사용하는 행위
  ❻ 타인 상품의 형태를 모방한 상품을 양도 · 대여 · 전시 · 수입 · 수출하는 행위
  ❼ 타인의 노력으로 만들어진 성과 등을 공정한 관행이나 경쟁질서에 반하는 방법으로 사용함으로써 타인의 경제적 이익을 침해하는 행위

- 영업비밀 침해행위
  ❶ 부정한 수단으로 영업비밀을 취득하는 행위 또는 그 취득한 영업비밀을 사용하거나 공개하는 행위
  ❷ 영업비밀을 유지하여야 할 의무가 있는 자가 부정한 이익을 얻거나 그 영업비밀의 보유자에게 손해를 입힐 목적으로 그 영업비밀을 사용하거나 공개하는 행위

- 영업비밀이란?
  알려져 있지 않고 경제적 가치를 가지는 것으로서, 비밀로 유지된 생산방법, 판매방법, 영업활동에 유용한 기술상 또는 경영상의 정보를 말한다.

- 영업비밀은 외부에 알려지지 않는 한 영구적으로 유효하고, 특허출원과 같이 특허등록요건을 갖추어야 하는 것이 아니다.

제9장 연습문제

1. 다음 중 부정경쟁방지 및 영업비밀보호에 관한 법률에 의하여 보호될 수 있는 것은?

❶ 타인의 등록상표와 동일한 상표를 그 지정상품과 유사한 상품에 사용하거나 타인의 등록상표와 유사한 상표를 그 지정상품과 동일 또는 유사한 상품에 사용하는 행위

❷ 타인의 등록상표와 동일 또는 유사한 상표를 그 지정상품과 동일 또는 유사한 상품에 사용하거나 사용하게 할 목적으로 교부 · 판매 · 위조 · 모조 또는 소지하는 행위

❸ 타인의 등록상표를 위조 또는 모조하거나 위조 또는 모조하게 할 목적으로 그 용구를 제작 · 교부 · 판매 또는 소지하는 행위

❹ 타인의 등록상표 또는 이와 유사한 상표가 표시된 지정상품과 동일 또는 유사한 상품을 양도 또는 인도하기 위하여 소지하는 행위

❺ 국내에 널리 인식된 타인의 성명, 상호, 상표, 상품 표지와 동일 · 유사한 것을 사용하거나 판매 · 반포 또는 수입 · 수출하여 타인의 상품과 혼동하게 하는 행위, 또는 식별력이나 명성을 손상하는 행위

정답: ❺.

설명: ❶~❹는 모두 상표법으로 보호받을 수 있고, ❺는 부정경쟁방지 및 영업비밀보호에 관한 법률에 의하여 보호받을 수 있다(힌트: 상표법은 "등록상표", "등록표장"만을 보호하는 것이기 때문에 등록상표, 등록표장에 대한 보호가 아니면 부정경쟁방지법으로 보호를 받을 수 있다).

2. 다음 중 부정경쟁행위가 아닌 것은?

❶ 거짓으로 원산지 · 가공지를 표지하여 원산지 · 가공지를 오인하게 하는 행위

❷ 타인의 지리적 표시단체표장을 위조 또는 모조하거나 위조 또는 모조하게 할 목적으로 그 용구를 제작 · 교부 · 판매 또는 소지하는 행위

❸ 상품의 품질, 내용, 제조방법, 용도 또는 수량을 오인하게 하는 행위

❹ 국내에 널리 인식된 타인의 성명, 상호, 상표, 표지와 동일 · 유사한 도메인이름을 등록 · 보유 · 이전 또는 사용하는 행위

❺ 타인의 상품형태를 모방한 상품을 양도 · 대여 · 전시 · 수입 · 수출하는 행위

정답: ❷.

설명: ❷는 상표법에서 지리적 표시 단체표장권을 침해한 것이다.

3. 부정경쟁행위에 대한 구제로서 부적절한 것은?

❶ 부정경쟁행위 등에 대한 보상금반환청구권

❷ 부정경쟁행위 등의 금지청구권

❸ 부정경쟁행위 등에 대한 손해배상청구권

❹ 부정경쟁행위 등으로 실추된 신용회복청구권

❺ 위반행위의 시정권고

정답: ❶.

설명: ❶ 보상금반환청구권은 부정경쟁방지 및 영업비밀보호에 관한 법률에서 없는 제도이다. 보상금청구권은 특허제도에서 특허공개이후 제3자가 실시할 경우 공개시~등록시까지 특허권자가 받을 수 있는 보상금을 청구할 수 있는 권리이며, 또한 직무발명에서 발명자가 사용자에 대한 직무발명보상금을 청구할 수 있는 권리이다.

4. 영업비밀에 대한 설명 중 틀린 것은?

❶ 공공연히 알려져 있지 않고 독립된 경제적 가치를 가지는 것이다.

❷ 상당한 투자와 노력에 의하여 비밀로 유지된 생산방법, 판매방법, 그 밖에 영업활동에 유용한 기술상 또는 경영상의 정보를 말한다.

❸ 대표적인 예로는 코카콜라의 제조방법이 있다.

❹ 영업비밀은 다른 기술보다 진보한 기술이라야 한다.

❺ 영업비밀은 외부에 알려지지 않는 한 영구적이다.

정답: ❹.

설명: ❹ 영업비밀은 특허와 같이 신규성, 진보성과 같은 등록요건을 갖추지 않아도 된다.

5. 영업비밀과 특허에 대한 설명 중 적절하지 않은 것은?

❶ 영업비밀은 특허출원과 같이 특허등록요건을 갖추어야 하는 것이 아니다.

❷ 영업비밀을 유지하여야 할 의무가 있는 자가 부정한 이익을 얻을 목적으로

그 영업비밀을 공개하는 행위는 영업비밀의 침해에 해당한다.

❸ 절취, 부정한 수단으로 영업비밀을 취득하거나 공개하는 행위는 영업비밀의 침해에 해당한다.

❹ 영업비밀에 대하여 부정취득행위가 개입된 사실을 알고도 그 취득한 영업비밀을 사용하거나 공개하는 행위는 영업비밀의 침해에 해당한다.

❺ 영업비밀은 영구적이기 때문에 모든 기술에 대하여 특허보다 가능한 한 영업비밀로 보호받는 것이 유리하다.

정답: ❺.

설명: ❺ 제품을 리버스엔지니어링할 경우 알 수 있는 기술, 향후 표준이 될 가능성이 있는 기술은 특허로 그 이외의 기술 등은 회사의 방침에 따라 영업비밀로 할 것인지 특허로 보호받을 것인지 고려한다.

6. 다음 중 영업비밀 요건이라고 볼 수 있는 것은 몇 개인가?

a. 경제적 가치가 있는 것일 것	b. 학술적 가치가 있을 것
c. 비밀로서 관리되고 있을 것	d. 반드시 기술일 것
e. 기술의 진보성이 있는 것일 것	

❶ 2개 ❷ 3개 ❸ 4개
❹ 5개 ❺ 6개

정답: ❶.

설명: ❶ a, c

7. 정보통신회사의 기술영업 직원 K씨는 거래처와 A/S 빈도가 높은 기술을 확보하여 벤처를 시작하였다. 다음 설명 중 적절지 못한 것은?

❶ 경제적 가치가 있는 유용한 정보인 경우 영업비밀에 해당한다.
❷ K씨는 영업비밀보호에 대하여 위법을 할 가능성이 아주 높다.
❸ K씨는 부정경쟁방지에 대하여 위법을 할 가능성이 아주 높다.
❹ K씨는 산업재산권에 대하여 위법을 할 가능성이 아주 높다.
❺ 기술적 가치가 있는 유용한 정보인 경우 영업비밀에 해당한다.

정답: ❹.

설명: ❹ 산업재산권과는 무관하다. 산업재산권은 특허권, 실용신안권, 디자인권, 상표권이다. ❺ 영업비밀은 경제적, 기술적, 생산방법, 판매방법, 영업활동 등 경영상의 모든 정보가 상당한 노력에 의하여 비밀로 유지된 것을 포함한다.

CHAPTER 10

(활용편) 지식경영, 기술가치평가 및 기술이전

제1절 지식경영

1. 경영전략 6단계[35]

❶ 포트폴리오: 회사 보유 지식재산 포트폴리오 구축(핵심 · 필수 기술의 특허 출원 → 1차 특허장벽 구축 → 2차 특허장벽 구축)

❷ 분류: 사업별 활용 지식재산 포트폴리오 선정 분류(지식재산에 대한 투자 · 성장전략, 지식재산에 대한 현상 유지전략, 지식재산 처분 · 폐기전략)

❸ 전략: 포트폴리오의 장단기 전략 수립

❹ 경쟁기업 평가: 경쟁기업 상황분석

❺ 가치평가: 지식재산을 동일한 평가방법으로 평가

❻ 획득: 효용가치가 있는 지식재산을 획득하고 시스템 구축

35 Dow Chemical의 경영전략

TIP

일반적으로 지식재산권의 사업화율은 유럽이나 미국의 경우 15%에 머무는 수준이다. 우리나라의 공공연구기관 기술 사업화율은 9.1%이다.[29]

2. 지식재산 환경분석

1) 내부환경분석(내부감사)

지식재산의 내부환경을 분석하는 것을 통상 지식재산 내부감사라고 하며, 다음과 같은 사항을 점검한다.

- 기술을 지식재산으로 창출하였는지 여부
- 창출된 지식재산을 확보하고 보호를 받고 있는지 여부
- 확보한 지식재산을 활용하고 있는지 여부
- 영업비밀을 잘 관리하고 있는지 여부

2) 외부환경분석(외부감사)

지식재산의 외부환경을 분석하는 것을 통상 지식재산 외부감사라고 하며, 다음과 같은 사항을 점검한다.

- 경쟁회사의 지식재산권 확보, 보유현황 분석
- 경쟁회사가 보유하고 있는 지식재산권의 권리만료 및 권리무효 현황
- 자사의 개발기술과 경쟁회사의 보유하고 있는 지식재산권과의 관계 조사
- 경쟁회사의 지식재산관리 정책 방향 조사 및 라이센싱 협약 조사

3. 지식재산 관리부서의 역할

- 직무발명 규정 신설 및 관리
- 연구원의 연구노트 작성 의무화 및 관리
- 자사의 기술분야별 특허맵(PM: Patent Map) 구축
- 경쟁회사의 지식재산권 분석 및 특허맵 구축
- 기술이전, 라이센싱, 공동개발시 계약규정

36 전자신문, http://www.etnews.com/20141031000145, 2014.11.02.

4. 경쟁회사의 권리화 방지 및 대응전략

- 정보제공: 공개되기 전이라도 출원된 발명이 특허를 받을 수 없다는 취지로 특허청에 선행기술 정보 제공가능
- 무효심판 청구: 특허된 발명이 무효사유가 있을 경우 무효심판 청구
- 권리범위 확인심판 청구: "소극적 권리범위 확인심판"을 청구하여 자사의 기술이 경쟁회사의 특허권의 권리범위에 속하는지 여부 확인

  ※ 적극적 권리범위 확인심판: 침해기술이 특허권자의 특허권리범위에 속한다고 주장하는 심판으로 특허권자가 심판을 청구하는 것임.

- 통상실시권 설정
- 크로스 라이센스
- 특허권 매입

제2절 지식재산평가

1. 기업의 지식재산평가 필요성

- 기업내부 필요성: 재무회계보고용, 사업전략 수립 및 관리용, 기술담보대출용 등
- 기업외부 필요성: 지식재산거래용, 지식재산권 라이센싱용, 기업 M&A 가치평가용, 지식재산권분쟁시 가치평가용, 투자유치용 등

2. 지식재산 가치평가 요소

- 기술성: 기술 완성도, 기술의 속성, 기술동향과의 부합성, 기술의 수명주기상 위치, 권리의 강도
- 사업성: 상용화 가능성
- 시장성: 산업적 파급효과, 시장의 성장성, 기술수요 가능성, 시장진입 용이성

예 지식재산 가치평가 예

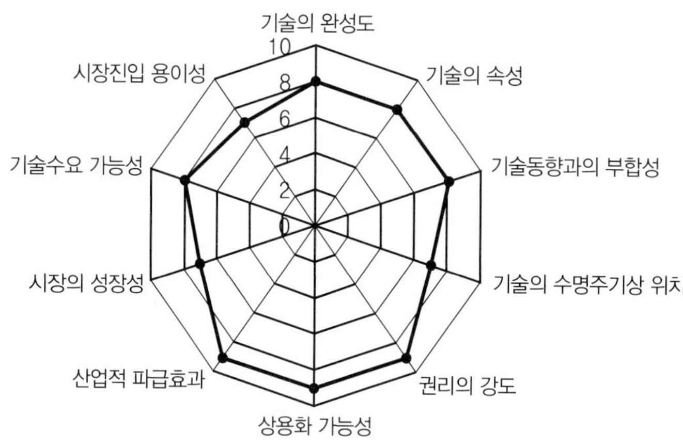

3. 지식재산 가치평가 방법

1) 금액법(화폐 가치법)

(1) 수익접근법(현금흐름할인법: Discount Cash Flow)

- 지식재산 가치평가(계약, 라이센싱, 로열티 협상)에서 가장 많이 활용하는 방법
- 지식재산에 의하여 미래에 수익이 형성될 현금흐름을 현재의 가치로 할인 환산하여 평가액을 산정하는 방법
- 신뢰할 수 있는 사업계획서 작성을 바탕으로 미래의 시장 환경, 기업 활동을 현금흐름에 반영하는 방법
- 미래에 형성될 가치의 예측 불확실성, 주관적 평가 가능성

(2) 시장접근법(Market Approach)

- 평가하려는 지식재산과 동등 또는 유사하다고 판단되는 지식재산이 과거의 시장거래 형성을 기준으로 하여 해당 지식재산을 평가하는 방법
- 과거 지식재산 시장에서의 지식재산권 거래량, 현재의 시장상황에 의해 평가가 되므로 거래정보가 불충분할 경우 평가의 신뢰도가 저하된다.

(3) 비용접근법(원가접근법: Cost Approach)

- 기술의 창출에 소요된 물적, 인적 자원을 계산하여 가치를 평가하는 방법
- 창출에 투자된 비용과 수익과의 상관성이 낮은 방법
- 지식재산 가치평가에서는 잘 사용하지 않는 방법

2) 실물 옵션법

옵션이란 특정 상품을 미래의 어느 시점에 정하지 않은 가격으로 사거나 팔 수 있는 권리로서 지식재산을 거래하는 방법이다. 상황이 불리한 경우 옵션매입자는 권리를 포기할 수 있다. 전통적인 평가방법으로는 기술가치평가가 어려운 경우가 많으므로 실물옵션이 이용된다.

3) 통합적 가치평가법

가치평가에 기술성과 시장성의 상관관계를 분석하여 이를 기초로 하여 통합적인 평가를 하는 방법이다.

- 기술성: 기술수준, 기술수명, 표준성, 독점성, 활용범위, 기여도, 완성도
- 시장성: 이익창출, 비용감소(원가절감), 이익의 크기, 이익의 기간, 위험 요소

제3절 지식재산 금융

1. 지식재산권의 유동화(지식재산 담보거래)

유동성이 부족한 지식재산을 담보로 증권화하여 자본시장에서 투자대상으로 가공하는 행위로 지식재산보유자에게 효율적인 자금조달수단이 된다.

2. 기술담보대출

지식재산으로 자금을 조달하는 방법으로서, 기술을 담보로 한 대출이다. 원활한 자금조달과 연구개발을 촉진하기 위하여, 기업보유 지식재산권을 가치평가하여 담보로 설정하고 자금을 대출하는 것이다. 과학기술진흥기금 기술담보대출, 정보통신진흥기금 기술담보대출 등이 있다.

- 최근 금융권의 기술금융 대출기준: 창업자의 역량, 기술성, 시장성, 사업계획 충실성, 사업계획 타당성

3. 지식재산 보험

제품은 부품의 조합체가 아니라 지식재산권의 조합체라고 할 만큼 지식재산권이 중요한 시대가 되어 상업 활동이 본인도 모르는 사이에 다른 권리자의 지식재산권을 침해할 가능성이 있으므로 지식재산권 침해에 대응하기 위한 보험을 가입하는 것이다. 보험 대상자는 지식재산보유자(권리자), 도 · 소매자, 생산자, 수입자, 창작자 등 모든 사람이 가능하다.

제4절 지식재산권의 라이센싱과 M&A

1. 기술이전

- 기술이전 시 고려해야 할 요소: 기술이전 목적 검토, 기술이전 전략 수립, 기술이전 조건 협상, 기술이전 계약 체결, 기술이전 사후 관리

2. 라이센스

1) 의미

지식재산 권리자(라이센서, Licensor)가 사용자(라이센시, Licensee)에게 권리의 실시 내지는 사용을 허락하고, 사용자는 일정한 대가의 지급을 약속하는 것을 말한다.

2) 라이센스의 효과

(1) 라이센서(Licensor)

- 로열티 확보
- 새로운 시장 진입 및 시장 점유
- 기술 수출
- 생산비 절감효과
- 특허포트폴리오 전략수단
- 크로스 라이센싱으로 특허분쟁 방지 수단
- 라이센시와 공동으로 표준특허 선점을 위한 전략수단

(2) 라이센시(Licensee)

- 실시기술을 바탕으로 신제품, 신기술 개발
- 라이센서의 브랜드 이용 수단

- 라이센서와 공동으로 신기술 개발
- 특허분쟁 방지 수단

3) 라이센스 전략적 고려 요소

- 전용실시권: 라이센서(권리자)도 실시 불가
- 통상실시권: 라이센서(권리자)도 실시할 수 있으며, 다수의 라이센시 설정 가능
- 실시 허락 시간적 범위
- 실시 허락 지역적 범위
- 실시 허락 수량: 최고수량(권리자도 실시할 경우), 최저수량(실시권자의 불성실한 실시에 대한 조치 수단)
- 실시행위 형태: 생산, 유통, 판매 등
- 실시 기술적 범위: 사업의 범위를 제품의 특정 기종으로 한정
- 개량기술에 대한 조치: 권리의 실시 결과 라이센시가 개량기술을 창출하였을 때 별도의 계약이 없으면 라이센시의 권리로 되므로 이에 대한 라이센서의 요구사항을 사전에 규정

4) 라이센스의 지식재산권 보호

- 라이센시의 재실시 금지: 라이센시가 다른 제3자에게 실시권을 설정하는 행위 금지
- 라이센시의 비밀유지: 라이센스 규정 등에 대하여 비밀 유지 의무
- 라이센시의 기술개량: 라이센시가 개량기술을 창출한 경우 라이센서의 권리가 무용화 될 수 있으므로, 라이센시의 기술개량을 금지하거나, 개량된 기술에 대한 라이센서에게 양도 또는 전용실시권 설정을 규정

5) 크로스 라이센스

(1) 의미

2개 이상의 회사가 보유하고 있는 지식재산권을 서로 사용하는 것을 허락하는 것으로 자사가 보유하고 있는 지식재산권이 적거나 원천기술이 아닌 경우 일부 로열티를 지급한다.

(2) 크로스 라이센스의 필요성

- 상대방의 지식재산권이 필요한 경우
- 자사보유 특허권과 상대방의 지식재산권이 이용저촉관계에 있는 경우
- 2개 이상의 회사가 가지고 있는 기술이 서로 보완적인 관계에 있는 경우

3. 특허풀(Patent Pool)

- 동일유사 기술 분야의 특허를 공동으로 관리하여 서로 실시를 허락함으로써 공동의 이익을 창출하는 계약 방식
- 공동의 이익(라이선싱)을 목적으로 결성한 단체

예 MPEG-LA, Via Licensing, 시스벨(Sisvel), DVD 6C/4C, 3G3P 등

TIP

특허박스(Patent Box)란?

특허발명 촉진을 목적으로 특허권을 보유하고 있는 기업에 대하여 세제혜택을 주는 제도로서 주로 대기업이 혜택을 많이 받을 수 있다는 문제점이 있다. 정부는 세수 확보가 줄어들 수 있다. 세제 혜택을 주므로 특허박스는 '판도라의 상자'에 비유되기도 한다. 영국, 네덜란드 등 유럽국가에서는 적극적으로 도입하고 있으나 우리나라는 아직 본격적으로 도입하고 있지는 않다.

TIP

표준특허(Essential Patent)란?

표준(standard)이란 제품 등의 특성, 구성, 성능 등에 관한 기술적 사항을 규정한 표준규격으로, 표준에 들어있지 않으면 호환성이 없어 제품이 팔리지 않는다. 표준으로 만들지 않으면 홀로 독불장군이 되므로 반드시 표준규격에 따라야 하며, 표준규격에 반드시 사용되는 특허를 표준특허라고 한다. 따라서 표준특허는 원천특허와 함께 가장 강력한 특허 중의 하나이다.

4. 기업 M&A 시 지식재산권 관련 고려 요소

- 상대방의 지식재산 구매 필요성
- 지식재산권 잔여 존속기간
- 지식재산 합법성이나 침해 분쟁 발생 가능성
- 지식재산의 실시권 부여 여부

요약

- 지식재산에 대한 6단계 통합적 경영전략: 포트폴리오, 분류, 전략, 경쟁기업 평가, 가치평가, 획득
- 지식재산 환경분석: 내부환경분석(내부감사), 외부환경분석(외부감사)
- 경쟁회사의 권리화 방지 및 대응전략: 선행기술 정보제공, 무효심판 청구, 소극적 권리범위확인심판 청구, 통상실시권의 주장, 전용실시권 설정, 크로스 라이센스, 특허권 매입
- 지식재산 가치평가 요소: 기술성, 사업성, 시장성
- 지식재산 가치평가 방법: 금액법(화폐 가치법), 실물 옵션법, 통합적 가치평가법
- 금액법(화폐 가치법): 수익접근법(현금흐름할인법: Discount Cash Flow), 시장접근법, 비용접근법
- 지식재산권 가치평가에서 가장 많이 사용하는 평가방법: 수익접근법(현금흐름할인법)
- 지식재산 금융: 지식재산권의 유동화(지식재산 담보거래), 기술담보대출, 지식재산 보험
- 지식재산 권리자를 라이센서(Licensor)라고 하고, 그 권리를 사용하는 자를 라이센시(Licensee)라고 한다. 라이센시(Licensee)는 라이센서(Licensor)에게 일정한 대가를 지급해야 한다.
- 특허풀(Patent Pool)이란? 동일유사 기술 분야의 특허를 공동으로 관리하여 서로 실시를 허락함으로써 공동의 이익을 창출하기 위하여 결성된 단체이다.
- 표준특허(Essential Patent)란? 표준규격에 따라 제조하기 위해 반드시 구현되는 매우 강력한 특허이다.

제10장 연습문제

1. 시장 정보 자료가 많고, 거래 절차가 투명한 경우 사용하는 지식재산 가치평가 방법으로 적절한 것은?

❶ 시장접근법
❷ 수익접근법
❸ 금액법
❹ 화폐가치법
❺ 비용접근법

정답: ❶.

설명: ❶ 시장접근법은 과거 지식재산 시장 정보를 기준으로 지식재산의 가치를 평가하는 방법이다.

2. 기술 자산을 활용하여 미래에 얻을 수 있는 현금 흐름을 현재가치로 환산(할인)하여 평가하는 방법에 대한 설명 중 틀린 것은?

❶ 현금흐름할인법(Discount Cash Flow)이라고도 한다.
❷ 수익접근법이다.
❸ 산업재산권의 가치를 평가하는 데 가장 많이 이용된다.
❹ 계약, licensing 및 로열티 협약 등 기술 가치평가에 적합한 방법이다.
❺ 미래 현금 수익흐름 예측에 사용되는 모든 값들에 주관적 요소가 개입될 가능성이 낮다.

정답: ❺.

설명: ❺ 미래 예측이므로 주관적 요소가 개입될 가능성이 높다.

3. 비용접근법에 대한 설명 중 틀린 것은?

❶ 기술의 창출에 소요된 물적, 인적 자원을 계산하여 가치를 평가하는 방법이다.
❷ 창출에 투자된 비용과 수익과의 상관성이 비교적 높은 편이다.
❸ 지식재산 평가 기법으로는 가장 적절하지 않는 방법이다.
❹ 현재의 지식재산이 미래의 가치를 형성하는 데 필요한 비용을 측정하여 미래의 효용 가치를 평가하는 방법이다.

⑤ 비용접근법은 지식재산권에 대한 가치평가 측정에 있어서 비교적 용이한 방법이다.

정답: ②.

설명: ② 창출에 투자된 비용과 수익과의 상관성이 낮아 라이센싱, 기술협약 등에 잘 사용하지 않는다.

4. 실물 옵션법에 대한 설명 중 틀린 것은?

① 특정 상품을 정하지 않은 미래의 어느 시점에 정하지 않은 가격으로 사거나 팔 수 있는 권리이다.

② 전통적인 평가방법으로 기술 가치평가가 어려운 경우가 많으므로 실물옵션이 이용된다.

③ 지식재산권 옵션매입자는 상황이 유리한 경우 권리를 행사할 수는 있으나, 불리한 경우 권리를 포기할 수 없다.

④ 벤처기업의 평가에 가장 유용한 방법이다.

⑤ 현재 가치에만 기준으로 하는 기술 가치평가법에 비하여 복합적이고 융통성 있게 가치를 평가할 수 있다.

정답: ③.

설명: ③ 지식재산권 옵션매입자는 상황이 유리한 경우 또는 불리한 경우 모두 권리를 행사하거나 포기할 수 있다.

5. 통합적 기술 가치평가에 대한 설명 중 틀린 것은?

① 기술가치평가 요소인 기술성과 시장성의 상호작용에 의하여 기술의 가치가 나타나는 것을 기초로 한다.

② 시장성이 가치결정 과정에 직 · 간접적인 매개변수가 되므로 시장성에 더 많은 가중치를 주어 평가한다.

③ 다양한 정성적, 정량적 요소가 필요하다.

④ 기술성 요소로는 기술수준, 기술수명, 독점성, 표준성을 들 수 있다.

⑤ 시장성 요소로는 이익창출, 비용절감 등을 들 수 있다.

정답: ❷.

설명: ❷ 시장성과 기술성의 인과관계를 모두 고려하여 가치를 평가한다.

6. 다음 중 기술 가치평가 방법이라고 볼 수 없는 것은?

❶ 통합적 가치평가법
❷ 실물 옵션법
❸ 위험 요소법
❹ 수익접근법
❺ 비용접근법

정답: ❸.

설명: ❸ 위험 요소법은 가치평가방법이 아니다.

7. 지식재산으로 자금을 조달하는 방법으로서, 원활한 자금조달과 연구개발을 촉진하기 위하여, 기업보유 지식재산권을 가치평가하여 담보로 설정하고 자금을 대출하는 것에 해당하는 것은?

❶ 기술담보대출
❷ 지식재산권의 유동화
❸ 지식재산 담보거래
❹ 지식재산 보험
❺ 실물 옵션

정답: ❶.

설명: ❶ 기술담보대출

8. 경쟁회사의 적극적인 지식재산권 활동에 대한 대응 조치 중 가장 바람직하지 않는 것은?

❶ 정보제공
❷ 통상실시권이 있음을 주장
❸ 무효심판 청구
❹ 소극적 권리범위 확인심판 청구
❺ 적극적 권리범위 확인심판 청구

정답: ❺.

설명: ❺ 적극적 권리범위 확인심판 청구는 특허권을 보유하고 있는 권리자가 자신의 권리범위에 속한다고 주장하는 심판이다.

9. 기술금융에 대한 설명 중 적절하지 않은 것은?

❶ 지식재산유동성이 부족한 지식재산을 담보로 증권화 한 것이 지식재산권의 유동화이다.

❷ 자본시장에서 투자대상으로 가공하는 행위로 지식재산보유자에게 효율적인 자금조달수단이 된다.

❸ 지식재산권의 유동화 사례는 우리나라에서 거의 없다.

❹ 지식재산 보험 대상자는 지식재산권자, 생산자, 수입자를 위주로 하는 것이고, 도매자, 소매자는 가입대상이 아니다.

❺ 지식재산권을 담보로 설정하여 자금을 대출하는 것을 말한다.

정답: ❹.

설명: ❹ 도매자, 소매자도 가입대상이다.

10. 다음 중 최근 금융권의 기술금융 대출기준에 해당되는 것은 모두 몇 개인가?

a. 창업자의 역량	b. 기술성	c. 시장성
d. 사업계획 충실성	e. 사업계획 타당성	

❶ 1개 ❷ 2개 ❸ 3개
❹ 4개 ❺ 5개

정답: ❺.

설명: ❺ 5개 모두 포함된다.

11. 다음 중 불공정 거래행위의 소지로 볼 가능성이 없는 것은?

❶ 라이센시의 재실시 금지행위

❷ 부당하게 특정사업자에 대하여 실시허락을 거절하는 행위

❸ 통상적인 거래관행에 비추어 볼 때 현저히 불합리한 수준의 실시료를 부과하는 행위

❹ 라이센시의 모든 개량기술개발에 대하여 라이센서의 권리로 한다는 계약 행위

❺ 특허권 소멸이후의 기간까지 포함하여 실시료를 부과하는 행위

정답: ❶.

설명: ❶ 라이센시(실시자 또는 피특허권자)가 특허권자로부터 허가받은 특허권을 제3자에게 실시하도록 하는 재실시를 금지하는 것은 라이센서(특허권자)의 지식재산권에 대한 정당한 보호조치에 해당한다.

12. 지식재산을 담보로 하여 각종 금융활동을 함으로써 기술을 보유하고 있는 기업에 대한 자본의 투자를 활성화시키고 있고, 전 세계의 국제사회에서 활발하게 이루어지고 있는 것은?

❶ 특허박스(Patent Box)
❷ NPE
❸ 특허분쟁
❹ 특허풀
❺ IP금융

정답: ❺.

설명: ❺ IP금융(지식재산금융)

13. IP금융이 신뢰성있고, 객관적으로 활발하게 이루어지기 위해 반드시 필요한 것은?

❶ 기술라이센스
❷ IP인력양성
❸ IP가치평가
❹ IP소송
❺ 사업계획서

정답: ❸.

설명: ❸ IP가치평가

14. 동일유사 기술 분야의 특허를 공동으로 관리하여 서로 실시를 허락함으로써 공동의 이익을 창출하는 계약 방식에 해당하는 것은?

❶ 특허박스(Patent Box)
❷ 특허풀(Patent Pool)
❸ 공동 크로스라이센스
❹ 통상실시권
❺ 특허 M&A

정답: ❷.

설명: ❷ 특허풀(Patent Pool)에 대한 설명이다. ❶ 특허박스(Patent Box)는 특허보유 또는 기술이전 등에 대한 세제혜택이다.

15. 특허박스(Patent Box)에 대한 설명 중 틀린 것은?

❶ 특허박스(Patent Box)를 시행하고 있는 국가로 특허가 집중될 수 있다.
❷ 특허발명 촉진을 목적으로 벤처기업에 특히 유리한 제도이다.
❸ 특허발명에 대한 창출과 관리 등에 활력소를 줄 수도 있는 제도이지만 정부에서는 세수확보가 줄어들 수 있다.
❹ 산업재산권 중 일부권리 또는 기술이전에 대하여만 세제 혜택을 줄 수도 있다.
❺ 주요 국가에서 도입이 확산되고 있으며 판도라의 상자에 비유되기도 한다.

정답: ❷.

설명: ❷ 특허권을 보유하고 있는 기업에 대하여 세제혜택을 주는 제도이므로 주로 많은 특허권을 보유하고 있는 대기업이 혜택을 많이 받을 수 있다. ❶ 세제혜택을 주므로 특허박스(Patent Box)를 시행하고 있는 국가로 특허가 집중될 수 있다.

16. 표준특허에 대한 설명 중 틀린 것은?

❶ 필수특허(Essential Patent)라고도 한다.
❷ 해당 특허를 침해하지 않고 제품의 제조, 판매 등이 거의 불가능하다.
❸ 표준규격을 구현하는 데에 필수적으로 실시되는 특허이다.
❹ 국제표준이 제정되기 전에 출원되어 있지 않더라도 표준특허가 될 수 있다.
❺ ISO, ITU 등 표준화 기구에서 제정한 표준규격에 포함된 특허이다.

정답: ❹.

설명: ❹ 국제표준이 제정되기 전에 반드시 출원되어 있어야 한다. 표준으로 제정된 이후에도 관련 특허가 나올 수 있지만, 원칙적으로 표준제정 이후에 나온 특허는 표준특허로서 채택하지 않는다.

17. 라이센서(Licensor, 권리자)의 입장에서 라이센스의 효과라고 볼 수 없는 것은?

❶ 로열티 확보
❷ 새로운 시장 진입 및 시장 점유
❸ 기술 수출
❹ 생산비 절감효과
❺ 실시기술을 바탕으로 신제품, 신기술 개발

정답: ❺.

설명: ❺ 실시기술을 바탕으로 신제품, 신기술 개발은 라이센시(Licensee, 실시자) 입장에서 라이센스의 효과이다.

18. 라이센스 시 전략적 고려 요소로서 가장 거리가 먼 것은?

❶ 실시 허락 기간
❷ 실시 허락 지역적 범위
❸ 실시 허락 최저 수량
❹ 개량기술에 대한 조치
❺ 실시 허락 기술의 지식재산 보험가입 여부

정답: ❺.

설명: ❺ 실시 기술의 지식재산 보험가입 여부는 라이센스 시 전략적 고려 요소라고 보기 어렵다.

STANDARD PROCEDURE OF

INTELLECTUAL PROPERTY MANAGEMENT

부록1
지식재산권 기간 관련 내용 총정리

◎ 지식재산권의 보호기간

1) 산업재산권의 권리보호기간: 권리보호기간이 만료되지 않더라도 등록유지료(연차등록료 or 특허료)를 납부하지 않으면 아무나 자유롭게 사용할 수 있게 됨.

❶ 특허: 등록일 이후 출원일로부터 20년

- 권리의 행사는 등록일 이후부터 발생하고, 출원일로부터 최대 20년을 넘지 못한다는 의미
- 다른 법령(농약, 의약관련 법령)의 허가 등에 따른 특허권 존속기간 연장: 최대 5년 이내
- 특허등록지연에 따른 특허권 존속기간 연장: 특허출원일부터 4년 또는 출원심사 청구일부터 3년 중, 늦은 날보다 지연되어 특허권 설정등록이 이루어지는 경우 '지연된 기간만큼' 모두 연장
- 특허권 연장제도에서 본인에게 책임 사유가 있는 기간은 모두 존속기간 연장에서 제외

❷ 실용신안: 등록일 이후 출원일로부터 10년

❸ 디자인: 등록일 이후 출원일로부터 20년

❹ 상표: 등록일로부터 10년이며, 10년마다 갱신할 수 있으므로 반영구적

2) 저작권 관련 보호기간

❶ 저작권 보호기간

- 원칙: 저작자의 생존 기간 및 사망 후 70년
- 무명 또는 이명저작물: 공표된 때로부터 70년
- 법인 등이 저작자인 업무상저작물: 공표된 때로부터 70년
- 영상저작물: 공표된 때로부터 70년
- 보호기간의 기산(起算): 보호기간은 저작자가 사망하거나 저작물을 공표한 해의 다음 해 1월 1일부터 계산

❷ 저작인접권의 보호기간

- 실연: 실연을 한 때로부터 70년
- 음반: 음반을 발행한 때로부터 70년
- 방송: 방송을 한 때로부터 50년
- 데이터베이스: 데이터베이스의 제작을 완료한 때로부터 5년. 데이터베이스를 갱신한 때에는 갱신된 부분에 한하여 갱신을 완료한 때로부터 5년

3) 영업비밀 보호기간: 외부에 알려지지 않는 한 영구적

4) 반도체 배치설계 보호기간: 설정등록일로부터 10년

5) 식물신품종관련 품종보호권 보호기간: 등록 후 20년, 과수 · 임목: 25년

◎ **특허공개공보**

특허출원(PCT 포함) 후 1년 6개월 경과 후 공개, 우선권 주장이 있는 경우 우선일(최초국가 출원일)로부터 1년 6개월

◎ **기간의 연장**

법정기간 중 심판 청구기간에 한하여 1회에 한해서 30일 이내에서 연장. 다만, 교통이 불편한 지역에 있는 자에게는 1회에 한하여 30일 이내에서 추가로 연장가능

◎ **등록료 납부**: 최초 3년분의 특허료(등록료)를 납부, 이후부터는 1년 단위로 납부 가능

◎ **신규성 상실 예외(또는 '공지예외')**: 공지 등이 되지 않는 발명으로 보는 경우

- 특허, 실용신안: 본인 발명 공개 후 12개월 이내 출원, 출원시 신규성 상실 예외 주장을 하지 못했다면 나중에 주장해도 됨.
- 디자인: 12개월 이내 출원, 출원시 신규성 상실 예외 주장을 하지 못했다면 나중에 해도 됨.

◎ **직무발명의 신고**

종업원이 직무발명을 완성한 경우에는 '지체 없이' 그 사실을 사용자 등에게 문서로 알려야 하고, 사용자는 '4개월 이내'에 발명에 대한 권리의 승계 여부를 종업원 등에게 '문서'로 알려야 한다. 4개월 이내에 승계 여부를 알리지 않은 경우 사용자 등은 그 발명에 대한 권리 승계를 포기한 것으로 간주함.

◎ **특허 청구범위 제출 유예 기간**: 특허출원 시 청구범위를 기재하지 않은 경우에는 출원일로부터 1년 2개월이 되는 날까지 명세서에 청구범위를 적는 보정을 해야함.

◎ **재심사 청구 기간**: 거절결정등본을 송달받은 날부터 30일 이내 명세서와 도면 보정

◎ **분할출원, 변경출원 시기**

특허출원에 관하여 최초 거절결정등본을 송달받은 날부터 30일이 경과한 때에는 실용신안등록출원으로 변경할 수 없음. 실용신안을 특허로 변경출원, 분할출원도 동일함.

◎ **조약우선권주장출원(파리조약), 국내우선권주장 기간**

특허와 실용신안은 "1년", 디자인과 상표는 "6개월" 기간 이내에 출원하면 제1국에 출원한 날을 기준으로 등록요건 판단

◎ **PCT출원(국제출원) 기간**: 30개월(미, 일) 또는 31개월(한국, EPO)

◎ **심사청구기간**: 출원일로부터 3년(실용신안: 3년), 3년이 경과하였더라도 분할출원을 한 날, 변경출원을 한 날부터 30일 이내에 출원심사 청구 가능. 국제출원은 우리나라에 번역문을 제출한 날로부터 3년이 아니라, '국제출원일'로부터 3년 이내

◎ **늦은 심사(심사유예 신청제도)**: 심사청구일부터 '24개월'이 지난 후 가능, 유예희망시점은 출원일부터 3년 이내

◎ **정보제공기간**: 등록결정 또는 거절결정이 되기 전까지 '언제든지'

◎ **산업재산권 거절결정 등에 대한 심판 청구기간**: 거절결정 등본을 송달받은 날부터 30일 이내

◎ **특허취소신청 기간**: 누구든지 특허권의 설정등록일부터 등록공고일 후 6개월 이내

◎ **산업재산권 무효심판 청구기간, 특허정정심판 청구기간**: 소멸된 이후에도 가능, 단 무효로 된 경우는 그렇지 않음. 이해관계인이 청구 가능함.

◎ **권리범위 확인심판 청구기간**: 권리존속기간까지만 가능

◎ **산업재산권 침해죄**: 7년 이하 징역 또는 1억 원 이하의 벌금

◎ **저작재산권 침해죄**: 5년 이하의 징역 또는 5천만 원 이하의 벌금

◎ **디자인등록출원 및 상표출원 수수료 반환 기간**: 출원 후 1개월 이내 출원을 취하하거나 포기한 경우 이미 낸 수수료 중 출원료뿐 아니라 우선권주장 신청료 반환

◎ **디자인 이의신청 기간**: 디자인일부심사제도에 의해 등록된 디자인에 대하여 누구든지 설정등록이 있는 날부터 디자인일부심사등록 공고일 후 3월이 되는 날까지 이의신청

◎ **상표이의신청 기간**: 출원공고가 있는 때에는 누구든지 출원공고일부터 2개월 이내

◎ **비밀디자인의 비밀유지 기간**: 디자인권의 설정등록일부터 최대 3년 이내, 출원인이 출원공개신청을 한 경우에는 비밀 청구는 철회된 것으로 봄.

◎ **관련디자인등록출원**: 기본디자인 출원일부터 1년 이내에 출원

◎ **관련디자인등록 권리존속기간**: 등록일 후 기본디자인 출원일부터 20년 이내, 기본디자인 무효시 관련디자인권 별도 존속

◎ **심사착수순서**: 특허, 실용신안은 심사청구 순서, 디자인과 상표는 출원일 순서

◎ **상표 갱신등록신청**: 상표존속기간 만료 전 1년 이내

◎ **상표사용 의무기간**: 상표권자는 정당한 이유없이 국내에서 3년 이상 상표를 사용하지 않으면 상표취소사유가 됨.

◎ **상표 무효심판 제척기간**: 상표 등록일부터 5년이 경과한 후에는 상표등록 무효심판 청구 불가

◎ **상표 취소심판 제척기간**: 3년 이상 상표 불사용 취소사유를 제외한 취소심판에 있어서, 취소사유에 해당하는 사실이 없어진 날부터 3년이 지난 후에는 취소심판 청구 불가

IPAT 예상문제

01. IPC를 대체할 미래의 특허분류체계로서 2015년부터 새롭게 제정된 IP5국가의 분류체계는 무엇인가?

❶ CPC(Cooperative Patent Classification)
❷ IPC3.0(International Patent Classification)
❸ USPC(United States Patent Classification)
❹ F-Term
❺ ECLA

02. 상표권에 대한 설명 중 틀린 것은?

❶ 냄새도 상표로서 등록받을 수 있다.
❷ 소리도 상표로서 등록받을 수 있다.
❸ 입체도 상표로서 등록받을 수 있다.
❹ 상표권의 존속기간은 설정등록이 있는 날로부터 10년이며, 갱신할 수 없다.
❺ 상표등록 후 정당한 이유없이 계속하여 3년 이상 사용하지 않으면 취소사유가 된다.

03. 다음 중 특허법에서 채택하고 있는 제도를 모두 묶은 것은?

무심사주의, 재심사청구제도, 재심제도, 심사청구주의, 등록주의, 출원공개주의, 선발명주의, 선출원주의, 정보제공제도

❶ 재심사청구제도, 재심제도, 심사청구주의, 등록주의
❷ 출원공개주의, 선발명주의, 선출원주의, 정보제공제도
❸ 무심사주의, 재심사청구제도, 재심제도, 심사청구주의
❹ 재심사청구제도, 재심제도, 심사청구주의, 등록주의, 출원공개주의, 선출원주의
❺ 재심사청구제도, 재심제도, 심사청구주의, 등록주의, 출원공개주의, 선출원주의, 정보제공제도

04. 특허청구범위에 대한 설명 중 틀린 것은?

❶ 특허청구범위에 기재되어 있지 않은 기술적 사항은 보호범위로 주장할 수 없다.
❷ 특허청구범위에서 문구 해석이 애매한 경우에는 설명을 참고로 하여 해석할 수 있다.
❸ 특허청구범위를 해석할 때 애매한 경우에는 요약서를 참고로 하여 해석할 수 없다.

❹ 청구범위에 많은 구성요소를 기재하면 일반적으로 기술적 보호범위가 넓어진다.
❺ 출원과정에서 출원인이 특허를 받기 위하여 배제한 사항은 특허권리로서 주장할 수 없다.

05. 다음 중 특허청구범위 기재 형식이 잘못된 것으로만 묶은 것은?

> 청구항 1. 두 개의 바퀴와 두 개의 바퀴가 체인으로 연결된 자전거
> 청구항 2. 청구항 1에 있어서, 체인은 플라스틱 소재로 이루어진 체인
> 청구항 3. 청구항 1과 2에 있어서, 핸들을 구비한 자전거
> 청구항 4. 청구항 1 내지 청구항 3 중 어느 한 항에 있어서, 안장을 더 구비한 자전거

❶ 청구항 2
❷ 청구항 3
❸ 청구항 4
❹ 청구항 2, 3
❺ 청구항 2, 3, 4

06. 특허제도에서 진보성 판단에 대한 설명 중 틀린 것은?
❶ 진보성 판단 시점은 발명자가 발명한 시점을 기준으로 한다.
❷ 목적의 특이성이 있는지 판단한다.
❸ 효과의 현저성이 있는지 판단한다.
❹ 구성의 곤란성이 있는지를 가장 우선적으로 판단한다.
❺ 상업적 성공은 원칙적으로 진보성 판단에서 배제하지만, 참고적 사항으로 고려할 수 있다.

07. 다음 중 특허무효심판 사유가 아닌 것은?
❶ 진보성 결여
❷ 기재불비
❸ 발명의 단일성 위배
❹ 신규성 결여
❺ 국제조약위반

08. 특허정보분석에 대한 설명 중 가장 타당하지 않는 것은?
❶ 특허정보분석은 일명 특허지도(PM)라고도 한다.
❷ 정성분석을 한 후에 정량분석을 하는 것이 일반적이다.
❸ 특허정보분석은 정성분석과 정량분석이 있다.
❹ 정량분석은 경쟁회사의 출원동향, 연도별 출원동향 등을 분석하는 것이다.
❺ 정성분석은 각 특허별로 기술적 내용에 대하여 분석하는 것이다.

09. 다음 중 지식재산 가치평가 방법으로 가장 많이 활용하는 것은?
❶ 수익접근법
❷ 시장접근법
❸ 비용접근법
❹ 원가접근법
❺ 실물 옵션법

10. IP를 담보로 하는 금융 대출과 IP 관련 보험에 대한 설명 중 틀린 것은?

❶ 지식재산보유자에게 효율적인 자금조달수단이 된다.

❷ 과학기술진흥기금 기술담보대출, 정보통신진흥기금 기술담보대출 등이 있다.

❸ 최근 금융권의 기술금융 대출기준은 창업자의 역량, 기술성, 시장성, 사업계획 타당성 등을 고려한다.

❹ 지식금융 대출에 있어서 가장 중요한 요소는 IP 가치평가이다.

❺ 지식재산 보험에 수입자는 가입이 안 된다.

11. 지식재산권 보호기간에 대한 설명으로 틀린 것은?

❶ 특허권은 등록일 이후 출원일로부터 20년이다.

❷ 실용신안권은 등록일 이후 출원일로부터 10년이다.

❸ 디자인권은 등록일 이후 출원일로부터 20년이다.

❹ 상표권은 등록일로부터 10년이며, 10년마다 갱신할 수 있으므로 반영구적이다.

❺ 저작권은 저작자의 생존 기간 및 사망 후 50년이다.

12. 나특허 씨는 의약에 관한 발명(A)을 하고, 2015.3.10일 특허출원하여 2017.4.20일 특허를 등록하였다. 발명(A)에 대하여 약사법 등에 따른 시험기간은 2016.3.10일부터 2022.3.10일까지이고, 나특허 씨의 귀책사유는 1개월이다. 나특허 씨의 권리존속기간은 최대 몇 년까지인가?

❶ 2037.4.20일까지 ❷ 2042.4.20일까지

❸ 2035.3.10일까지 ❹ 2041.2.10일까지

❺ 2040.2.10일까지

13. 종래의 아이디어들을 약간 개량하여 문제해결을 하고자 할 때 주로 사용하는 기법으로 Worksheet를 작성하여, 첫 번째 줄에 자신의 아이디어를 최소 1개 이상 기재하고, 옆 사람에게 전달하는 방식으로 아이디어를 창출하는 발명기법은?

❶ 브레인 라이팅 ❷ 브레인 스토밍

❸ 스캠퍼(SCAMPER) ❹ 체크리스트 기법

❺ 트리즈

14. 수렴적 발명창출기법과 거리가 먼 것은?

❶ 속성 열거법 ❷ 역브레인스토밍

❸ 히트(Hits) 기법 ❹ 하이라이팅(Highlighting) 기법

❺ 평가행렬(Evaluation Matrix) 기법

15. 나발명 씨는 램프와 요일이 표기되는 시계를 발명하고, 특허청구범위 청구항 제1항의 구성요소를 "시계케이스+시침+분침+램프+요일표기"와 같이 청구하여 특허를 받았다. 다음 실시 중 나발명 씨의 특허권을 침해하는 것은?

❶ "시계케이스+시침"의 실시
❷ "시계케이스+시침+분침"의 실시
❸ "시계케이스+시침+분침+램프"의 실시
❹ "시계케이스+시침+분침+램프+요일표기"의 실시
❺ "시계케이스+시침+분침+요일표기"의 실시

16. 다음 중 PM(Patent Map)을 통하여 얻을 수 있는 것과 가장 거리가 먼 것은?
❶ 경쟁회사의 출원 동향
❷ 경쟁회사의 발명자 동향
❸ 경쟁회사의 기술발전사
❹ 경쟁회사의 특허무효화
❺ 경쟁회사의 직무발명 보상금 지급 현황

17. 특허명세서에 기재되는 사항과 거리가 먼 것은?
❶ 특허청구범위
❷ 발명의 설명
❸ 요약서
❹ 발명의 종래의 기술
❺ 발명의 효과

18. 동일유사 기술 분야의 특허를 공동으로 관리하여 서로 실시를 허락하는 계약 방식으로서 공동의 이익(라이선싱)을 목적으로 결성한 단체를 일반적으로 가리키는 말은?
❶ 특허박스
❷ MPEG LA
❸ 특허펀드
❹ 특허풀
❺ NPE

19. 이것은 특허발명 촉진을 목적으로 특허권을 보유하고 있는 기업에 대하여 세제혜택을 주는 제도로서 정부는 세수 확보가 줄어들 수 있다. '판도라의 상자'에 비유되기도 하는 이것은 무엇인가?
❶ 특허박스
❷ 특허은행
❸ 특허펀드
❹ 특허풀
❺ NPE

20. 갑은 본인이 실시하고 있는 기술에 대하여 을이 특허출원하였다는 사실을 알게 되었다. 갑이 취해야 할 행동 중 가장 바람직한 것은? (단, 을은 정당출원인이다.)
❶ 정보제공제도를 활용하여 정보를 제공한다.
❷ 특허이의신청제도를 활용하여 이의신청을 한다.
❸ 갑이 먼저 발명하였다는 주장을 하면서 연구노트 등을 첨부하여 특허출원을 한다.
❹ 특허무효심판을 청구한다.
❺ 특허취소를 신청한다.

21. 갑은 우리나라 특허청에 2015.10.1일 특허출원하였다. 이후 갑이 다른 나라에 수출하려고 할 경우 취해야 할 행동 중 가장 거리가 먼 것은?

❶ 미국에 수출하고자 할 경우 미국특허청에 2016.10.1일까지 우선권 주장을 하면서 특허출원을 한다.

❷ 다수 국가에 수출하고자 하는 경우 2016.10.1일까지 우리나라 특허청에 PCT특허출원을 한다.

❸ 일본에 수출하고자 할 경우 일본특허청에 2016.4.1일까지 우선권 주장을 하면서 특허출원을 해야 한다.

❹ 유럽에 수출하고자 할 경우 EPO에 PCT 출원 번역문을 2018.5.1일까지 제출한다.

❺ 중국에 수출하고자 할 경우 중국특허청에 2016.10.1일까지 우선권 주장을 하면서 특허출원을 한다.

22. 나발명 씨는 무체인 방식의 전동 자전거를 개발하여 특허출원하고자 한다. 나발명 씨가 취해야 할 행동 중 가장 바람직한 것은?

❶ 자전거에 관련된 출원은 일본이 가장 많으므로 일본특허 검색 시스템인 F-TERM을 우선 조사하는 것이 유리하다.

❷ 본인이 발명에 대해 가장 많이 알고 있으므로 선행기술 조사는 전문가에 맡기는 것보다 본인이 직접 검색하는 것이 바람직하다.

❸ 선행기술조사 시 현재 특허로 등록된 것만 조사하면 된다.

❹ 선행기술조사 시 특허가 무효로 된 것은 조사할 필요가 없다.

❺ 선행기술조사 시 나발명 씨가 발명을 완성한 날을 기준으로 그 이전에 특허출원된 것만 조사한다.

23. 갑은 스마트폰의 유저인터페이스(UI)에 대하여 새로운 발명을 하여 특허(A)를 받았다. 그런데, 갑보다 먼저 특허를 받은 을의 특허(B)와 저촉된다. 다음 설명 중 가장 바람직하지 못한 것은?

❶ 갑은 본인의 특허를 실시할 수 없다.

❷ 갑은 을의 특허(B)에 대하여 무효심판을 청구한다.

❸ 갑은 을에 대하여 로열티를 지불하고 통상실시권 계약을 맺는다.

❹ 갑은 을에 대하여 로열티를 지불하고 전용실시권 계약을 맺는다.

❺ 갑과 을은 각자 자기의 특허를 실시할 수 있다.

24. 대학원생인 나학생은 2015.6.1일 한국육종학회에서 김길동학생과 공동으로 연구한 "가뭄에 강한 방울토마토"를 논문결과로 발표하였다. 다음 중 가장 부적절한 것은?

❶ 출원서의 발명자 기재란에 반드시 나학생과 김길동 이름으로 기재하여야 특허를 받을 수 있다.

❷ 특허출원인을 나학생 이름으로 하여 출원하였다.

❸ 특허출원시 한국육종학회에서 논문으로 발표하였다는 취지를 기재하여야 한다.

❹ 2016.6.1일 한국특허청에 특허출원한다.

❺ 2016.6.1일 한국특허청에 특허출원하였다면, 미국에 특허출원시에는 늦어도 2017.6.1일 까지는 출원하여야 한다.

25. 특허출원공개에 대한 설명 중 틀린 것은?
❶ 특허출원 후 1년이 지나면 발명의 내용이 공개된다.
❷ 공개 이후에 제3자가 실시한 경우 출원인은 실시자에 대하여 보상금 청구권을 갖는다.
❸ 보상금 청구권은 특허가 등록된 이후가 아니면 행사할 수 없다.
❹ 공개되기 이전에 특허공보가 발행되면 공개공보는 발행되지 않는다.
❺ 공개된 이후 제3자가 실시한 경우 우선심사를 신청할 수 있다.

26. 빠른심사에 대한 설명 중 틀린 것은?
❶ 우선심사는 빠른심사의 일종이다.
❷ 제3자가 실시한 경우 특허출원이 공개되기 이전이라도 우선심사를 신청할 수 있다.
❸ 초고속심사는 빠른심사의 일종으로 녹색기술에 대하여 신청할 수 있다.
❹ 전자상거래 관련 발명인 경우 우선심사 대상에 해당한다.
❺ 선행기술전문조사기관에 선행기술을 의뢰하여 특허출원하면 우선심사를 받을 수 있다.

27. 특허제도에 대한 설명 중 가장 거리가 먼 것은?
❶ 특허는 자연법칙을 이용한 것에 대하여 부여하는 것이다.
❷ 특허제도의 목적은 발명을 보호 장려하고 국가산업발전을 도모함에 있다.
❸ 특허는 개인의 디자인 창작물에 대하여도 보호를 할 수 있다.
❹ 특허는 기술적 창작뿐 아니라 저작물에 대하여도 보호를 한다.
❺ 특허는 기술적 사상으로서 고도한 것을 말한다.

28. 특허출원의 수수료에 대한 설명 중 틀린 것은?
❶ 대학생은 수수료를 전액 면제받는다.
❷ 대기업과 중소기업이 공동으로 출원한 경우 50%를 감면받을 수 있다.
❸ 만 19세 이상~만 30세 미만인 자, 만 65세 이상인 개인출원인 경우 85%를 감면받을 수 있다.
❹ 특허등록 이후 납부하는 특허연차료는 특허유지 기간 연수(年數)에 따라 많아진다.
❺ 특허등록시 특허료 3년분치를 한꺼번에 납부해야 한다.

29. 특허명세서의 보정에 대한 설명 중 틀린 것은?
❶ 선출원주의제도 하에서 신속하게 출원하기 위하여 완벽하게 작성하지 못하고 출원한 명세서 작성을 보완하기 위한 제도이다.
❷ 보정은 요지변경을 하지 않는 범위 내에서 보정이 가능하다.
❸ 신규사항을 추가하는 보정은 보정각하된다.
❹ 최후거절이유통지 이후에 보정하는 것은 청구범위의 축소, 불분명한 기재의 정정과 같이 극히 제한된다.
❺ 보정은 거절이유통지서를 받기 이전에는 언제든지 할 수 있다.

30. 직무발명에 대한 설명 중 틀린 것은?

❶ 직무발명이라 하더라도 특허받을 권리는 원칙적으로 발명자에게 있다.

❷ 사용자는 발명자에게 보상금을 지급해야 할 의무가 있다.

❸ 직무발명 신고시 사용자는 발명자에게 4개월 이내에 승계여부를 통지하여야 한다.

❹ 직무발명 신고시 발명자는 대표자 1인이 해도 된다.

❺ 사용자가 승계여부를 발명자에게 통지하지 않은 경우 자유발명이 된다.

31. 실용신안에 대한 설명 중 가장 거리가 먼 것은?

❶ 실용신안법의 고안과 특허법의 발명은 고도성 유무로 판단한다.

❷ 고도성은 없으나 새로운 딸기잼 제조법은 실용신안으로 출원한다.

❸ 특허출원을 실용신안으로 변경출원할 수 있다.

❹ 특허출원의 일부를 실용신안으로 분할출원할 수 있다.

❺ 실용신안 출원 시 도면을 반드시 제출하여야 한다.

32. (주)밝은세상은 LED를 이용한 가로등을 발명하여 제품을 출시하자마자, "귀사의 LED 가로등 제품은 특허권OOO(A)을 침해하였습니다"는 경고장을 받았다. (주)밝은세상이 취해야 할 행동 중 가장 거리가 먼 것은?

❶ 특허권(A)에 대하여 무효심판을 청구한다.

❷ 특허권(A)에 대하여 적극적 권리범위 확인심판을 청구한다.

❸ 특허권(A)에 대하여 선행기술을 조사하는 것이 중요하다.

❹ 전문 대리인을 섭외하여 상담한다.

❺ 특허권(A)에 대하여 권리존속여부를 확인하는 것이 가장 우선적으로 해야 할 일이다.

33. 특허의 실시권에 대한 설명 중 틀린 것은?

❶ 특허권자가 본인도 실시하고자 할 경우 전용실시권을 설정해야 한다.

❷ 전용실시권은 통상 3년 또는 5년 정도의 권리를 설정하는 것이 일반적이다.

❸ 통상실시권자는 다수일 수 있다.

❹ 전용실시권을 설정하고자 할 경우 지역적으로도 한정할 수 있다.

❺ 본인의 특허권이 선행특허권과 저촉이 되는 경우, 통상실시권 허락의 심판을 청구할 수 있다.

34. 특허출원 절차에 대한 설명 중 틀린 것은?

❶ 특허출원을 하고자 할 경우 전자출원(정보통신망을 이용한 출원)으로 할 수 있다.

❷ 전자출원으로 특허출원을 할 경우에는 종이로 출원할 경우보다 편리하지만 수수료는 동일하다.

❸ 출원신청을 위해서는 사용자 고유번호를 우선 발급받아야 한다.

❹ 온라인 출원 및 전자문서 교환을 위하여 인증서 등록 또는 발급을 받아야 한다.

❺ 출원관련문서 등의 작성을 위하여 필요한 SW를 다운로드 받아 PC에 설치하여야 한다.

35. 다음 중 특허와 관련된 국제조약은 몇 개인가?

파리조약, 마드리드 협정, 헤이그 협정, PCT, TRIPs, 부다페스트 조약, 베른조약

❶ 1개
❷ 2개
❸ 3개
❹ 4개
❺ 5개

36. 다음 중 특허권의 효력이 미칠 수 있는 경우로 볼 수 있는 것은?

❶ 회사연구실에서 연구 또는 시험을 하기 위한 특허발명의 실시
❷ 국내를 통과하는데 불과한 선박 · 항공기 · 차량에 사용되는 물건
❸ 특허출원시부터 국내에 있는 물건
❹ 공공장소인 공원에 설치하기 위하여 제조된 체조기구
❺ 해열제, 혈액응고제, 소화제를 각각 3:4:3의 비율로 혼합하여 조제된 약사법에 따른 조제 의약

37. 특허와 실용신안의 심사청구에 대한 설명 중 틀린 것은?

❶ 특허심사청구는 4년 이내에 하지 않으면 취하한 것으로 본다.
❷ 실용신안의 심사청구 기간은 3년 이내이다.
❸ 심사청구는 철회할 수 없다.
❹ 심사순서는 반드시 심사청구 순서에 따라 심사를 진행해야 한다.
❺ 심사청구는 출원인이 아닌 제3자가 할 수도 있다.

38. 특허등록 요건에 대한 설명 중 가장 거리가 먼 것은?

❶ 신규성은 동일성에 대한 판단이다.
❷ 신규성은 국내에 알려진 간행물에 대하여 판단하는 것이다.
❸ 전 세계 어디에든 알려져 있다면 진보성에 의하여 특허를 받을 수 없다.
❹ 인간을 치료하는 의료행위는 우리 특허법에서 산업으로 인정하지 않는다.
❺ 공지된 발명이란 불특정 다수인에게 아직 알려지지는 않았지만 알려질 수 있는 상태에 놓여 있는 것도 포함한다.

39. 나발명 씨는 IT관련 잡지사 기자인 A씨가 찾아와 인터뷰를 하는 동안 나발명 씨의 새로운 발명에 대하여 기술적인 부분에 대하여는 기사화하지 않기로 약속하고 인터뷰를 진행하였다. 그런데 A 기자는 이를 무시하고 2015.4.10일 기사화하였고, 나발명 씨는 이를 모르고 2015.10.10일 특허출원하였다. 다음 설명 중 가장 타당하지 않은 것은?

❶ 나발명씨는 특허를 받을 수 없으므로 A 기자를 상대로 손해배상청구를 한다.
❷ 나발명 씨의 발명을 공개한 것은 A 기자가 잘못한 것이므로 이를 주장하면 특허를 받을 수 있다.
❸ 나발명 씨는 특허출원 후 관련된 자료를 3개월 이내에 제출하면 특허를 받을 수 있다.

❹ 나발명 씨는 잡지로 기사화된 이후 1년 이내에 특허출원했으므로 신규성 상실 예외 규정에 따라 특허를 받을 수 있다.

❺ 나발명 씨의 발명이 특허를 받았다면 IT 관련 잡지사의 기사에 의해서는 무효로 될 수 없다.

40. S전자회사는 새로운 제품을 개발하여 신문과 인터넷에 2015.3.10일자로 홍보를 시작하고 2015.4.10일부터 시장에 출시하였다. S전자회사가 하는 행동 중 가장 타당하지 못한 것은?

❶ 뒤늦게 특허출원하지 않은 사실을 안 S전자는 2015.9.10일자로 특허출원을 한다.

❷ 뒤늦게 실용신안등록 출원을 하지 않은 사실을 안 S전자는 2016.3.10일자로 실용신안등록 출원을 한다.

❸ 일본에 특허출원할 경우에는 2015.9.10일까지 특허출원한다.

❹ 특허출원시 신규성 상실 예외 사항에 해당한다는 취지를 기재해야 하지만, 놓쳤을 경우 나중에 해도 된다.

❺ 관련 제품의 디자인에 대하여 디자인등록출원을 할 경우에는 2016.3.10일자로 디자인등록 출원을 한다.

41. S전자회사는 새로운 제품을 개발하여 늦어도 내년 초에는 제품을 출시하고자 한다. 다음 설명 중 가장 타당하지 못한 것은?

❶ 일괄심사제도를 활용하여 산업재산권에 대하여 한꺼번에 심사를 받는다.

❷ 특허심사는 오랜 기간 대기해야 하므로 우선심사를 신청한다.

❸ 중국에 수출을 고려하고 있는 경우 중국에 특허출원하고 우리나라에서 특허를 받은 후 PPH(특허심사하이웨이)를 신청한다.

❹ 중국에 특허출원되어 있는 선행기술조사를 할 경우 현재 특허가 유효한 것만 조사해도 충분하다.

❺ 새로운 제품을 개발하고자 할 경우 반드시 선행기술 조사를 한다.

42. 세계로전자회사는 2015.5.10일 국내 특허출원을 하였다. 다음 설명 중 가장 거리가 먼 것은?

❶ 2016.5.10일까지 파리조약에 의한 우선권 주장을 하면서 PCT 출원을 할 수 있다.

❷ PCT 출원의 명세서는 반드시 영어로 기재해야 한다.

❸ PCT 출원을 할 경우 PCT 출원한 날짜가 전 세계에 출원한 날짜로 인정된다.

❹ PCT 출원을 할 경우 세계지식재산권 기구인 WIPO에 직접출원하거나 한국특허청에 출원한다.

❺ PCT 출원을 한 후 해당국가에 수출을 하고자 할 경우 해당국가의 언어로 된 번역문을 반드시 제출해야 한다.

43. 다음 중 특허를 받을 수 있는 것은 몇 개인가?

지금까지 과학계에서 발견하지 못한 새로운 자연법칙, 영구기관, 새로운 야구공 투구 방법, 녹음된 음악에 특징이 있는 CD, 카메라에 저장된 데이터, 혈액 투석기, 컴퓨터 프로그램 자체, 게임 규칙, 새로운 영업방법과 컴퓨터가 결합된 발명, 암호작성법, 새로운 수학 공식발명

❶ 1개
❷ 2개
❸ 3개
❹ 4개
❺ 5개

44. 나특허 씨는 본인의 특허권을 김실시 씨가 침해하고 있다는 사실을 알게 되었다. 다음 설명 중 가장 부적절한 것은?

❶ 나특허 씨는 김실시 씨를 상대로 특허침해금지소송을 제기한다.
❷ 나특허 씨는 김실시 씨를 상대로 적극적 권리범위 확인심판을 청구한다.
❸ 나특허 씨는 김실시 씨를 상대로 가처분소송을 제기한다.
❹ 김실시 씨는 나특허 씨의 특허권에 대하여 취소심판을 청구한다.
❺ 나특허 씨는 본인의 특허권에 문제가 있는 경우 정정심판을 청구한다.

45. 특허법상 침해제도에 대한 설명 중 틀린 것은?

❶ 비밀유지명령 위반죄는 특허청 직원 등이 비밀을 유지하지 않았을 경우에 해당하며 한·미 FTA 체결 결과 도입하게 되었다.
❷ 특허침해시 7년 이하의 징역 또는 1억 원 이하의 벌금에 처한다.
❸ 특허출원 중인 것을 특허받은 것처럼 허위로 표시한 자는 3년 이하의 징역 또는 2천만 원 이하의 벌금에 처한다.
❹ 특허침해죄는 특허권자의 고소가 있어야 침해죄가 성립하는 친고죄이다.
❺ 침해자에 대하여 사용자와 행위자 모두를 벌하는 양벌제도를 운영하고 있다.

46. 특허심판에 대한 설명 중 틀린 것은?

❶ 무효심판은 특허권의 권리기간이 소멸된 이후에도 청구할 수 있다.
❷ 정정심판은 특허권의 권리기간이 소멸된 이후에는 청구할 수 없다.
❸ 권리범위 확인심판은 특허권의 권리기간이 소멸된 이후에는 청구할 수 없다.
❹ 무효심판이 현재 계류 중에 있으면 정정심판을 청구할 수 없다.
❺ 정정심판에서 정정사항은 청구항의 삭제, 청구범위의 축소, 오기의 정정 등만 가능하다.

47. PCT 출원에 대한 설명 중 틀린 것은?

❶ 단 한 번의 PCT 국제출원일이 전 세계 출원일이 되므로, 출원일자 확보를 위해 개별 출원을 할 필요가 없다.
❷ 개별 국가로 국내단계 진입하는 번역문 제출 시기를 30(또는 31)개월까지 지연시킬 수 있어 특허획득 전략수립에 유리하다.
❸ 국제조사보고서 및 견해서에 국제출원된 발명과 동일·유사한 선행기술이 기재되어 있는 경우에는 개별 국가로 번역문 제출을 중단하여 비용을 절감할 수 있다.
❹ PCT 출원은 등록율이 낮으므로 확실히 특허를 받을 수 있는 것을 PCT로 출원한다.
❺ 해외 출원 시 하나의 PCT 국제출원으로 작성되므로 특허출원서 작성이 용이하다.

48. 지식재산 라이센싱과 M&A에 대한 설명 중 틀린 것은?

❶ 라이센스란 권리자가 사용자에게 그 권리의 실시권을 허락하고, 사용자는 일정한 대가의 지급을 약속하는 것을 말한다.

❷ 크로스 라이센스란 2개 이상의 회사가 보유하고 있는 지식재산권을 서로 사용하는 것을 허락하는 것을 말한다.

❸ 크로스 라이센스에서는 양자가 로열티를 지불하는 경우는 없다.

❹ 기업 M&A 시 지식재산권 관련 고려요소는 지식재산권 잔여 존속기간, 지식재산의 실시권 부여 여부 등을 고려하여야 한다.

❺ 라이센서는 라이센시와 공동으로 표준특허 선점을 위한 전략수단으로 라이센스를 체결하기도 한다.

49. 균등론에 대한 설명 중 틀린 것은?

❶ 균등론은 특허침해론의 일종이다.

❷ 특허의 본질을 보호하기 위한 이론이다.

❸ 일반적으로 양 발명이 동일한 방법, 동일한 기능, 동일한 결과, 동일한 효과가 있는 것이라면 균등한 것으로 보기도 한다.

❹ 균등론에서 출원경과에 대한 사항은 고려하지 않는 것이 일반적이다.

❺ 출원시 당업자에 의하여 치환이 용이한 경우에도 균등한 발명으로 볼 수 있다.

50. 다음 중 디자인의 구성요소라고 볼 수 없는 것은?

❶ 물품성 ❷ 형태성
❸ 시각성 ❹ 촉각성
❺ 심미성

51. 다음 중 디자인 등록요건에 해당하지 않는 것은?

❶ 공업성 ❷ 신규성
❸ 창작성 ❹ 선출원주의
❺ 선창작주의

52. 다음 중 디자인등록을 받을 수 있는 것은?

❶ 자연물을 주체로 양산한 것

❷ 수공업적 생산방법에 의해 동일물품을 양산할 수 있는 디자인

❸ 순수미술 분야에 속하는 저작물

❹ 상업적 과정으로 만들어진 서비스디자인

❺ 디자인의 표현이 구체적이지 않아 공업상 이용할 수 없는 디자인

53. 다음 중 디자인등록제도에서만 채택하고 있는 제도로만 묶은 것은?

> 관련디자인, 일부심사제도, 전용실시권, 법정실시권, 전용사용권, 이의신청제도, 글자체보호, 정보제공제도

❶ 관련디자인, 일부심사제도, 글자체보호
❷ 관련디자인, 법정실시권, 이의신청제도
❸ 관련디자인, 일부심사제도, 정보제공제도
❹ 관련디자인, 전용사용권, 이의신청제도
❺ 전용실시권, 일부심사제도, 글자체보호

54. 다음 중 상표법에 따른 상표라고 볼 수 없는 것은?

❶ 기호상표
❷ 그림상표
❸ 문자상표
❹ 도형상표
❺ 입체상표

55. 다음 중 상표로서 등록 받을 수 없는 것은?

❶ 색채상표
❷ 냄새상표
❸ 서비스 이름
❹ 보통명칭상표
❺ 동작상표

56. 다음 상표 중 등록 받을 수 있는 상표는 몇 개인가?
" "은 상표명이고, ( ) 속은 상품명이다.

> "SILK"(블라우스), ASPIRIN(해열제), "깡"(과자), "STANDARD", "보들보들"(화장품), "KICKERS"(축구화), "30리터"(음료), "265mm"(신발), "나무냄새"(목재가공업), "태백산맥", "A&B", "특허법", "1234", "11&22"

❶ 3개
❷ 4개
❸ 5개
❹ 6개
❺ 7개

57. 수요자간에 현저하게 인식되어 있는 타인의 상품이나 영업과 혼동을 일으키게 하거나 식별력이나 명성을 손상시킬 염려가 있는 상표는 상표등록을 받을 수 없다. 이는 무엇을 위한 것인지 가장 거리가 가까운 것은?

❶ 부정경쟁 방지
❷ 상표 희석화 방지
❸ 진정상품의 보호
❹ 상표침해 방지
❺ 상표 위조 방지

58. 원저작물을 번역 · 편곡 · 변형 · 각색 · 영상제작 그 밖의 방법으로 작성한 창작물로서, 독자적인 저작물로 보호되는 것을 무엇이라 하는가?

❶ 2차적 저작물
❷ 편집저작물
❸ 업무상 저작물
❹ 부가적 저작물
❺ 기타 저작물

59. 다음 중 보호받지 못하는 저작물에 해당하는 것은 몇 개인가?

법률, 판결, 정부가 발행한 편집물, 사실을 전달한 시사보도, 시험문제

❶ 1개
❷ 2개
❸ 3개
❹ 4개
❺ 5개

60. 다음 중 저작인접권자에 해당하지 않는 것은?

❶ 실연자
❷ 음반 제작자
❸ 방송사업자
❹ 데이터베이스 제작자
❺ 프로그램 제작자

예상문제 정답 및 설명

01. 정답: ❶

설명: ❶ 현재 약 7만 개의 분류체계로 되어 있는 IPC(국제특허분류)보다 훨씬 세분화된 26만 6천 개의 특허분류체계로서 미국과 유럽이 공동 개발하여 우리나라는 2015년부터 사용하는 분류체계, ❷ IPC3.0은 없다. ❸은 미국의 분류체계, ❹는 일본의 분류체계, ❺는 유럽의 미국의 분류체계이다.

02. 정답: ❹

설명: 상표권의 존속기간은 설정등록이 있는 날로부터 10년이며, 갱신할 수 있으므로 반영구적이다.

03. 정답: ❺

설명: 무심사주의, 선발명주의를 제외하고 모두 해당된다.

04. 정답: ❹

설명: 청구범위에 많은 구성요소를 기재하면 일반적으로 기술적 보호범위가 좁아진다. 청구범위 다기재 협범위 원칙

05. 정답: ❺

설명: 청구항 2는 맨 끝 부분이 체인이 아니라 "자전거"로 기재해야 하고, 청구항 3은 청구항 1과 청구항 2를 인용할 경우 택일적으로 기재해야 한다. 즉, "청구항 1과 2에 있어서"를 "청구항 1 또는 청구항 2에 있어서"와 같이 기재해야 한다. 청구항 4는 "2이상의 항을 인용한 항은 2이상의 항을 인용해서는 안 되는 규정"에 위배된다.

06. 정답: ❶

설명: 진보성 판단 시점은 발명자가 발명한 시점이 아니라, 출원인이 특허로 출원한 시점을 기준으로 한다.

07. 정답: ❸

설명: 발명의 단일성 위배(1발명 1출원 위배)는 행정의 편의상 만들어진 제도이므로 일단 등록되면 무효사유에 해당하지 않는다.

08. 정답: ❷

설명: 정량분석을 한 후에 정성분석을 하는 것이 일반적이다.

09. 정답: ❶

설명: 수익접근법을 지식재산 가치평가 방법으로 가장 많이 활용한다. 지식재산에 의하여 미래에 수익이 형성될 현금흐름을 현재의 가치로 할인 환산하여 평가액을 산정하는 방법으로 사업계획서를 바탕으로 미래의 시장 환경, 기업 활동을 현금흐름에 반영하는 방법이다. 단점은 미래 예측 불확실성, 주관적 평가 가능성이다. ❷ 시장접근법은 평가하려는 지식재산과 동등 또는 유사하다고 판단되는 지식재산이 과거의 시장거래 형성

을 기준으로 하여 해당 지식재산을 평가하는 방법이다. ❸, ❹ 비용접근법(또는 원가접근법: Cost Approach)은 기술의 창출에 소요된 물적, 인적 자원을 계산하여 가치를 평가하는 방법이다. ❺ 실물 옵션법은 특정 상품을 정하지 않은 미래의 어느 시점에 정하지 않은 가격으로 사거나 팔 수 있는 권리로서 지식재산을 거래하는 방법이다.

10. 정답: ❺

설명: IP 보험 대상자는 지식재산보유자(권리자), 도 · 소매자, 생산자, 수입자, 창작자 등 모든 사람이 가능하다.

11. 정답: ❺

설명: ❸ 디자인권은 등록일로부터 15년에서 등록일 이후 출원일로부터 20년으로 개정되었다. ❺ 저작자의 생존 기간 및 사망 후 50년에서 70년으로 개정되었다.

12. 정답: ❺

설명: 출원일로부터 20년(2035.3.10일까지) ⇒ 시험기간은 6년이지만, 의약품인 경우 최대 5년까지 연장 가능(2040.3.10일까지) ⇒ 출원인의 귀책사유 1개월 제외(2040.2.10일까지)

13. 정답: ❶

설명: ❶ 브레인 라이팅 기법에 대한 설명이다. ❷ 브레인 스토밍은 Worksheet를 작성하지 않고, 팀원의 판단과 비판을 금지하고 상상력을 충분히 발휘하여 최대한 많은 아이디어가 도출될 수 있도록 하는 발명기법이다. ❸ 스캠퍼(SCAMPER) 기법은 대체하기(Substitute), 결합하기(Combine), 적용하기(Adapt), 수정-확대-축소하기(Modify-magnify-minify), 다른 용도로 사용하기(Put to other use), 제거하기 (Eliminate), 재배치하기(Rearrange-reverse)이다. ❹ 체크리스트 기법은 개선점을 찾기 위한 모든 체크 항목을 만들고 이것을 하나씩 체크하면서 힌트로 하여 아이디어를 발상하는 기법이다. ❺ 트리즈는 39가지 특성과 40가지 원리를 가지고 문제(모순)를 해결하는 기법이다.

14. 정답: ❶

설명: 속성 열거법은 확산적 발명창출기법이다. 확산적 발명창출기법은 아이디어나 해결 방법을 최대한 다양하게 많이 생성해 내는 과정으로서, 주의사항은 '자유로운 분위기 조성', '아이디어의 다량 발상', '엉뚱한 발상 비판금지'이다. 수렴적 발명창출기법이란, 여러 가지 아이디어나 해결 방법들 중에서 최선의 아이디어를 수렴하여 선택하는 것으로서, 역브레인스토밍, 계열화기법, 히트 기법, 핫스팟(Hot spots), 하이라이팅, 평가행렬표, 쌍비교분석법, ALU, PMI, PPC 법 등이 이에 속한다.

15. 정답: ❹

설명: "시계케이스+시침+분침+램프+요일표기" 청구항 제1항에 기재된 모든 구성요소를 실시하지 않으면 침해에 해당하지 않는다.

16. 정답: ❺

설명: 경쟁회사의 직무발명 보상금 지급 현황을 파악하기는 어렵다.

17. 정답: ❸

설명: 특허출원시 제출하는 서류는 "특허출원서", "명세서", "도면(필요시만)", "요약서"이다. i) 특허출원서 기재사항: 특허출원인의 성명 및 주소, 대리인이 있는 경우 대리인의 성명 및 주소, 발명의 명칭, 발명자의 성명 및 주소, ii) 명세서 기재사항: 발명의 설명, 청구범위

18. 정답: ❹

설명: ❶ 특허박스는 특허에 대하여 세제혜택을 주는 것이다. ❷ MPEG LA는 동영상관련 특허풀 중의 하나이다. ❺ NPE(Non-Practicing Entity)는 일명 특허괴물이라고도 하며 제조생산을 하지 않고 특허권으로 사업을 하는 회사이다.

19. 정답: ❶

설명: 18번 문제 참고

20. 정답: ❶

설명: ❶ 갑은 특허를 받을 수 없으며, 정보제공을 통하여 을이 특허받는 것을 저지해야 한다. 만약, 을이 갑의 발명을 도용하였다면 갑이 특허를 받을 수 있다. ❷ 특허이의신청제도는 특허제도에 없고, 디자인일부심사제도와 상표제도에서만 있는 제도이다. ❸ 갑이 먼저 발명하였다는 주장은 선발명주의로서 미국이 과거에 채택했던 제도이나 현재는 전 세계적으로도 채택하지 않는 제도이다. ❹, ❺는 특허가 허여 되었을 때 신청하는 제도이다.

21. 정답: ❸

설명: ❷ 다수국가에 출원하고자 할 경우 우선권 주장 기간인 1년 이내에 국제출원인 PCT출원을 한다. ❸ 우선권 주장 기간은 모든 국가에서 1년 이내이다. ❹ 유럽에 수출하고자 하는 경우 유럽전역을 커버할 수 있는 EPO에 출원하는 것이 바람직하고, 번역문은 우선일(우리나라 출원일)로부터 31개월 이내에 제출한다. EPO에 PCT 출원을 하지 않고, 파리조약을 통한 우선권 주장을 해서 출원해도 된다.

22. 정답: ❶

설명: ❷ 발명자가 본인의 발명에 대하여 가장 많이 알고 있지만 검색에는 아마추어이므로 전문가에 맡기는 것이 바람직하다. ❸, ❹ 특허출원시에는 선행기술조사는 모든 특허(공개, 무효, 취하, 포기된 것 등)에 대하여 조사하여야 한다. ❺ 선출원주의이므로 출원일 기준으로 그 이전에 출원된 모든 선행기술을 검색해야 한다.

23. 정답: ❺

설명: 특허권은 독점권이라기보다 독점배타권이므로 갑이 특허를 받았지만 선행특허와 저촉될 경우 선행특허권자의 허락없이 마음대로 실시할 수 없다. 후특허권자는 선특허

권에 대하여 무효화하거나, 전용실시권 또는 통상실시권 허락을 통해 실시해야 한다.

24. 정답: ❺

설명: ❶ 발명자는 반드시 전원을 기재하여야 하고 한 명이라도 누락되면 특허받을 수 없으며, 특허를 받았더라도 무효사유가 된다. 출원인은 1명만 기재해도 무방하다. ❹ 신규성 상실 예외규정(또는 공지예외 규정)은 공지일로부터 1년이다. ❺ 미국에 특허출원 시 '논문발표일'로부터 1년 이내에 출원하여야 신규성 상실 예외규정 적용을 받을 수 있다. 우선권 주장과 신규성 상실예외 규정 혜택을 모두 받을 수는 없다.

25. 정답: ❶

설명: 특허출원공개는 1년 6개월이다.

26. 정답: ❷

설명: 특허출원이 공개된 이후에 제3자가 실시한 경우에 우선심사 신청이 가능하다. 따라서 제3자가 실시한 경우 조기공개를 신청하면 1년 6개월이 되기 전에 공개되므로 조기공개를 활용하여 우선심사를 신청한다.

27. 정답: ❹

설명: 저작물은 저작권법에 의하여 보호 받을 수 있다.

28. 정답: ❶

설명: 대학생은 과거에 무료였으나, 현재는 특허출원 수수료에 대하여 85% 감면받을 수 있다.

29. 정답: ❷

설명: 보정은 요지변경을 하지 않는 범위 내가 아니라, 신규사항을 추가하면 안 되는 범위 내에서 보정을 해야 한다. 신규사항을 추가하는 보정의 범위보다 요지변경 보정의 범위가 더 넓은 보정이다.

30. 정답: ❹

설명: 직무발명 신고시 발명자 신고는 반드시 전원이 해야 한다.

31. 정답: ❷

설명: ❷ 방법에 관한 발명은 실용신안 대상이 아니다.

32. 정답: ❷

설명: 적극적 권리범위 확인심판은 특허권자가 신청하는 심판이고, (주)밝은세상은 소극적 권리범위 확인심판을 청구해야 한다.

33. 정답: ❶

설명: 특허권자가 본인도 실시하고자 할 경우 통상실시권을 설정해야 한다.

34. 정답: ❷

설명: 종이로 출원할 경우 전자적 서류로 변환하기 위한 비용을 출원인이 부담하여야 한다.

35. 정답: ❹

설명: 파리조약, PCT, TRIPs, 부다페스트 조약은 특허관련 조약이고, 마드리드 협정은 상표 국제출원, 헤이그 협정은 디자인 국제출원, 베른조약은 저작권 관련 조약이다.

36. 정답: ❹

설명: ❶ 연구 또는 시험을 하기 위한 특허발명의 실시는 회사연구실이라 할지라도 특허권의 효력이 미치지 않는다. ❹ 공공장소에 설치하기 위한 것이라도 특허권의 효력이 미친다. ❺ 그 이상의 의약을 혼합함으로써 제조되는 의약발명은 약사법에 따른 조제행위에 그 효력이 미치지 않는다.

37. 정답: ❶

설명: 특허심사청구는 3년 이내에 하지 않으면 취하한 것으로 본다.

38. 정답: ❷

설명: 신규성은 국내뿐 아니라 해외에서 알려진 간행물에 대하여도 판단하는 것이다.

39. 정답: ❶

설명: 특허법 개정에 의해 신규성 상실 예외 주장을 출원시에 하지 못했다면 나중에 주장해도 된다.

40. 정답: ❺

설명: 신규성 상실 예외 주장 기간은 특허와 실용신안은 최초공지일(2015.3.10.)로부터 12개월이며, 디자인등록출원도 12개월이다. 일본으로의 특허출원은 우선권 주장 유무와 상관없이 최초공지일로부터 무조건 6개월 이내에 출원을 해야 한다.

41. 정답: ❹

설명: ❶ 일괄심사제도는 새로운 제품을 출시할 때, 특허, 실용신안, 디자인, 상표에 대하여 한꺼번에 일괄하여 심사를 신청하는 매우 유용한 제도이다. ❸ PPH(특허심사하이웨이)는 우리나라에 특허를 받은 후 PPH를 체결한 국가에 신청하면 고속도로를 주행하는 것처럼 빨리 심사를 받을 수 있는 제도이다. ❹ 전 세계 어디에든 선행기술이 존재하면 특허를 받을 수 없으므로 유효특허뿐 아니라 무효로 된 특허, 거절된 특허 등 모든 특허에 대하여 조사해야 한다.

42. 정답: ❷

설명: PCT 출원은 명세서는 국어로도 기재해도 된다. 한글이 국제공개어로 채택되었기 때문이다.

43. 정답: ❷

설명: 혈액 투석기, 새로운 영업방법과 컴퓨터가 결합된 발명(BM)만이 특허대상이다.

44. 정답: ❹

설명: 취소심판이 아니라 무효심판 또는 특허취소신청이다. 상표제도에는 무효심판과 취소심판이 있다.

45. 정답: ❶

설명: 한 · 미 FTA 체결 결과 도입된 "비밀유지명령 위반죄"는 특허소송절차에서 상대방 대리인 또는 당사자에게 비밀을 지킬 것을 법원이 명한 비밀유지명령을 위반했을 경우에 해당하고, 특허청 직원 등이 그 직무상 알게 된 특허출원 중의 발명에 관하여 비밀을 누설하거나 도용하는 경우는 "비밀누설죄"에 해당한다.

46. 정답: ❷

설명: ❷ 무효심판과 정정심판은 특허권의 권리기간이 소멸된 이후에도 청구할 수 있다. ❹ 무효심판이 현재 계류 중에 있으면 정정심판을 청구할 수 없고, 정정청구가 가능하다. 정정청구는 정정심판과는 달리 별도의 심판을 청구하지 않고 간단한 절차를 통하여 정정을 할 수 있도록 하기 위함이다.

47. 정답: ❹

설명: PCT 출원이라고 해서 특별히 등록율이 낮은 것은 아니다. 오히려 특허심사 이전에 미리 국제조사보고서 및 견해서를 받아볼 수 있으므로 출원인은 이를 보고 특허받을 가능성이 낮으면 개별국가로의 진입을 할 필요가 없기 때문에 특허등록율을 높일 수 있을 뿐 아니라 비용 면에서도 절약할 수 있다.

48. 정답: ❸

설명: ❸ 크로스 라이센스에서 상대적으로 약한 권리 또는 개량발명을 보유하고 있는 자가 강한 권리 또는 원천발명을 보유하고 있는 자에게 통상적으로 로열티를 지불한다. ❺ 라이센서(권리자)는 라이센시(사용자)와 공조하여 표준특허 선점을 위하여 전략적으로 체결하기도 한다.

49. 정답: ❹

설명: 균등론에서 출원경과에 대한 사항(또는 금반언의 원칙)은 반드시 고려하는 것이 일반적이다. 출원시 특허를 받기 위하여 배제하였던 사항을 특허받은 후에 특허권리의 범위에 포함된다고 주장해서는 안 된다는 원칙이다.

50. 정답: ❹

설명: 촉각성은 디자인의 구성요소가 아니다.

51. 정답: ❺

설명: 선창작주의는 없는 제도이다.

52. 정답: ❷

설명: 공업적 생산방법이란 수공업도 포함한다.

53. 정답: ❶

설명: 전용실시권, 법정실시권, 정보제공제도는 특허, 실용신안에도 있는 제도이다. 전용사용권은 상표제도에만 있다. 상표에서는 실시권이라 하지 않고 사용권이라고 한다. 이

의신청제도는 상표권에도 있다.

54. 정답: ❷

설명: 그림상표는 상표제도에 없다.

55. 정답: ❹

설명: 보통명칭상표는 등록받을 수 없다. 예로 "청바지"라는 상표를 청바지 상품에 붙이겠다는 경우이다.

56. 정답: ❶

설명: 식별력이 있는 것은 "태백산맥", "A&B", "11&22"이다.

57. 정답: ❷

설명: 상표 희석화 방지에 관한 설명이다.

58. 정답: ❶

설명: 2차적 저작물에 대한 설명이다.

59. 정답: ❹

설명: 보호받지 못하는 저작물은 법률, 판결, 정부가 발행한 편집물, 사실을 전달한 시사보도이다. 시험문제의 복제는 저작권침해에 해당하며, 비영리적으로 시험문제 출제를 위한 복제는 저작권 침해가 아니다.

60. 정답: ❺

설명: 프로그램 제작자는 저작인접권이 아니고, 저작권자에 해당한다.

IPAT 기출문제 제도별 출제 횟수 분석 및 출제 경향

부록3은 지식재산능력시험 제1회~제8회까지 출제된 총 480문제(객관식 5지선다형)를 분석한 자료로서 각 지식재산권 분야별 출제빈도수를 분석한 것이다.

권리별 구분		출제 횟수	출제 비율(%)	총 출제 비율(%)
특허권	기초(특허제도 일반)	223	45	79 (392회)
	창출(아이디어 창출기법, 특허정보검색)	45	9	
	보호(특허권, 침해)	88	18	
	활용(기술금융, 가치평가)	15	3	
	경영, 관리	21	4	
실용신안권		10	2	2
디자인권		25	5	5
상표권		38	8	8
저작권		27	5	5
영업비밀		5	1	1

권리별 IPAT 출제비율(%)

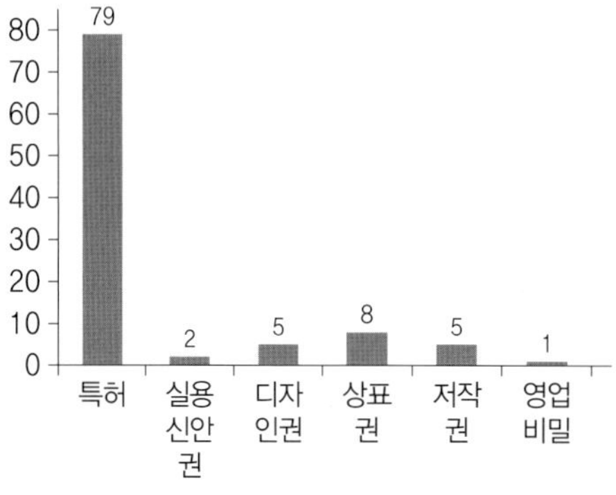

분야별(특허) IPAT 출제비율(%)

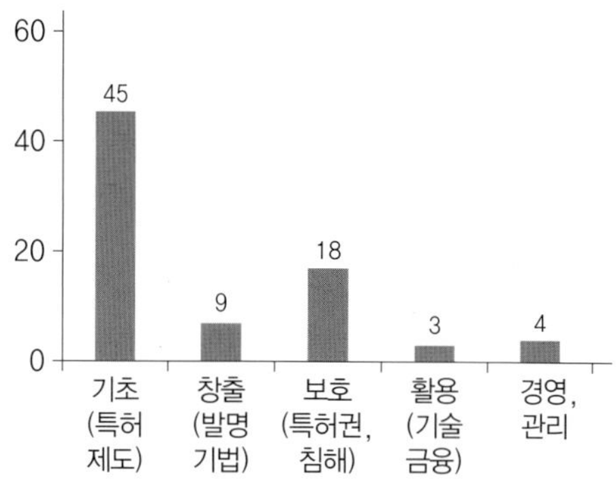

1. 특허권 관련 기출문제 경향 분석(총392회 출제)

1) 기초: 특허제도 일반(총223회 출제)

- 산업재산권 비교: 총11회
- 신지식재산권: 총2회
- 산업재산권의 해외출원, 국제적 보호: 총2회
- 산업재산권 존속기간: 총8회
- 산업재산권 권리 효력: 총1회
- 지식재산권에 대한 설명: 총2회
- 특허법의 목적: 총2회
- 발명의 정의: 총1회
- 특허법에서 채택하고 있는 제도의 종류: 총4회
- 특허출원전략: 총3회
- 재심사청구제도 설명: 총1회
- 심사청구제도: 총7회
- 공개제도: 총10회
- 조기공개제도: 총1회
- 우선심사제도: 총5회
- 정보제공제도: 총1회
- 특허관련 국제조약, WTO/TRIPs: 총3회
- 파리조약(우선권 주장): 총12회
- 국내우선권: 총2회
- PCT 출원: 총14회
- PPH(특허심사하이웨이): 총4회
- 특허 신규성, 진보성 설명: 15회
- 선원주의, 확대된 선원주의: 총5회
- 특허요건, 특허받을 수 있는 것: 총13회
- 신규성 상실 예외규정: 총9회
- 특허출원 절차: 총15회
- 특허심사절차: 총4회
- 분할, 변경출원제도: 총3회
- 보정제도: 총4회
- 무권리자 출원: 총1회
- 명세서: 총8회
- 요약서: 총3회
- 도면: 총1회
- 수수료: 총5회
- 온라인 출원: 총1회
- 청구항 기재방법: 총12회
- 청구항 해석, 보호범위: 총13회
- 청구범위 제출 유예제도: 총1회
- 직무발명: 총11회
- 공동연구, 공동발명 출원: 총3회

2) 창출: 아이디어 창출기법, 특허정보검색(총45회 출제)

- (1) 아이디어 창출기법(총5회 출제)
- 확산적, 수렴적 아이디어 창출기법: 총3회
- 트리즈: 총2회
- (2) 특허정보검색(총40회 출제)
- 특허공개공보, 공고공보: 총3회
- 특허정보조사, 특허맵: 총13회
- 선행기술 조사: 총6회
- 특허정보 검색 활용방법: 총1회
- 검색식: 총9회
- 특허분류제도, 종류, 각국의 분류제도: 총5회
- 검색 사이트: 총3회
- 3) 보호: 특허권, 침해 관련 제도(총88회 출제)
- 특허심판 전체: 총7회
- 특허심판 청구 절차, 심결취소소송: 총8회
- 무효심판: 총9회
- 권리범위확인심판: 총7회
- 정정심판: 총2회
- 특허권: 총10회
- 이용저촉관계: 총1회
- 특허권의 실시, 전용실시권, 통상실시권: 총11회
- 특허권 침해, 균등론: 총24회
- 특허권 침해 구제 방법: 총8회

- 가처분: 총1회

4) 활용: 기술금융, 가치평가(총15회 출제)

- 기술가치평가 방법, 목적: 총11회
- 지식재산 보험 설명: 총2회
- 지식재산 금융, 담보: 총2회

5) 경영, 관리(총21회 출제)

- 지식재산 전략 6단계: 총1회
- 지식재산 관리: 총3회
- IP M&A 전략: 총3회
- 라이센싱: 총6회
- 지식재산 감사: 총2회
- 특허풀 용어 설명: 총3회
- 특허괴물(NPE): 총3회

2. 실용신안권 관련 기출문제 경향 분석(총10회 출제)

- 실용신안보호 대상: 총9회
- 도면: 총1회

3. 디자인권 관련 기출문제 경향 분석(총25회 출제)

- 디자인제도 전반: 총1회
- 디자인의 정의: 총1회
- 디자인보호대상: 총2회
- 디자인등록 출원: 총2회
- 비밀디자인: 총5회
- 복수디자인: 총1회
- 디자인권의 효력 범위: 총1회
- 디자인 성립요건: 총3회
- 디자인등록요건: 총2회
- 디자인권의 침해: 총1회
- 부분디자인: 총3회
- 한 벌 물품 디자인: 총1회
- 관련디자인: 총1회
- 디자인일부심사: 총3회
- 디자인 신규성 상실 예외 규정: 총1회

4. 상표권 관련 기출문제 경향 분석(총38회 출제)

- 상표의 정의: 총1회
- 상표보호대상: 총5회
- 입체상표, 소리상표: 총5회
- 상표권 지정상품: 총2회
- 상표권의 분할: 총1회
- 상표권의 효력 범위: 총1회
- 상표 식별력: 총1회
- 상표의 사용: 총1회
- 상표권의 침해: 총2회
- 비친고죄: 총2회
- 상표출원 절차: 총1회
- 상표의 등록요건: 총5회
- 상표의 기능: 총1회
- 상표법과 부정경쟁방지법: 총2회
- 상표 제도 전반: 총3회
- 상표의 유사여부: 총1회
- 취소심판: 총2회
- 진정상품 병행수입: 총1회
- 공고제도: 총1회

5. 저작권 관련 기출문제 경향 분석(총27회 출제)

- 저작물의 정의: 총5회
- 저작권 보호 대상: 총6회

- 저작 인격권: 총3회
- 저작 인접권: 총2회
- 업무상 저작물: 총1회
- 저작권의 제한: 총2회
- 실연자가 가지는 권리: 총1회
- 컴퓨터프로그램 보호: 총2회
- 저작권으로서 보호받지 못하는 저작물: 총2회
- 2차적 저작권: 총2회
- 공중송신권: 총1회

6. 영업비밀 관련 기출문제 경향 분석(총5회 출제)

- 영업비밀 보호 대상: 총1회
- 특허와 영업비밀 비교: 총2회
- 연구노트: 총2회

찾아보기

ㅅ

ㅇ

ㅈ

저자 소개 조재신

- 인하대학교 공과대학 학사, 석사
- 오사카대학원 공학박사
- 제22회 기술고등고시 합격
- 특허청 심사관, 심판관
- 외교통상부 주일본 특허관
- 독일연방특허법원 연수
- 특허법원 제1기 기술심리관
- 특허청 고위공직자
- 변리사
- 변리사 시험위원
- IPAT 지식재산능력시험위원
- 현 전남대학교 교수(지식재산권 강의)

저서

『특허소송실무』
『특허심판 대응전략』
『ELEMENTS OF UNITED STATES PATENT LAW』
(미국특허법과 그 절차, 번역서)
『정보 보호와 암호기술』
『창업을 대비하는 지식재산』
『특허판례 백선 4판』 외

논문

「한 · 미 FTA 관련 개정 특허법에 대한 고찰」
「2014년 디자인보호법 전문개정 의의와 과제」
외 다수

지식재산의 이론과 실전 2판

지식재산의 기초 · 창출 · 보호 · 활용 · 경영

인 쇄	2021년 7월 26일 4쇄
발 행	2021년 8월 2일 4쇄
저 자	조재신
발 행 인	성희령
출 판 기 획	안성일, 한혜인, 임민정
영업마케팅	채희만, 한석범, 유효진
총 무 회 계	이승희
북 디 자 인	가인커뮤니케이션(031-943-0525)
발 행 처	INFINITYBOOKS
주 소	경기도 고양시 일산동구 하늘마을로 158 대방트리플라온 C동 209호
대 표 전 화	02)302-8441
팩 스	02)6085-0777

도서 문의 및 A/S 지원

홈 페 이 지	www.infinitybooks.co.kr
이 메 일	helloworld@infinitybooks.co.kr
I S B N	979-11-85578-31-6
등 록 번 호	제 25100-2013-152 호
판 매 정 가	**20,000원**